CRASHKURS

Arbeitsrecht

Dr. Dirk Schweinberger

7. Auflage

Jura Intensiv Verlags UG & Co. KG, Dinslaken, Februar 2022

Herr **Dr. Dirk Schweinberger** ist Assessor und Franchisenehmer des Repetitoriums *Jura Intensiv* in Frankfurt, Gießen, Heidelberg, Mainz und Marburg. Er wirkt seit über 22 Jahren als Dozent des Repetitoriums und ist Redakteur der Ausbildungszeitschrift RA – Rechtsprechungs-Auswertung.
In den Skriptenreihen von Jura Intensiv ist er Autor bzw. Co-Autor der Skripte: Strafrecht AT I und II, Strafrecht BT I und II, Irrtumslehre, Arbeitsrecht, Crashkurs Strafrecht, Crashkurs Strafrecht Bayern, Crashkurs Sammelausgabe Handels- & Gesellschaftsrecht, Crashkurs Arbeitsrecht, Crashkurs Assex Strafurteil, Kompakt Strafrecht, Basis-Fälle Handelsrecht, Basis-Fälle Strafrecht AT, Basis-Fälle Strafrecht BT I und II.

Autor
Dr. Dirk Schweinberger

Verlag und Vertrieb
Jura Intensiv Verlags UG (haftungsbeschränkt) & Co. KG
Duisburger Straße 95
46535 Dinslaken
info@verlag.jura-intensiv.de
www.verlag.jura-intensiv.de

Druck und Bindung
Druckerei Busch GmbH, Raiffeisenring 31, 46395 Bocholt

ISBN 978-3-96712-085-1

Inhaltsverzeichnis
Crashkurs Arbeitsrecht

Die Arbeitnehmereigenschaft

Der Lohnanspruch – Das MiLoG

Die AGB Kontrolle im Arbeitsrecht

Benachteiligungen nach AGG

Verzug und Unmöglichkeit

Urlaubsrecht

Entgeltfortzahlung (vor allem im Krankheitsfall)

Haftung im Betrieb

Beendigungsstreitigkeiten - Abmahnung als milderes Mittel zur Kündigung

Änderungskündigung als milderes Mittel zur Kündigung

Der Streitgegenstand bei Kündigungsschutzklagen

Die Klage des Arbeitnehmers - insbesondere bei Beendigungsstreitigkeiten

Kündigung

Betriebsübergang

Die Anfechtung des Arbeitsvertrages

Der befristete Arbeitsvertrag

Der Aufhebungsvertrag

Wiedereinstellungsanspruch

Weiterbeschäftigungsanspruch im laufenden (Kündigungsschutz-)Prozess

Gleichbehandlung/Gratifikation

Die Arbeitnehmereigenschaft

A. Voraussetzungen der Arbeitnehmereigenschaft

Grüneberg/Weidenkaff, Einf v § 611 Rn 1 - 15

Achtung Neuregelung: § 611a BGB in Kraft seit 01.04.2017

Für die Klausur: Zunächst ist zu prüfen, ob zwischen den Parteien das Vorliegen eines Arbeitsvertrags explizit vereinbart ist. Erst wenn dies zu verneinen ist, darf auf das Abgrenzungsproblem eingegangen werden.

Ausgangspunkt: Definition in § 611a I BGB. (Kritik am neuen Gesetz z.B. bei: Richardi, NZA 2017, 36 ff.)

Definition: **Arbeitnehmer** ist, wer auf Grund eines privatrechtlichen Vertrags im Dienste eines anderen zur Leistung weisungsgebundener, fremdbestimmter Arbeit in persönlicher Abhängigkeit verpflichtet ist. Das Weisungsrecht kann Inhalt, Durchführung, Zeit, Dauer und Ort der Tätigkeit betreffen. Arbeitnehmer ist derjenige Mitarbeiter, der nicht im Wesentlichen frei seine Tätigkeit gestalten und seine Arbeitszeit bestimmen kann; der Grad der persönlichen Abhängigkeit hängt dabei auch von der Eigenart der jeweiligen Tätigkeit ab. Für die Feststellung der Arbeitnehmereigenschaft ist eine Gesamtbetrachtung aller Umstände vorzunehmen. Zeigt die tatsächliche Durchführung des Vertragsverhältnisses, dass es sich um ein Arbeitsverhältnis handelt, kommt es auf die Bezeichnung im Vertrag nicht an.

Zur Auslegung ist auf die Rechtsprechung des BAG vor Geltung des § 611a BGB zurückzugreifen (Henssler, ZAP 2017, 357, 359; vgl. auch **RA 2017, 249 f.**):

Maßgebend ist die persönliche Abhängigkeit (Weisungsgebundenheit).

Vgl. ergänzend die Wertungen in § 84 I 2 HGB und § 7 I SGB IV („Tätigkeit nach Weisungen" und die „Eingliederung in die Arbeitsorganisation des Weisungsgebers").
Indizien für **persönliche Abhängigkeit**:

- Arbeitnehmer schuldet i.d.R. einem Arbeitgeber seine ganze Arbeitskraft,
- ist in den Betrieb eingegliedert (vgl. § 7 I 2 SGB IV),
- ist weisungsgebunden (vgl. § 7 I 2 SGB IV, § 84 I 2 HGB), auch bzgl. seiner Arbeitszeit (vgl. § 84 I 2 HGB),
- darf die geschuldete Leistung nur in eigener Person erbringen,
- benutzt fremde Arbeitsmittel,
- bezieht ein festes Gehalt,
- führt Lohnsteuer und Sozialabgaben ab und
- erhält bei Urlaub und Krankheit Lohnfortzahlung.

Verpflichtet sich eine **Artistengruppe**, für die Dauer einer Saison gegen Tageshonorar mit einer bestimmten Darbietung in einem Zirkus aufzutreten, so sind die Artisten in der Regel keine Arbeitnehmer des Zirkus. Bei der zugrunde liegenden Vereinbarung handelt sich vielmehr um einen **freien Dienstvertrag** ohne eine Verpflichtung des Zirkus zur Anmeldung der Artisten zur Krankenversicherung oder zur Einhaltung der Vorgaben des Kündigungsschutzgesetzes **(BAG, 11.08.2015, 9 AZR 98/14)**.

Problem: **Abgrenzung zum Werkvertrag**

Während Gegenstand eines Werkvertrags ein bestimmter Erfolg und Gegenstand eines Dienstvertrags das Tätigwerden als solches ist, wird bei einem Arbeitsverhältnis die vereinbarte Tätigkeit weisungsgebunden, d.h. in persönlicher Abhängigkeit geleistet. Welches dieser Rechtsverhältnisse vorliegt, ist anhand einer Gesamtwürdigung aller maßgebenden Umstände des Einzelfalls zu ermitteln. Widersprechen sich Vereinbarung und tatsächliche Durchführung, ist letztere maßgebend (**BAG, 25.09.2013, 10 AZR 282/12**).

B. Zulässigkeit der Klage: Eröffnung des Rechtswegs

Problem: **Muss der Arbeitnehmerstatus zur Eröffnung des Arbeitsrechtsweges tatsächlich vorliegen?**

1. „sic-non-Fall“

> **Merke:** **„sic-non-Fall“** („wenn nicht, dann nicht“): Geltend gemachter Anspruch kann nur auf arbeitsrechtliche Anspruchsgrundlagen gestützt werden

z.B.: Klage auf Feststellung des Bestehens eines Arbeitsvertrages

Ist Kläger kein Arbeitnehmer, ist Klage **unbegründet**, da andernfalls kein rechtskräftiges Urteil möglich und Verweisung an anderen Rechtsweg sinnlos

Beachte: **Prozessual**:

Es genügt, wenn der Arbeitnehmer die bloße Rechtsbehauptung aufstellt, er sei Arbeitnehmer.

2. „aut-aut-Fall“

> **Merke:** **„aut-aut-Fall“** („entweder oder“): Anspruch kann auf arbeits- oder bürgerlichrechtliche Anspruchsgrundlagen gestellt werden, die sich gegenseitig ausschließen.

z.B.: Zahlungsklage und str. ob Arbeitnehmer oder freier Mitarbeiter

Ist Kläger kein Arbeitnehmer, ist Klage unzulässig!

Beachte: **Prozessual**:

In aut-aut-Fällen muss der Tatsachenvortrag zur Arbeitnehmereigenschaft zumindest **schlüssig** sein. Die Darlegungslast des Prozessgegners (hier des Arbeitgebers) ist in Bestehen und Umfang davon abhängig, wie die darlegungspflichtige Partei vorgetragen hat. Fehlt es bereits an einem schlüssigen Tatsachenvortrag, besteht auch keine Erklärungslast. Wurden zwar alle zur Begründung des behaupteten Rechts erforderlichen Tatsachen vorgetragen, aber nicht näher konkretisiert, so genügt ein einfaches Bestreiten. Hat der Kläger substantiiert vorgetragen, trifft den Gegner die Pflicht zur konkreten Erwiderung nach § 138 II ZPO. Der Arbeitgeber muss in diesem Fall konkrete Tatsachen vortragen und unter Beweis stellen, welche dafür sprechen, dass ein freier Dienst- oder ein Werkvertrag gegeben ist (**LAG Frankfurt, 27.06.2012, 16 Ta 134/12**).

3. „et-et-Fall“

Merke: **„et-et-Fall“** („sowohl als auch“): Anspruch kann auf arbeits- und bürgerlich-rechtliche Anspruchsgrundlagen gestellt werden.

z.B.: Kläger wehrt sich gegen außerordentlicher Kündigung (§ 626 BGB) wegen von ihm bestrittenen Diebstahls (Details zu § 626 BGB als „et-et-Fall“ unten beim Schema zu § 626 BGB)

Ist Kläger kein Arbeitnehmer ist Klage unzulässig!

Beachte: **Prozessual**:
Wie beim aut-aut-Fall.

Merke: **Unechter Hilfsantrag**: Dieser wird nur für den Fall des Obsiegens mit dem Hauptantrag gestellt, da er nur erfolgreich sein kann, wenn auch der Hauptantrag erfolgreich ist (z.B.: Verzugslohn für den Fall der vom Arbeitnehmer gewonnenen Kündigungsschutzklage). Folglich dürfen Haupt- und unechter Hilfsantrag prozessual nie getrennt werden. Hinsichtlich der „sic-non-Frage“ regiert insoweit der Hauptantrag; er „zieht“ den unechten Hilfsantrag quasi „mit“.

Klausurhinweis:

Sie müssen beim Punkt der Rechtswegeröffnung schon wissen, was die „streitentscheidenden Normen“ sind. Liegt (wie meist) ein sic-non-Fall vor, können Sie schreiben: **„Der Rechtsweg zu den Gerichten für Arbeitssachen ist durch die Behauptung der Arbeitnehmerstellung des Klägers gem. § 2 I ArbGG eröffnet, da es sich um eine bürgerliche Rechtsstreitigkeit** (Fall aus dem Katalog der Ziff. 3) **handelt, die ausschließlich aufgrund arbeitsrechtlicher Vorschriften erfolgreich sein kann.“**

Problem: **GmbH-Geschäftsführer u.ä.**

§ 5 I 3 ArbGG: „Als Arbeitnehmer gelten nicht (...) Personen, die kraft Gesetzes, Satzung oder Gesellschaftsvertrags allein oder als Mitglieder des Vertretungsorgans zur Vertretung der juristischen Person oder der Personengesamtheit berufen sind.“

→ GmbH-Geschäftsführer ist (trotz Weisungsunterworfenheit ggü. den Gesellschaftern) kein Arbeitnehmer!

Examenstipp:

GmbH-Geschäftsführer vor dem Arbeitsgericht
BAG, 03.12.2014, 10 AZB 98/14, RA 2015, 137, 140
Der Fremdgeschäftsführer einer GmbH steht mit dieser regelmäßig in einem freien Dienstverhältnis und nicht in einem Arbeitsverhältnis. Daher sind für eine Klage des Fremdgeschäftsführers gegen eine (fristlose) Kündigung grds. die Arbeitsgerichte gem. § 2 I ArbGG nicht zuständig. Der Fremdgeschäftsführer nimmt zumeist Arbeitgeberfunktionen wahr und ist deshalb keine arbeitnehmerähnliche, sondern eine arbeitgeberähnliche Person (**BGH, 21.01.2019 – 9 AZB 23/18, RA-Telegramm 2019, 45**).

Wird ein Arbeitnehmer zum Geschäftsführer **befördert**, stellt sich die Frage, was aus dem Arbeitsvertrag wird.

1. Var.: Geschäftsführervertrag ist schriftlich (§ 623 BGB!) geschlossen.
   → Arbeitsverhältnis ist beendet (**LAG Meck-Vorp., 25.10.2017, 3 Sa 61/17, RA-Telegramm 2018, 60).**

2. Var.: Anderenfalls liegt ein „ruhendes Arbeitsverhältnis" vor. Dieses lebt wieder auf, wenn der Geschäftsführer abberufen wird.
   → Macht der Arbeitnehmer nach Beendigung der Stellung als Geschäftsführer Ansprüche aus dem Arbeitsverhältnis geltend, ist der Rechtsweg zu den Gerichten für Arbeitssachen gegeben. Das gilt auch für Ansprüche aus der Zeit als Geschäftsführer. **(BAG, 23.08.2011, 10 AZB 51/10)**

3. Var.: Die Zuständigkeit der Arbeitsgerichte für die Klage eines Geschäftsführers kann auch dann (noch) begründet werden, wenn dessen Abberufung erst nach Klageerhebung, jedoch vor einer rechtskräftigen Entscheidung über die Rechtswegzuständigkeit erfolgt **(BAG, 03.12.2014, 10 AZB 98/14, RA 2015, 137, 140)**. § 17 I 1 GVG erfasst diesen Fall nicht, da er nur rechtswegserhaltend wirkt.

Fazit zum Rechtsweg: Solange die Fiktionswirkung des § 5 I 3 ArbGG greift, kann der GmbH-Geschäftsführer nicht vor den Arbeitsgerichten klagen; auch nicht, wenn der Anspruch, welchen er geltend macht, „an sich" ein „sic-non-Fall" wäre. Der Wegfall der Fiktionswirkung des § 5 I 3ArbGG führt nur dazu, dass die inhaltliche Prüfung, ob ein „sic-non-Fall" vorliegt, überhaupt eröffnet ist (**LAG Meck-Vorp., 19.11.2015, 3 Ta 38/15, RA 2016, 137, 139 f.**). Der rechtliche Charakter des Anstellungsverhältnisses eines Organvertreters ändert sich nicht allein dadurch, dass er als Organvertreter abberufen wird. Durch den Abberufungsakt wird das Anstellungsverhältnis nicht zum Arbeitsverhältnis. Werden die sich aus dem GmbHG ergeben Pflichten eines Geschäftsführers in den Dienstvertrag aufgenommen, kann hieraus keine persönliche Abhängigkeit hergeleitet werden (**LAG Köln, 30.08.2018, 9 Ta 143/18, RA 2018, 589**).

Problem: **Streitigkeiten zwischen Entleiher und Leiharbeiter**

Ziel des Arbeitsgerichtsgesetzes ist es, alle bürgerlich-rechtlichen Streitigkeiten, die in greifbarer Beziehung zu einem Arbeitsverhältnis stehen, auch prozessual im Rahmen der Arbeitssachen zu erfassen. Das gilt in gleicher Weise für Streitigkeiten zwischen dem Leiharbeitnehmer und dem Entleiher, die ihren Ursprung in der Arbeitnehmerüberlassung haben. Werden dem Entleiher wesentliche Arbeitgeberfunktionen vom Verleiher übertragen, so muss dieser gespaltenen Arbeitgeberstellung bei der Zuständigkeit der Gerichte für Arbeitssachen Rechnung getragen werden. Ergeben sich bürgerliche Rechtsstreitigkeiten zwischen einem Leiharbeitnehmer und einem Entleiher aus dem Leiharbeitsverhältnis, ist nach Sinn und Zweck der Zuständigkeitsnorm des § 2 I Nr. 3 Buchst. a und d ArbGG der Rechtsweg zu den Gerichten für Arbeitssachen eröffnet. **(BAG, 15.03.2011, 10 AZB 49/10)**

Der Lohnanspruch – Das MiLoG

§ 1 I MiLoG beinhaltet i.V.m. § 611a II BGB die zivilrechtliche Anspruchsgrundlage des Arbeitnehmers für die Zahlung eines Arbeitsentgelts mindestens in Höhe des Mindestlohns. Seit dem 01.01.2021 beträgt er **9,50 €** statt bisher 9,35 € brutto pro Zeitstunde. Ab dem 01.07.2021 steigt er dann erneut auf 9,60 € brutto. Weitere Erhöhungen folgen dann im Jahr 2022 auf 9,82 € ab dem 01.01.2022 und auf 10,45 € ab 01.07.2022 (vgl. § 1 II MiLoG).
Dieser gilt auch für Feiertage und Krankheitszeiten **(BAG, 13.05.2015, 10 AZR 191/14,** für einen tariflichen Mindestlohn).

Problem: **Verhältnis zum Lohnwucher gem. § 138 BGB**

Bisher: Lohnwucher gem. § 138 II BGB, wenn der Arbeitslohn den in der entsprechenden Branche und Region üblichen Tariflohn um **mehr als ein Drittel unterschreitet**.

Beispiel: Tariflohn 15 €. Arbeitgeber zahlt 9,50 €. Kann ein Lohn über dem Mindestlohn sittenwidrig sein?

Für die Fortgeltung der bisherigen Rechtsprechung zum Lohnwucher spricht, dass der gesetzliche Mindestlohn als eigenständiger Anspruch neben die bisherigen Anspruchsgrundlagen tritt, diese aber nicht verändert. Die Folge des MiLoG kann schwerlich sein, dass bisher sittenwidrige Löhne durch das MiLoG quasi legitimiert werden sollten, sofern sie nur über dem allgemeinen Mindestlohn liegen (MK-Müller-Glöge, § 1 MiLoG Rn 4; Bayreuther, NZA 2014, 865, 866; so wohl auch **BAG, 25.05.2016, 5 AZR 135/16**).

Die für § 138 BGB notwendige *verwerfliche Gesinnung* ist indiziert, wenn der Wert der arbeitsleistung (mindestens) doppelt so hoch ist wie der Wert der Vergütung (**BAG, 18.11.2015, 5 AZR 814/14**).

Problem: **Anrechnung anderer Lohnbestandteile**

Zulässig, wenn sie mit dem „eigentlichen" Lohn **funktional gleichwertig** sind.
Mindestlohnwirksam, das heißt geeignet, den Mindestlohnanspruch zu erfüllen, sind alle im arbeitsvertraglichen Austauschverhältnis erbrachten Entgeltzahlungen mit Ausnahme der Zahlungen, die der Arbeitgeber ohne Rücksicht auf eine tatsächliche Arbeitsleistung des Arbeitnehmers erbringt oder die auf einer besonderen gesetzlichen Zweckbestimmung (z.B. § 6 V ArbZG) beruhen (sog. „Entgelttheorie", **BAG, 25.05.2016, 5 AZR 135/16**). Demgegenüber wird in der Lehre die „Normalleistungstheorie" vertreten (Däubler, NJW 2014, 1924, 1926; Brors, NZA 2014, 938, 940). Hiernach können auf den Mindestlohn nur Entgelte und Zuschläge angerechnet werden, welche die „normale" Arbeitsleistung vergüten.

Dieser Streit wirkt sich aus auf **Sonn- und Feiertagszuschläge**. Nach BAG können auch diese angerechnet werden. Dies beruht darauf, dass der Mindestlohn nach § 1 II 1 MiLoG „je Zeitstunde" festgesetzt ist und das Gesetz den Anspruch nicht von der zeitlichen Lage der Arbeit oder den mit der Arbeitsleistung verbundenen Umständen oder Erfolgen abhängig macht (**BAG, 17.01.2018, 5 AZR 69/17, RA-Telegramm, 2018, 73**).

Das BAG lehnt es auch ab, den Mindestlohn für jede Arbeitsstunde separat zu berechnen. Maßgeblich ist alleine der **Durchschnittslohn**.
Beispiel: A erhält in einem Monat im Jahr 2018 (Mindestlohn 2018 war 8,84 €) an 20 Stunden in der Woche 8 € Stundenlohn. Wegen Feiertagsarbeit erhält er für 7 Stunden einen „Feiertagszuschlag" von 3,67 €, also 11,67 €. Ergibt: 20 x 8 € + 6 x 11,67 € = 230,02 € : 26 Stunden = 8,84 €, also ist der Mindestlohnanspruch erfüllt.
Die Kehrseite dieser Rechtsprechung ist also, dass jeglicher finanzieller Anreiz, an Sonn- und Feiertagen besondere Arbeiten zu leisten, verloren geht. Solange ein Differenzvergütungsanspruch besteht, wirken die arbeitsvertraglich vereinbarten Prämien, Zulagen und Zuschläge nicht, oder anders gesagt, auf Feiertagszuschläge und Anwesenheits- oder Sauberkeitsprämie kann der Arbeitnehmer „pfeifen", solange er nicht mehr als den Mindestlohn erhält (Kock, NJW 2018, 2588, 2589).

Nicht auf den Mindestlohn pro Zeitstunde anzurechnen sind **Nachtzuschläge** schon wegen § 6 V ArbZG, der für Nachtarbeit einen „angemessenen Zuschlag“ verlangt. Nach BAG sind dies 30 % (**BAG, 25.05.2018, 5 AZR 25/17**). Ebenso dürften wohl nicht anzurechnen sein: Schmutzzulagen, Aufwandsentschädigungen sowie Trinkgelder.
Problematisch bei Urlaubsgeld, da dieses Zusatzkosten während des Urlaubs kompensieren und nicht die Normalleistung vergüten soll. Fraglich auch bei **Weihnachtsgeld** mit Zweck der Belohnung der Betriebstreue, da der normale Lohn die Betriebstreue nicht entlohnt.
Allein die Bezeichnung einer Leistung als **Urlaubsgeld** oder **Weihnachtsgeld**, die in vielen Fällen ohnehin nicht mit Bedacht gewählt ist, rechtfertigt es indes nicht, einen zwingenden Sachzusammenhang der Sonderzahlung zum Erholungsurlaub anzunehmen, denn den Vertragsparteien steht es frei, die Bezeichnung auch für nichturlaubsakzessorische Sonderzahlungen zu verwenden. Deshalb ist anhand der Leistungsvoraussetzungen zu ermessen, ob das Urlaubsgeld von den Regelungen zum Urlaub abhängig ist oder bloß eine saisonale Sonderleistung darstellt (**BAG, 25.05.2016, 5 AZR 135/16, RA 2016, 361, 363**).

Merke: Bei der **Anrechnung von Leistungen auf den Mindestlohn** ist darauf abzustellen, ob die vom Arbeitgeber erbrachte Leistung ihrem Zweck nach diejenige Arbeitsleistung des Arbeitnehmers entgelten soll, die mit dem gesetzlichen Mindestlohn zu vergüten ist. Besteht danach eine funktionale Gleichwertigkeit der zu vergleichenden Leistungen, ist die erbrachte Leistung auf den zu erfüllenden Anspruch anzurechnen. Zur Beurteilung der „funktionalen Gleichwertigkeit“ ist es erforderlich, die „Funktion“ zu bestimmen, welche die reale Leistung des Arbeitgebers hat, um sodann festzustellen, ob sie sich auf diejenige vom Arbeitnehmer geleistete oder zu leistende Arbeit bezieht, die mit dem gesetzlichen Mindestlohn abgegolten sein soll.

Achtung: Monatlich gewährte Sonderzahlungen können nur dann auf den Mindestlohn angerechnet werden, wenn der vertragliche **Grundlohn** pro Stunde **unterhalb des Mindestlohns** liegt. Nur in einem solchen Fall entsteht überhaupt ein Differenzanspruch nach § 3 MiLoG, der mit mindestlohnwirksamen Sonderzahlungen erfüllt werden könnte. Anderenfalls setzt eine Anrechnung von Sonderzahlungen auf den Mindestlohn eine entsprechende Vereinbarung voraus. Diese kann im Arbeitsvertrag, aber auch in einer Betriebsvereinbarung oder in einem Tarifvertrag enthalten sein (**BAG, 11.10.2017, 5 AZR 621/16, RA 2018, 139**).

Zu beachten ist weiterhin die **Fälligkeitsregelung des § 2 I 1 MiLoG**. Sofern die Zahlung jedoch pro Monat zu je 1/12 erfolgt, steht aber auch § 2 I 1 MiLoG einer Anrechnung von Urlaubs- und Weihnachtsgeld nicht entgegen (**BAG, 25.05.2016, 5 AZR 135/16, RA 2016, 361**).

Kündigt der Arbeitgeber dem Arbeitnehmer als Reaktion auf dessen Verlangen, den Mindestlohn zu erhalten, so ist die Kündigung schon wegen Verstoßes gegen das **Maßregelungsverbot gem. § 612a BGB** unwirksam (**ArbG Berlin, BeckRS 2015, 68089**).

Examenstipp:

Änderungskündigung zur Anrechnung auf Mindestlohn
ArbG Berlin, 04.03.2015, 54 Ca 14420/14

Sachverhalt: Die Arbeitnehmerin erhielt neben einer Grundvergütung von 6,13 € je Stunde eine Leistungszulage, zusätzliches Urlaubsgeld und eine nach Dauer der Betriebszugehörigkeit gestaffelte jährliche Sonderzahlung. Im Hinblick auf die Einführung des gesetzlichen Mindestlohns zum 1. Januar 2015 sprach die Arbeitgeberin eine „Änderungskündigung“ aus, um das Arbeitsverhältnis künftig mit einem Stundenlohn von 8,50 Euro bei Wegfall der Leistungszulage, des Urlaubsgelds und der Jahressonderzahlung fortzusetzen.
Lösung: Eine Zahlung, die an weitere Bedingungen, z.B. die Betriebstreue, geknüpft ist, ist mangels funktionaler Gleichwertigkeit nicht anzurechnen. Zum Urlaubsgeld gelten die obigen Ausführungen. Folglich dürfte die Änderungskündigung zumindest hinsichtlich der Betriebstreue-Gratifikation unwirksam sein.

Die AGB-Kontrolle im Arbeitsrecht

A. Grundlagen

Grüneberg/Weidenkaff, Einf v § 611 Rn 75b, 75c, **Grüneberg**/Grüneberg, § 310 Rn 51

Eine Klauselkontrolle findet bei Tarifverträgen, Betriebs- und Dienstvereinbarungen nicht statt (§ 310 IV 1 BGB). Demgegenüber unterliegen vorformulierte Arbeitsverträge grundsätzlich der AGB-Kontrolle. Hierbei sind jedoch die „im Arbeitsrecht geltenden Besonderheiten angemessen zu berücksichtigen“ (§ 310 IV 2 BGB).

AGB sind nicht nach den §§ 133, 157 BGB, sondern objektiv auszulegen. Maßstab ist das Verständnis von redlichen, rechtlich nicht vorgebildeten durchschnittlichen Vertragsparteien (**Grüneberg**/ Grüneberg, § 305c Rn 15 f.). Sofern z.T. für eine „enge Auslegung“ einzelner AGB-Klauseln plädiert wird, ist demgegenüber darauf hinzuweisen, dass auf diesem Wege keinesfalls eine verdeckte Inhaltskontrolle eingeführt werden darf, die im Ergebnis zu einer geltungserhaltenden Reduktion führen würde (**Grüneberg**/Grüneberg, Vor § 305 Rn 17, § 305c Rn 16; Micha, JURA 2006, 761, 763). Wer AGB in den Vertrag einführt, trägt das Risiko ihrer Unwirksamkeit (**BAG, 28.09.2005, 5 AZR 52/05**; Micha, JURA 2006, 761, 765). Sog. „Salvatorische Klauseln“ bleiben ohne Wirkung, da sie gegen das Transparenzgebot des § 305 II verstoßen (**Grüneberg**/Grüneberg, § 306 Rn 11).

Liegt parallel ein Verstoß gegen ein gesetzliches Verbot i.S.v. § 134 BGB vor, bestehen „an sich“ beide Unwirksamkeitsgründe nebeneinander.

Klausurhinweis:

Die Prüfung des § 134 BGB genießt systematisch den Vorrang vor der AGB-Kontrolle (**Grüneberg**/ Grüneberg, Vor § 305 Rn 14). Sofern ein Verstoß gegen ein Gesetz angenommen wird, kommt es auf die AGB-Kontrolle „eigentlich“ nicht mehr an. Hier kommt es entscheidend auf den Bearbeitervermerk und das geforderte Arbeitsergebnis an. Gerade bei anwaltlicher Beratung dürfte es nötig sein, eine umfassende (!) Prüfung vorzunehmen und folglich trotz Bejahung des § 134 BGB auf die §§ 305 ff. BGB zu prüfen.

Im Verhältnis zu **§ 138 BGB** ist die AGB-Kontrolle im Rahmen ihres Anwendungsbereichs lex specialis. Eine Sittenwidrigkeit kommt deshalb vor allem in Betracht, wenn eine Individualvereinbarung sittenwidrig ist. (**Grüneberg**/Grüneberg, Vor § 305 Rn 15)

Die AGB-Kontrolle ist auch im Verhältnis zu **§ 242 BGB** spezieller. § 242 BGB kann nur in Form einer **Ausübungskontrolle** Anwendung finden! (Hierzu **Grüneberg**/Grüneberg, Vor § 305 Rn 16)

Der Verwender kann sich auf die Unwirksamkeit einer Klausel nicht berufen. Die AGB-Kontrolle schafft lediglich einen Ausgleich für die einseitige Inanspruchnahme der Vertragsfreiheit durch den Klauselverwender, sie dient aber nicht dem Schutz des Klauselverwenders vor den von ihm selbst eingeführten Formularbestimmungen (sog. **personale Teilunwirksamkeit**).
Verstößt eines AGB jedoch gegen ein gesetzliches Verbot, **§ 134 BGB**, kann sich u.U. auch der Arbeitgeber als Klauselverwender auf die Unwirksamkeit der Klausel berufen. Dies gilt dann, wenn die Norm, die verletzt wurde, nicht nur den Arbeitnehmer, sondern beide Vertragspartner schützen soll (**BAG, 26.11.2020, 8 AZR 58/20, RA 2021, 361, 363** = JA 2021, 1038).

B. Prüfungsschema

Für die AGB-Kontrolle von Arbeitsverträgen bietet sich das folgende Prüfungsschema an:

Beachte: Die Prüfung einer eventuellen Nichtigkeit geht der Prüfung der Unwirksamkeit nach §§ 305 ff. BGB vor (Micha, JURA 2006, 761, 762). Als Nichtigkeitsgründe kommen z.B. § 12 EFZG oder § 202 I BGB in Frage.

I. In weiten Teilen „bürgerlich-rechtliche“ AGB-Prüfung

1. Anwendbarkeit des AGB-Rechts

a) Vorliegen von AGB (§ 305 I BGB)

aa) Klausel ist für die Verwendung in einer Vielzahl von Fällen vorgesehen
Entbehrlich gem. § 310 III Nr. 2 BGB, weil der Arbeitgeber Unternehmer i.S.v. § 14 BGB und der Arbeitnehmer Verbraucher i.S.v. § 13 BGB ist. Folglich unterliegen auch Einmal-Vereinbarungen der Arbeitsvertragsparteien der AGB-Kontrolle, wenn der Arbeitnehmer sie inhaltlich nicht beeinflussen kann (**Grüneberg**/Grüneberg, § 310 Rn 7, 11).

bb) Klausel ist vorformuliert

cc) Klausel ist vom Verwender gestellt
Gem. § 310 III Nr. 1 BGB gelten die in Arbeitsverträgen verwendeten Vertragsbedingungen grundsätzlich als vom Arbeitgeber „gestellt“, weil der Arbeitgeber Unternehmer i.S.v. § 14 BGB und der Arbeitnehmer Verbraucher i.S.v. § 13 BGB ist (Reim, JuS 2006, 120, 121). § 310 III Nr. 2 BGB unterwirft weitergehend auch Einmal-Vereinbarungen der Arbeitsvertragsparteien der AGB-Kontrolle und verzichtet auf das Merkmal des „Stellens“ gänzlich.

dd) Klausel ist nicht im Einzelnen ausgehandelt (§ 305 I 3 BGB)
Hierfür muss der Arbeitgeber diese inhaltlich zur Disposition gestellt haben (BGH, NJW 1991, 1697). Nicht ausreichend ist, wenn dem Arbeitnehmer nur die Wahl zwischen der Annahme oder der Ablehnung der Vertragsklausel gelassen wird (**Grüneberg**/ Grüneberg, § 305 Rn 20; Reim, JuS 2006, 120, 121).

b) Trotz fehlender AGB gleichwohl Anwendung des AGB-Rechts bei Verstoß gegen das Umgehungsverbot (§ 306a BGB)

2. Einbeziehung in den Vertrag (§§ 305 bis 305c BGB)

a) § 305 II und III BGB finden im Arbeitsrecht keine Anwendung (§ 310 IV 2 BGB)

b) Rechtsgeschäftliche Einbeziehung trotzdem nur, wenn der Arbeitnehmer mit ihrer Geltung zumindest konkludent einverstanden ist
Wie im unternehmerischen Geschäftsverkehr (§ 310 I 1 BGB) brauchen die gegenüber dem allgemeinen Vertragsrecht formalisierten Einbeziehungsvoraussetzungen der Abs. 2 und 3 gegenüber einem Arbeitnehmer nicht erfüllt zu werden. Es bleibt indessen dabei, dass auch im Arbeitsrecht AGB nur kraft rechtsgeschäftlicher Vereinbarung Vertragsbestandteil werden können. Notwendig ist folglich eine ausdrückliche oder stillschweigende Willensübereinstimmung der Vertragspartner zur Geltung der AGB (Rolfs, StudKomm ArbR, § 305 BGB Rn 10; Reim, JuS 2006, 120, 121).

c) Ausnahmsweise keine Einbeziehung bei

aa) Vorliegen einer Individualabrede

bb) Überraschender Klausel (§ 305c I BGB)
Da der Arbeitsvertrag für den Arbeitnehmer kein Massengeschäft ist, wird das subjektive Überraschungsmoment nur selten vorliegen. Überraschend können weitreichende Verzichtserklärungen in sog. **Ausgleichquittungen** sein. Ausschlussfristen und Verfallklauseln sind demgegenüber im Arbeitsleben üblich, also nicht überraschend (Rolfs, StudKomm ArbR, § 305c BGB Rn 1; sehr knapp hier **Grüneberg**/Grüneberg, § 305c Rn 8).

3. Auslegung (§ 305c II BGB und allgemeine Auslegungsregeln)

Weil der Arbeitsvertrag ein Verbrauchervertrag ist, wird nicht nur eine generalisierend-überindividuelle Betrachtungsweise angewandt, sondern es werden die Umstände des Vertragsschlusses im konkreten Einzelfall berücksichtigt.

4. Inhaltskontrolle (§§ 307 bis 309 BGB)

a) Anwendbarkeit der §§ 307 bis 309 BGB
Nach § 307 III BGB **keine** Inhaltskontrolle bei

aa) **deklaratorischen Klauseln**, wobei nicht nur Klauseln, die das Gesetz, sondern auch solche, die Tarifverträge, Betriebs- oder Dienstvereinbarungen wörtlich wiederholen, deklaratorisch sind, § 310 IV 3 BGB
Somit bleibt die Bezugnahme des fachlich und räumlich einschlägigen Tarifvertrags im Ganzen kontrollfrei. Demgegenüber genießt die Inbezugnahme einzelner Tarifklauseln dieses Privileg nicht, da der Tarifvertrag nur als Einheit die Vermutung inhaltlicher Ausgewogenheit in sich trägt. Wird auf einen räumlich oder vor allem fachlich nicht einschlägigen Tarifvertrag Bezug genommen, erscheint eine Inhaltskontrolle geboten (Richardi, NZA 2002, 1057, 1062; Thüsing/Lambrich, NZA 2002, 1361, 1362; Rolfs, StudKomm ArbR, § 307 BGB Rn 6; insoweit nicht in **Grüneberg**/Grüneberg, § 307 Rn 51; vgl. aber **Grüneberg**/Weidenkaff, Einf. § 11 Rn 75c).

bb) leistungsbestimmenden Klauseln

cc) Preisklauseln, § 307 III BGB
In den Fällen aa) bis cc) findet nur noch eine Transparenzkontrolle (unten e) und eine Kontrolle am Maßstab des § 138 BGB statt. Daher sind sowohl der Inhalt der Arbeitsverpflichtung als auch das Arbeitsentgelt einschließlich aller Nebenleistungen kontrollfrei (Henssler, RdA 2002, 131, 136; Hromadka, NJW 2002, 2523, 2527; Thüsing, BB 2002, 2666, 2667; Rolfs, StudKomm ArbR, § 307 Rn 8; a.A. – unvertretbar – Däubler, NZA 2001, 1329, 1334).

b) Klauselverbote ohne Wertungsmöglichkeit (§ 309 BGB)
Arbeitsrechtliche Bedeutung haben die **Nr. 6** (Vertragsstrafen), **Nr. 10** (Konzernversetzungsklauseln) und **Nr. 13** (Formklauseln und Ausschlussfristen). Nach einhelliger Auffassung kann die Wirksamkeit einer arbeitnehmerseitigen Kündigung nicht davon abhängig gemacht werden, dass diese per Einschreiben erfolgt (Annuß, BB 2002, 458, 463; Gotthardt, ZIP 2002, 277, 284).

c) Klauselverbote mit Wertungsmöglichkeit (§ 308 BGB)
Die Klauselverbote des § 308 BGB haben nur eine geringe arbeitsrechtliche Bedeutung. Allein die **Nr. 4** steht zu weit gefassten Freiwilligkeits- und Widerrufsvorbehalten entgegen.

d) Generalklausel § 307 I, II BGB

aa) Benachteiligung des Vertragspartners

bb) unangemessen

e) Transparenzkontrolle

5. Rechtsfolge bei Nichteinbeziehung und Unwirksamkeit der AGB (§ 306 BGB)

a) Sind AGB ganz oder teilweise nicht Vertragsbestandteil geworden oder unwirksam, so bleibt der Vertrag im Übrigen wirksam.

b) Soweit AGB nicht Vertragsbestandteil geworden oder unwirksam sind, richtet sich der Inhalt des Vertrags nach Gesetzesrecht.

c) Der Vertrag ist unwirksam, wenn das Festhalten an ihm auch unter Berücksichtigung der nach § 306 II BGB vorgesehenen Änderung eine unzumutbare Härte für eine Vertragspartei darstellen würde (**BAG, 04.03.2004, 8 AZR 196/03**).

6. Zwischenergebnis

II. Feststellung, ob es einschlägige „Besonderheiten des Arbeitsrechts“ gibt (§ 310 IV 2 BGB)
Das BAG (NZA 2004, 727, 731) vertritt eine relativ weitreichende Auslegung dieses Begriffs. Besonderheiten des Arbeitsrechts sind die Besonderheiten des Rechtsgebiets Arbeitsrecht im Ganzen und nicht nur die Besonderheiten bestimmter Arbeitsverhältnisse wie z.B. kirchlicher Arbeitsverhältnisse. Dabei muss es sich nicht um Besonderheiten handeln, die nur im Arbeitsrecht gelten. Es reicht vielmehr aus, wenn sich die Abweichungen von typischen Regelungslagen insbesondere im Arbeitsverhältnis auswirken. Offen gelassen hat das BAG, ob auch vom Arbeitsrecht abweichende Vertragspraktiken zu berücksichtigen sind. Dies ist jedoch zu verneinen. Hätte der Gesetzgeber eine Berücksichtigung derartiger Besonderheiten auch bei Arbeitsverträgen gewollt, hätte er bei § 310 IV 2 BGB auf die Formulierung in § 310 I 2 BGB zurückgreifen können (Reim, JuS 2006, 120, 121 f.; ArbG Bochum, NZA 2002, 978, 979).

III. „Angemessene Berücksichtigung“ dieser Besonderheiten (§ 310 IV 2 BGB).
Also Abwägung, ob diese so gewichtig sind, dass sie ein anderes als das gewöhnliche „bürgerlich-rechtliche“ Ergebnis rechtfertigen.

C. Einzelfälle

Examenstipp:

Ausschlussfristen
Ausschlussfristen sind ein Standard-Thema! Die folgenden Passagen müssen sicher beherrscht werden!

I. Ausschlussfristen (Grüneberg/Weidenkaff, Einf. § 611 Rn 75c; § 611 Rn 72)

1. Allgemeines

Als **Ausschlussfrist** (oder auch **Verfallsfrist** oder Präklusionsfrist genannt) wird eine Frist bezeichnet, nach deren Ablauf Ansprüche, aber auch Rechte (auch Gestaltungsrechte) erlöschen bzw. untergehen; auch wenn der Anspruch entstanden ist. Im Unterschied zu Verjährungsfristen, deren Ablauf nur ein Leistungsverweigerungsrecht begründet, und die deshalb nur nach Erhebung einer entsprechenden Einrede zu beachten sind, führt der Ablauf von Ausschlussfristen zum Erlöschen des Anspruchs oder des Rechts selbst und sind von Amts wegen zu beachten (sog. **Einwendung**).
Ein Verstoß gegen **§ 309 Nr. 7 Buchst. b BGB** liegt darin jedoch nicht, weil die Obliegenheit einer schriftlichen Geltendmachung keinen Haftungsausschluss und keine Haftungsbegrenzung enthält (vgl. **BAG, 25.05.2005, 5 AZR 572/04**).
Unter Berücksichtigung der **§§ 307**, 310 IV 2 BGB können **beiderseitige** Ausschlussfristen in einem Arbeitsvertrag vereinbart werden. Einseitige Ausschlussfristen stellen hingegen eine unangemessene Benachteiligung dar (**BAG, 31.08.2005, 5 AZR 545/04**). Allerdings darf die Frist für die schriftliche Geltendmachung nicht kürzer sein als **3 Monate** (sog. **einstufige** Ausschlussfrist, **BAG, 28.09.2005, 5 AZR 52/05**). Sollte im Fall, dass der andere den Anspruch nicht anerkennt (oder eine gewisse Zeit schweigt), eine gerichtliche Geltendmachung verlangt sein (**zweistufige** Ausschlussfrist), darf die Frist hierfür nicht kürzer sein als **weitere 3 Monate** (**BAG, 25.05.2005, 5 AZR 572/04**).
Die zweite Stufe einer vom Arbeitgeber als AGB gestellten Ausschlussfristenregelung ist gem. § 307 I 2 BGB intransparent, wenn sie dem verständigen Arbeitnehmer suggeriert, er müsse den Anspruch ausnahmslos innerhalb der vorgesehenen Ausschlussfrist auch dann gerichtlich geltend machen, wenn der Arbeitgeber die Erfüllung des Anspruchs zugesagt oder den Anspruch anerkannt oder streitlos gestellt hat (**BAG, 03.12.2019, 9 AZR 44/19, RA 2020, 361**).

Die Frist läuft bereits mit **Fälligkeit** des Anspruchs. Eine Klausel, die für den **Beginn der Ausschlussfrist** allein auf die Beendigung des Arbeitsverhältnisses abstellt, ist gem. § 307 I 1 BGB **unwirksam**. Begründung: In § 199 I Nr. 2 BGB kommt der Grundgedanke zum Ausdruck, wonach für den Beginn der Verjährungsfrist Voraussetzung ist, dass der Gläubiger von den den Anspruch begründenden Umständen Kenntnis erlangt oder ohne grobe Fahrlässigkeit erlangen müsste. Der Wertung des § 199 I Nr. 2 BGB ist in Ausschlussfristen dadurch Rechnung zu tragen, dass für den Fristbeginn die „Fälligkeit“ der Ansprüche maßgebend ist. **(BAG, 01.03.2006, 5 AZR 511/05)**

Die **Frist zur gerichtlichen Geltendmachung** ist jedoch **gem. 203 Satz 1 BGB analog gehemmt**, solange die Parteien vorgerichtliche **Vergleichsverhandlungen** führen. Aufgrund der erheblichen rechtlichen Folgen von Ausschlussfristen, die als Einwendung über die Wirkungen der Verjährung als bloße Einrede noch hinausgehen, handelt es sich insoweit um einen **Erst-Recht-Schluss**. Der Zeitraum, während dessen die Vergleichsverhandlungen andauern, wird **entsprechend § 209 BGB** in die Ausschlussfrist nicht eingerechnet. **§ 203 Satz 2 BGB**, der bestimmt, dass die Verjährung frühestens drei Monate nach dem Ende der Hemmung eintritt, findet auf arbeitsvertragliche Ausschlussfristen **keine entsprechende Anwendung**. Dies folgt schon aus der anderen Interessenlage im Fall der vertraglichen Ausschlussfrist, die im kürzesten Fall drei Monate lang sein darf, wohingegen die Regelverjährung drei Jahre beträgt (**BAG, 20.06.2018, 5 AZR 262/17, RA 2018, 533 = JuS 2019, 172**).

Achtung: **Tarifvertragliche Ausschlussfristen** unterliegen gem. § 310 IV 1 BGB keiner AGB-Kontrolle, weshalb auch kürze Fristen als die o.g. 3 Monate zulässig sind.

Hinsichtlich der **Form der Anzeige beim Arbeitgeber** (1. Stufe) ist zu beachten, dass **§ 309 Nr. 13 BGB** eine strengere Form als „**Textform**" für unwirksam erklärt.

Merke: Der Verwender kann sich auf die Unwirksamkeit einer Klausel nicht berufen. Die Inhaltskontrolle des AGB-Kontrollrechts schafft lediglich einen Ausgleich für die einseitige Inanspruchnahme der Vertragsfreiheit durch den Klauselverwender, sie dient aber nicht dem Schutz des Klauselverwenders vor den von ihm selbst eingeführten Formularbestimmungen (**BAG, 07.06.2018, 8 AZR 96/17**).

Examenstipp:

Ausschlussfristen und Mindestlohn
Beachte **BAG, 18.09.2018, 9 AZR 162/18, RA 2019, 25**:

Fraglich ist, ob Ausschlussfristen – zumindest wegen Verstoßes gegen das **Transparenzgebot des § 307 I 2 BGB** – unwirksam sind, wenn sie nicht ausdrücklich den gesetzlichen Mindestlohn nach § 1 MiLoG ausnehmen.

§ 3 MiLoG sieht ganz allgemein vor, dass Vereinbarungen „insoweit" unwirksam sind, als sie den Anspruch auf den gesetzlichen Mindestlohn unterschreiten. Nach e.A. lässt § 3 MiLoG „insoweit" eine geltungserhaltende Reduktion überschießender Klauseln zu (**LAG Nürnberg, 09.05.2017, 7 Sa 560/16, RA-Telegramm 2017, 55**; Bayreuther, NZA 2015, 385, 387).

Jedoch hat das BAG ergänzend die AGB-Kontrolle in den Blick genommen: Eine vom Arbeitgeber vorformulierte arbeitsvertragliche Verfallklausel, die ohne jede Einschränkung alle beiderseitigen Ansprüche aus dem Arbeitsverhältnis und damit auch den ab dem 1.1.2015 von § 1 MiLoG garantierten Mindestlohn erfasst, verstößt gegen das Transparenzgebot des § 307 I 2 BGB und ist – jedenfalls dann – insgesamt unwirksam, wenn der Arbeitsvertrag nach dem 31.12.2014 geschlossen wurde. § 3 Satz 1 MiLoG und § 307 I 2, § 306 BGB stehen zueinander nicht in einem Rangverhältnis der Spezialität oder Subsidiarität. Die gesetzlichen Bestimmungen sind nebeneinander anwendbar. Die darin angeordneten Rechtsfolgen schließen einander nicht aus. Das Transparenzgebot des § 307 I 2 BGB überlagert die limitierte Rechtsfolge des § 3 Satz 1 MiLoG (**BAG, 18.09.2018, 9 AZR 162/18, RA 2019, 25**; so schon **BAG, 24.08.2016, 5 AZR 703/15, RA 2016, 585** = JuS 2017, 1219, für das Mindestentgelt nach § 2 PflegeArbbV wegen Verstoßes gegen § 4 PflegeArbbV, §§ 7, 9 AentG).

In einem **Tarifvertrag** führt der Verstoß gegen § 3 Satz 1 MiLoG zur **Teilunwirksamkeit** einer den Anspruch auf den gesetzlichen Mindestlohn nicht ausnehmenden tariflichen Verfallklausel. Denn die Norm selbst ordnet – ohne dass es eines Rückgriffs auf § 134 BGB bedürfte – die Unwirksamkeitsfolge an, allerdings nur „**insoweit**", als der Anspruch auf den gesetzlichen Mindestlohn betroffen ist. Im Übrigen bleibt die tarifliche Verfallklausel wirksam. Die Gesamtunwirksamkeit wegen fehlender Transparenz der „Restklausel" tritt nicht ein, weil Tarifverträge nicht dem Transparenzgebot des § 307 I 2 BGB unterliegen, § 310 IV 1 BGB (**BAG, 20.06.2018, 5 AZR 377/17**, JuS 2019, 719).

2. Wahrung durch Kündigungsschutzklage

Examenstipp:

Wahrung von Ausschlussfristen durch die Bestandsschutzklage
Beachte **BAG, 19.03.2008, 5 AZR 429/07:**

1. Mit Erhebung einer Kündigungsschutzklage macht der Arbeitnehmer alle durch die Kündigung bedrohten regelmäßig fällig werdenden Einzelansprüche aus dem Arbeitsvertrag schriftlich geltend (Wahrung der ersten Stufe einer zweistufigen Ausschlussfrist).
2. Ist in den AGB des Arbeitgebers geregelt, dass von der Gegenseite abgelehnte Ansprüche binnen einer Frist von drei Monaten einzuklagen sind, um deren Verfall zu verhindern, genügt die Erhebung der Kündigungsschutzklage, um das Erlöschen der vom Ausgang des Kündigungsrechtsstreits abhängigen Annahmeverzugsansprüche des Arbeitnehmers zu verhindern (Wahrung der zweiten Stufe einer zweistufigen Ausschlussfrist).

Gleiches gilt für **tarifvertragliche Ausschlussfristen (BAG, 19.09.2012, 5 AZR 627/11).** Auch hier verschafft die Bestandsschutzklage dem Arbeitgeber hinreichende Klarheit darüber, dass der Arbeitnehmer gewillt ist, alle hiervon abhängigen Vergütungsansprüche geltend zu machen.

Allerdings ist zu beachten, dass die **Kündigungsschutzklage nicht die Verjährung** des Anspruchs auf **Annahmeverzugslohn hemmt** (**BAG, 24.06.2015, 5 AZR 509/13, JuS 2016, 269**). Das ergibt sich zum einen bereits aus dem Wortlaut des § 204 I Nr. 1 BGB. Zum anderen aber daraus, dass Verjährungsregeln nicht zur zwischen den Vertragsparteien wirken sollen, sondern darüber hinaus Rechtsfrieden und Rechtssicherheit herstellen sollen.

Anders soll dies aber bei einer **Klage** sein, die **auf tatsächliche Beschäftigung** gerichtet ist. Diese sei nicht zwangsläufig mit der Geltendmachung der damit zusammenhängenden Vergütungsansprüche verbunden **(BAG, 19.11.2014, 5 AZR 121/13)**.

ABER: Es reicht zur Fristwahrung nicht aus, dass das Anspruchsschreiben vor Ablauf der Frist bei Gericht eingegangen ist und dem Anspruchsgegner ggf. später zugestellt wird. Entscheidend ist der Zugang beim Anspruchsgegner selbst. **§ 167 ZPO findet** für die Wahrung einer einfachen tariflichen Ausschlussfrist bei der außergerichtlichen Geltendmachung **keine Anwendung**. Der Gläubiger ist nämlich auf den „Umweg" der gerichtlichen Zustellung – anders als z.B. bei der „Erhebung" der Klage gem. § 253 ZPO – nicht angewiesen. Er hat es selbst durch schriftliche Geltendmachung direkt beim Arbeitgeber in der Hand, für die Einhaltung der Ausschlussfrist zu sorgen. Bedient er sich dennoch des (Um-)Weges über das Gericht, so hat sich der Gläubiger einer Forderung den Zeitverlust durch die – in der Sache nicht zwingend erforderliche – Inanspruchnahme des Gerichts selbst zuzurechnen (**BAG, 16.03.2016, 4 AZR 421/15, RA 2016, 249, 250** = JuS 2017, 76).

3. Vorsatzhaftung

Eine arbeitsvertragliche Ausschlussklausel ist regelmäßig **nicht** dahingehend auszulegen, dass Fälle der Vorsatzhaftung hiervon nicht erfasst sind.

Schließt eine Klausel pauschal und ausnahmslos „alle Ansprüche, die sich aus dem Arbeitsverhältnis ergeben" aus, so zählen hierzu nicht nur vertragliche Erfüllungsansprüche, sondern auch vertragliche Schadensersatzansprüche und Schadensersatzansprüche aus unerlaubter Handlung, unabhängig davon, ob sie auf ein bloß fahrlässiges oder auf ein vorsätzliches Verhalten des Schädigers zurückzuführen sind. Dass eine solche Klausel gegen § 202 I BGB verstößt und deshalb gem. § 134 BGB nicht ist, ändert hieran nichts. Andernfalls würde den Parteien generell der Wille unterstellt, sich mit ihren Regelungen stets im Rahmen dessen zu halten, was nach den geltenden Gesetzen zulässig ist. Dies würde zu einer –

stets verbotenen – geltungserhaltenden Reduktion führen (**BAG, 26.11.2020, 8 AZR 58/20, RA 2021, 361, 363**; anders noch BAG, 20.06.2013, 8 AZR 280/12).
Aber: § 202 I BGB (und § 276 III BGB) verbieten entsprechende Beschränkungen der Vorsatzhaftung schlechthin und ohne Rücksicht darauf, auf welche Weise und auf wessen Initiative hin eine solche Vereinbarung getroffen wird. Für die Rechtsordnung wäre es nämlich nicht erträglich, wenn sich ein Gläubiger von vornherein der Willkür des Vertragspartners ausliefern würde. Deshalb findet hier der Grundsatz der sog. personalen Teilunwirksamkeit von AGB keine Anwendung. Vielmehr kann sich auch der Arbeitgeber als Klauselverwender auf die Unwirksamkeit der Klausel berufen (**BAG, 26.11.2020, 8 AZR 58/20, RA 2021, 361, 363**).

4. Teilweise Unwirksamkeit

Die Unwirksamkeit eines Teils einer Vertragsklausel führt zur Unwirksamkeit der gesamten Klausel, wenn nicht die Klausel „teilbar" ist.
Die mögliche Teilbarkeit lässt sich mit dem so genannten „**Blue-Pencil-Test**", das heißt einer Streichung des unwirksamen Teils mit einem „blauen Stift" ermitteln. Ist die verbleibende Regelung weiterhin sachlich sinnvoll und sprachlich verständlich, bleibt sie bestehen. Im Fall des BAG (NZA 2008, 699) waren die erste und zweite Stufe der Ausschlussfrist in unterschiedlichen Sätzen der Verfallklausel geregelt. Beide Regelungskomplexe sind sachlich eindeutig voneinander abgrenzbar. Insbesondere kann die zweite Stufe problemlos vollständig gestrichen werden, ohne dass dadurch die Verpflichtung der Parteien, ihre Ansprüche innerhalb von drei Monaten schriftlich geltend zu machen, sinnlos oder unverständlich wäre. Demgegenüber stellt die zweite Stufe lediglich eine Art „Wurmfortsatz" der ersten Stufe dar, so dass im umgekehrten Fall wohl von der Unwirksamkeit der gesamten Verfallklausel auszugehen wäre (vgl. BAG, NJW-Spezial 2008, 371).

II. Vertragsstrafe (Grüneberg/Grüneberg, § 339 Rn 11 f.; **Grüneberg/**Weidenkaff, Einf. § 611 Rn 75c a.E.)

Hierbei sind mehrere Fallgruppen zu unterscheiden:

1. Betriebliche Bußordnungen (Fall des § 307 BGB, da § 309 Nr. 6 BGB meist schon vom Wortlaut nicht eingreift)

Die vereinbarte Vertragsstrafe muss nicht nur die zu leistende Strafe, sondern auch die sie auslösende Pflichtverletzung so klar bezeichnen, dass sich der Versprechende in seinem Verhalten darauf einstellen kann. Globale Strafversprechen, die auf die Absicherung aller arbeitsvertraglichen Pflichten zielen, sind wegen Verstoßes gegen das Bestimmtheitsgebot unwirksam. Die Regelung muss erkennen lassen, welche konkreten Pflichten durch sie tatsächlich gesichert werden sollen. Nur so kann der Arbeitnehmer erkennen, was gegebenenfalls „auf ihn zukommt". Daher ist eine Vertragsstrafenvereinbarung bei „schuldhaft vertragswidrigem Verhalten" ohne nähere Konkretisierung mangels ausreichender Warnfunktion unwirksam **(BAG, 21.04.2005, 8 AZR 425/04).**
Dass der Arbeitnehmer wissen muss, was auf ihn zukommt, gilt auch auf **Rechtsfolgenseite**. So fehlt es bereits an einem angemessenen Rahmen, wenn z.B. für jeden Einzelfall eines Vertragsverstoßes eine Vertragsstrafe in Höhe von ein bis drei Monatsgehältern festgesetzt wird. Dies stellt eine unangemessene "Übersicherung" dar. Dient die Vertragsstrafe also in erster Linie zur bloßen Schöpfung neuer, vom Sachinteresse des Verwenders losgelöster Geldforderungen, so fehlt es am berechtigten Interesse des Arbeitgebers (vgl. BGHZ 153, 311, 324 = NJW 2003, 1805).

2. **Strafe für veranlasste Kündigung**
Schon aus Sicht des Prüfers sehr interessant ist die Frage nach einer Vertragsstrafe wegen einer vom Arbeitnehmer veranlassten Kündigung durch den Arbeitgeber (Inzidentprüfung!). Die Klausel

> „Wird der Arbeitgeber durch schuldhaft vertragswidriges Verhalten des Arbeitnehmers/der Arbeitnehmerin zur fristlosen Kündigung des Arbeitsverhältnisses veranlasst, so hat der/die Arbeitnehmer/in an den Arbeitgeber eine Vertragsstrafe in Höhe von einem Brutto-Monatsgehalt/-lohn zu zahlen."

ist nach **BAG, 21.04.2005, 8 AZR 425/04**, jedenfalls zu unbestimmt.
Im Gutachten bedeutet dies, dass zunächst die Frage nach der Einbeziehung in den Vertrag zu klären ist. Nur bei wirksamer Einbeziehung stellt sich dann die Frage, ob die Voraussetzungen der Vertragsstrafenklausel vorliegen (hier jetzt Prüfung eines bestehenden Kündigungsgrundes).

3. **Strafe für den Fall des Nichtantritts der Arbeit (beachte für das „Ob" § 309 Nr. 6 BGB)**
Die Klausel könnte lauten: „Tritt der Arbeitnehmer das Arbeitsverhältnis nicht an oder erscheint der Arbeitnehmer unter Verstoß gegen die Kündigungsfrist nicht zur Arbeit, so hat der Arbeitnehmer an den Arbeitgeber eine Vertragsstrafe in Höhe von einem Brutto-Monatsgehalt zu zahlen. Der Arbeitgeber kann einen weitergehenden Schaden geltend machen."
Eine solche Vertragsstrafenklausel ist nicht schon gem. **§ 309 Nr. 6 BGB** unwirksam, weil als „Besonderheit des Arbeitsrechts" i.S.d. § 310 IV 2 BGB der Umstand anzusehen ist, dass ein Arbeitnehmer zur Erbringung der Arbeitsleistung gem. § 888 III ZPO nicht durch Zwangsgeld oder Zwangshaft angehalten werden kann.
Deshalb darf in einen Arbeitsvertrag eine Regelung aufgenommen werden, dass eine Vertragsstrafe anfällt, wenn der Arbeitnehmer die Arbeit gar nicht antritt oder schon vor Arbeitsbeginn kündigt. Die **Höhe** der Vertragsstrafe (insoweit greift nunmehr wieder **§ 307 BGB**) darf nicht Höher sein als der Lohn, welcher der Länge der Kündigungsfrist entspricht. Hat also der Arbeitnehmer z.B. in der Probezeit eine Kündigungsfrist von 14 Tagen, so darf die Vertragsstrafe auch nur eine Höhe des 14-Tages-Lohnes haben (**BAG, 21.04.2005, 8 AZR 425/04**).

III. Widerrufsvorbehalte, § 308 Nr. 4 BGB

Die Klausel könnte lauten: „Der Arbeitgeber hat das Recht, die übertariflichen Lohnbestandteile jederzeit unbeschränkt zu widerrufen."
Wenn der Arbeitgeber eine Klausel verwendet, die ihm ohne Angabe jedweder Gründe den jederzeitigen Widerruf einer Leistung gestattet, widerspricht dies § 308 Nr. 4 BGB. Danach muss die einseitige Widerrufsmöglichkeit des Verwenders für den Vertragspartner zumutbar sein. Das setzt voraus, dass dieser jedenfalls erahnen können muss, aus welchen Gründen der Widerruf möglich sein soll **(BAG, 20.04.2011, 5 AZR 191/10)**. Die widerrufbare Leistung muss der Art und Höhe nach ebenso bekannt sein, wie die Widerrufsgründe. Diese müssen im Arbeitsvertrag selbst festgelegt sein (**BAG, 12.01.2005, 5 AZR 364/04**). Die Zulässigkeit des Widerrufs ist dabei auch vom Umfang der Änderung der Leistung abhängig. Je einschneidender der Vorbehalt für den Arbeitnehmer ist, desto konkreter müssen die Widerrufsgründe ausgestaltet sein (**BAG, 12.01.2005, 5 AZR 364/04**).

Die Höhe der widerrufbaren Leistung darf 25 - 30 % des Gesamtlohnes des Arbeitnehmers nicht überschreiten (so **BAG, 12.01.2005, 5 AZR 364/04**).

Schließlich ist außer § 308 Nr. 4 BGB noch **§ 315 BGB zu beachten**. Während § 308 Nr. 4 BGB die Klausel als solche einer Prüfung unterzieht (**Inhaltskontrolle**), ordnet § 315 BGB an, dass die Ausübung eines solchen Bestimmungsrechts billigem Ermessen entsprechen muss (**Ausübungskontrolle**). **(BAG, 20.04.2011, 5 AZR 191/10)**

IV. Ausgleichsquittungen (Grüneberg/Grüneberg, § 397 Rn 11; Grüneberg/Weidenkaff, Vor § 620 Rn 6, 74)

Ein in einer Generalquittung anlässlich der Beendigung des Arbeitsverhältnisses vereinbarter beidseitiger Verzicht auf Ansprüche „gleich aus welchem Rechtsgrund" im Rahmen eines vom Arbeitgeber gestellten Formulars, stellt typischerweise eine unangemessene Benachteiligung des Arbeitnehmers, § 307 BGB, dar.

Der Verzicht der Beklagten auf etwaige Ansprüche gegen den Kläger ist keine ausreichende Kompensation für dessen Verzicht auf eigene Ansprüche. Zwar ist es im Einzelfall denkbar, dass auch der Arbeitgeber nach Beendigung des Arbeitsverhältnisses noch Ansprüche gegen den Arbeitnehmer hat, etwa auf Schadensersatz oder wegen überzahlten Lohnes. Typischerweise ist dies aber gerade nicht der Fall. Bei der Wirksamkeit einer Allgemeinen Geschäftsbedingung ist aber auf den typisierten Regelfall und nicht auf die Situation im Einzelfall abzustellen. Ein (theoretischer) Verzicht des Arbeitgebers auf seine Ansprüche führt nicht zu einer angemessenen Kompensation für den Verzicht des Arbeitnehmers auf dessen Ansprüche **(LAG Schleswig-Holstein, 24.09.2013, 1 Sa 61/13)**.

V. Überstunden

Im Grundsatz sind Überstunden gem. § 612 I BGB zu vergüten. Anders ist dies ausnahmsweise bei „Diensten höherer Art" und „herausgehobenem Entgelt". Die AGB-Klausel „erforderliche Überstunden sind mit dem Monatsgehalt abgegolten" genügt nicht dem Transparenzgebot (§ 307 I 2 BGB), wenn sich der Umfang der danach ohne zusätzliche Vergütung zu leistenden Überstunden nicht hinreichend deutlich aus dem Arbeitsvertrag ergibt. In diesem Fall weiß der Arbeitnehmer nicht, was auf ihn zukommt **(BAG, 01.09.2010, 5 AZR 517/09)**. Demgegenüber ist eine Klausel, nach der in der vereinbarten Monatsvergütung die ersten 20 Überstunden monatlich „mit drin" sind, weder überraschend noch intransparent und als Hauptleistungsabrede gem. § 307 III BGB einer Inhaltskontrolle entzogen **(BAG, 16.05.2012, 5 AZR 331/11)**.

VI. Befristung einzelner Arbeitsbedingungen

Die Befristung einzelner Arbeitsbedingungen ist eine Möglichkeit, die notwendige unternehmerische Flexibilität bei der Planung des Personaleinsatzes zu gewährleiten. So kann durch befristete Erhöhung der Arbeitszeit zeitweiser Vertretungsbedarf (etwa wegen Elternzeit anderer Mitarbeiter) gedeckt oder können Arbeitnehmer übergangsweise zur Erprobung auf höherwertigen Stellen eingesetzt werden.

Das BAG geht im Grundsatz von der Zulässigkeit der Befristung einzelner Arbeitsbedingungen aus, unterwirft sie jedoch einer strengen AGB-Kontrolle (**BAG, 23.3.2016, 7 AZR 828/13**). Das TzBfG findet insoweit keine Anwendung. Statthafte Klageart ist deshalb die allgemeine Feststellungsklage gemäß § 256 ZPO und nicht die Entfristungsklage (§ 17 TzBfG).

Die Befristungsabrede darf nicht unangemessen benachteiligend sein. Zur Ausfüllung dieses unbestimmten Rechtsbegriffs ist eine Abwägung von Arbeitgeber- und Arbeitnehmerinteressen vorzunehmen, bei der auch die Wertungen des Teilzeit- und Befristungsgesetzes berücksichtigt werden müssen. Denn es solle, so das Bundesarbeitsgericht, **Wertungskongruenz zwischen der Inhaltskontrolle des § 307 I BGB und dem Befristungsrecht** hergestellt werden. Konkret bedeutet dies: Sofern für die Teilbefristung ein Sachgrund gemäß § 14 I TzBfG vorhanden ist, überwiegt in aller Regel das Interesse des Arbeitgebers an einer Befristung das Interesse des Arbeitnehmers an einer unbefristeten Vereinbarung. Umgekehrt erfordert allerdings die befristete Vereinbarung zu ihrer Angemessenheit nicht immer einen Sachgrund i.S.v. § 14 I TzBfG. Dies soll nach dem Bundesarbeitsgericht nur ausnahmsweise der Fall sein.

Beispiel: Die **befristete Erhöhung der Arbeitszeit** in erheblichem Umfang erfordert jedoch zur Annahme einer nicht unangemessenen Benachteiligung des Arbeitnehmers i.S.v. § 307 I BGB Umstände, die die Befristung eines über das erhöhte Arbeitszeitvolumen gesondert abgeschlossenen Arbeitsvertrags nach § 14 I TzBfG rechtfertigen würden. Eine Arbeitszeiterhöhung in erheblichem Umfang liegt in der Regel vor, wenn sich das Erhöhungsvolumen auf mindestens 25 % eines entsprechenden Vollzeitarbeitsverhältnisses beläuft.

Benachteiligungen nach AGG

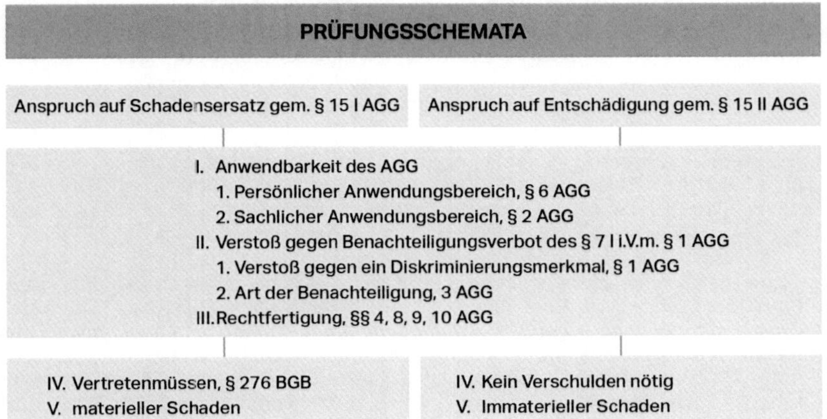

Grüneberg/Ellenberger, Einl AGG 1 Rn 3; AGG 1 Rn 7; AGG 2 Rn 2 - 4, 14 - 17 (Kündigungsschutz); AGG 3 Rn 9; AGG 5 Rn 2; **Grüneberg**/Weidenkaff, AGG 6 Rn 2 - 5; AGG 7 Rn 2, 6 - 8; AGG 9 Rn 2 - 5; AGG 10 Rn 1 - 3

I. Anwendbarkeit des AGG

1. Persönlicher Anwendungsbereich

a) Geschützter Personenkreis

aa) Arbeitnehmer, § 6 I 1 Nr. 1 AGG
bb) Auszubildende, § 6 I 1 Nr. 2 AGG
cc) Arbeitnehmerähnliche Selbstständige, § 6 I 1 Nr. 3 AGG
dd) Bewerber und ehemals Beschäftigte
ee) Selbstständige und Organmitglieder, § 6 III AGG

b) Verpflichtete

aa) Arbeitgeber, § 6 II 1 AGG
bb) Entleiher bei Arbeitnehmerüberlassung, § 6 II 2 AGG
cc) Arbeitnehmer, § 7 III, 12 III AGG

2. Sachlicher Anwendungsbereich, § 2 AGG (lies vor allem § 2 I AGG)

II. Verstoß gegen Benachteiligungsverbot des § 7 I i.V.m. § 1 AGG

1. Verstoß gegen ein Diskriminierungsmerkmal, § 1 AGG

2. Arten der Benachteiligung

- **Unmittelbare Benachteiligung, § 3 I AGG**
  → weniger günstige Behandlung einer Person gegenüber einer anderen in einer vergleichbaren Situation wegen eines verpönten Merkmals gem. § 1 AGG

Problem: **„AGG-Hopping“** (Fälle, in denen subjektiv keine ernsthafte Bewerbung vorliegt und der Bewerber objektiv für die Stelle nicht geeignet ist, sondern es nur auf die Entschädigung abgesehen hat.)

Die **objektive Eignung** ist **keine** ungeschriebene Voraussetzung der Bewerbereigenschaft, aber auch kein Kriterium mehr der „vergleichbaren Situation“ i.S.d. § 3 I AGG (**BAG, 19.05.2016, 8 AZR 470/14**; unter Aufgabe von BAG, 24.01.2013, 8 AZR 429/11, Rn 34; bestätigt: **BAG, 11.08.2016, 8 AZR 4/15;** vgl. **Grüneberg**/*Weidenkaff*, § 15 AGG Rn 6 aE).

Die neue Rechtsprechung führt aber nicht dazu, dass die objektive Eignung von Bewerbern und die subjektive Ernsthaftigkeit ihrer Bewerbung für das Durchgreifen von Entschädigungsansprüchen nun völlig belanglos sind. Sie sind künftig beim **Einwand des Rechtsmissbrauchs gem. § 242 BGB** zu berücksichtigen. (**Gutachten:** Prüfung am Ende des Prüfungsschemas, wenn also festgestellt wurde, dass „eigentlich“ ein Entschädigungsanspruch besteht.) Das BAG betont, dass die Ausnutzung der Rechtsstellung als Bewerber unter engen Voraussetzungen rechtsmissbräuchlich ist, wenn die Bewerbung nicht den Zweck hatte, die ausgeschriebene Stelle zu erhalten, sondern es darum ging, den formalen Status als Bewerber zu erlangen mit dem ausschließlichen Ziel, eine Entschädigung geltend zu machen. Nach **EuGH, 28.07.2016, C-423/14, RA 2016, 473**, stehen dieser Rechtsprechung bei subjektiv nicht ernsthaften Bewerbungen keine unionsrechtlichen Bedenken entgegen (gute Darstellung der Entwicklung der Rspr. bei Krieger/Müller, ArbRAktuell 2017, 57).

In der o.g. Entscheidung hat der EuGH entschieden, dass ein Bewerber, der sich nur bewerbe, um den „formalen Status als Bewerber zu erlangen“ [Rn 29], sich nicht auf den durch die EU-Richtlinien gewährten Schutz berufen könne [Rn 35]. Mithin suche er i.S.d. Richtlinien keinen „Zugang zur Beschäftigung oder zu abhängiger Erwerbstätigkeit“.

Ausreichend ist auch die irrige Annahme eines verpönten Merkmals, § 7 I 2. HS AGG.

Examenstipp:

Bewerbungsverfahren: „Deutsch als Muttersprache“
Ein Arbeitgeber, der in einer Stellenausschreibung „Deutsch als Muttersprache“ verlangt, verstößt gegen das Benachteiligungsverbot aus §§ 7 I, 1 AGG. Dieses Auswahlkriterium meint nicht lediglich eine perfekte Beherrschung der Sprache, sondern soll eine unmittelbare Benachteiligung wegen der ethnischen Herkunft darstellen **(LAG Hessen, 15.06.2015, 16 Sa 1619/14**; Revision beim BAG eingelegt: 8 AZR 402/15; dem § 3 II AGG zugeordnet von MK-Thüsing, § 3 AGG Rn 50). Die Anforderung „Muttersprache“ dürfte nur erlaubt sein, wenn der Beruf etwa die Kenntnis von Spracheigentümlichkeiten des jeweiligen Landes voraussetzt, die in der Regel nur ein Muttersprachler kennt, etwa bei einem Dolmetscher oder Übersetzer. Zulässig ist: „sehr gute deutsche Sprachkenntnisse“ oder „verhandlungssicheres Deutsch“.

- **Mittelbare Benachteiligung, § 3 II AGG** (vgl. **Grüneberg/**Ellenberger, § 3 AGG Rn 3)
  → Benachteiligung durch scheinbar neutrale Vorschriften, Maßnahmen, Kriterien oder Verfahren, die sich faktisch diskriminierend auswirken

Examenstipp:

Mindestgrößen bei bestimmten Berufsbildern
Bspl.: Mindestgröße für Cockpit-Personal **(LAG Köln, 25.06.2014, 5 Sa 75/14)** oder Mindestgröße für Bundespolizisten **(VG Schleswig, 26.03.2015, 12 A 120/14, RA 2015, 259)** ist eine mittelbare Benachteiligung von Frauen.

Die Prüfung, ob eine mittelbare Diskriminierung vorliegt, erfolgt in den folgenden **Prüfungsschritten**:

1. Zunächst erfolgt eine Gruppenbildung nach nicht ausdrücklich verbotenen Kriterien. Zum Beispiel unterscheidet der Arbeitgeber bei einer Maßnahme zwischen Teilzeit- und Vollzeitbeschäftigten.
2. Anschließend wird die eine Gruppe kollektiv und unmittelbar im Sinne von § 3 I AGG benachteiligt. Das kann dadurch geschehen, dass nur die andere Gruppe Vorteile erhält oder dadurch, dass die fragliche Gruppe direkt schlechter behandelt wird. Zum Beispiel wird Teilzeitbeschäftigten keine Gratifikation gewährt.
3. Falls die Benachteiligung der gebildeten Gruppe nun – statistisch betrachtet – in besonderer Weise diejenigen betrifft, die durch Diskriminierungsverbote geschützt werden sollen – also etwa mehr Frauen als Männer – weil diese in der gebildeten und benachteiligten Gruppe im Verhältnis zur anderen Gruppe überrepräsentiert sind, liegt der Tatbestand einer mittelbaren Diskriminierung vor.
4. Eine mittelbare Diskriminierung ist aber ausnahmsweise zulässig, wenn diese statistische „besondere Betroffenheit" einer vom AGG geschützten Gruppe nur Nebenprodukt eines erlaubten Ziels ist. Wer also etwa das erlaubte Ziel verfolgt, nur die Betriebstreue unbefristet Beschäftigter durch ein Weihnachtsgeld zu belohnen, darf die befristet Beschäftigten von der Zahlung ausnehmen, auch wenn diese Maßnahme ganz überwiegend Frauen trifft.

Achtung: Bei der mittelbaren Benachteiligung ist also bereits bei ihrer tatbestandlichen Feststellung das Vorliegen sachlich gerechtfertigter Gründe für die Ungleichbehandlung zu prüfen!

- **Belästigung, § 3 III AGG**
  Entspricht weitgehend „Mobbing" (Klausur zum Schadensersatz wg. Mobbings: Brose/Ulber, JuS 2012, 721)

- **Sexuelle Belästigung, § 3 IV AGG**

Merke: (Sexuelle) Belästigungen können nicht gerechtfertigt werden!

- **Beweislast, § 22 AGG**: Beweis von Indizien (**Grüneberg**/Grüneberg, § 22 AGG Rn 2)
  z.B.: Formulierungen in Stellenanzeigen, auffällig kurzes Vorstellungsgespräch, transsexuelle Bewerberin wird nicht als Frau wahrgenommen (**BAG, 17.12.2015, 8 AZR 421/14**); die bloße Verletzung von Verfahrensvorschriften (z.B. aus § 164 I SGB IX) löst für sich alleine jedoch nicht die Vermutungswirkung des § 22 AGG aus, vielmehr ist eine Gesamtbetrachtung nötig **(BAG, 26.06.2014, 8 AZR 547/13)**

III. Rechtfertigung, §§ 5, 8, 9, 10 AGG

1. **allgemeiner Rechtfertigungsgrund, § 8 AGG**
   (+), wenn Merkmal für den Arbeitgeber unverzichtbar ist

   wenn das verpönte Merkmal nicht bloß erwünschte Nebeneigenschaft ist, sondern der Arbeitnehmer gerade dafür bezahlt wird, es also Bestandteil seiner entgoltenen Leistung ist

   Dies ist z.B. der Fall, wenn für ein Mädcheninternat explizit nur eine Mitarbeiterin gesucht wird, weil die zu besetzende Stelle auch mit Nachtdiensten verbunden ist **(BAG, 28.05.2009, 8 AZR 536/08).**

2. **allg. RFG, § 5 AGG**
   erfasst vor allem „Frauenquoten“

3. **Besonderer RFG für Religion und Weltanschauung, § 9 AGG**
   kirchliches Selbstbestimmungsrecht

4. **Besonderer RFG des Alters, § 10 AGG**
   Z.B., wenn Großkanzlei einen „Berufseinsteiger mit max. 2 Jahren Berufserfahrung“ sucht, weil die dem Partner bloß „dienende“ Funktion von erfahrenen Anwälten nicht konfliktfrei übernommen wird **(BAG, 24.01.2013, 8 AZR 429/11).**

Allein aufgrund des Zusammenspiels mehrerer verpönter Merkmale gibt es jedoch **keine** vom AGG verbotene **„intersektionelle Benachteiligung“**. Nach der Systematik des AGG ist jede Benachteiligung im Hinblick auf jeden in § 1 AGG aufgeführten einzelnen Grund gesondert zu überprüfen. Dies findet seine Bestätigung in § 4 AGG, der die unterschiedliche Behandlung wegen mehrerer Gründe i.S.v. § 1 AGG regelt, dabei allerdings keine neue, aus der Kombination mehrerer dieser Gründe resultierende Diskriminierungskategorie schafft, die sich dann feststellen ließe, wenn eine Diskriminierung wegen dieser Gründe – einzeln betrachtet – nicht nachgewiesen ist (**BAG, 23.11.2017, 8 AZR 604/16, RA 2018, 309**).

IV. Verschulden

§ 15 I AGG verlangt Verschulden (vermutet gem. S. 2)

§ 15 II AGG ist verschuldensunabhängig, jedoch können sich der Grad eines etwaigen Verschuldens und die Schwere der Beeinträchtigung auf die Höhe des Entschädigungsanspruchs auswirken (BAG, NZA 2010, 1129 ff.)

V. Rechtsfolgen

1. **Primäre Rechtsfolgen**
   - Benachteiligende Weisungen bzw. Kündigungen sind gem. § 134 BGB unwirksam
   - Tatsächliche Maßnahmen (Belästigungen) sind zu unterlassen, § 1004 BGB analog
   - Das AGG gewährt niemals einen Anspruch auf Vertragsschluss, also **kein Anspruch auf Begründung des AV oder auf Beförderung.**

2. **Diskriminierende Vereinbarungen**
   gem. § 7 II AGG unwirksam
   Folge: Angleichung „nach oben“

3. Sekundäre Rechtsfolgen

a) § 15 I AGG: Schadensersatz auf positives Interesse

Merke: § 15 I AGG ist eigene Anspruchsgrundlage und Spezialvorschrift zu § 280 I BGB.

Andernfalls droht vor allem eine Umgehung der Ausschlussfrist des § 15 IV AGG. Die Formulierung des § 15 V AGG, dass „im Übrigen Ansprüche unberührt bleiben" bedeutet lediglich, dass die allgemeinen Regelungen nur insoweit zur Anwendung kommen sollen, als § 15 AGG keine eigene Regelung trifft. Hinsichtlich des Anspruchs auf Ersatz materieller Schäden auf (vor-) vertraglicher Grundlage ist dies aber in § 15 I AGG geschehen (**BAG, 21.06.2012, 8 AZR 188/11** Rn 43 ff. m.w.N.; **Grüneberg**/Weidenkaff, AGG, § 15 Rn 10; **a.A.**: KR-Treber, § 15 AGG Rn 8 [sogar ohne Geltung der Ausschlussfrist für § 280 I BGB]; Schaub/Link, ArbR-Hdb, § 36 Rn 102 [Ausschlussfrist des § 15 IV AGG gelte aber auch für § 280 I BGB]).
Die nach § 249 I BGB vorgesehene Naturalrestitution ist aber wegen Abs. 6 weitgehend ausgeschlossen. In Betracht kommt vor allem der Ersatz des entgangenen Gewinns **(§ 252 BGB)**.
Haftungsobergrenzen nötig, da z.B. bei Nichteinstellungen oder Kündigungen schwerlich der entgangene Lohn bis zum Renteneintritt im Sinne einer „lebenslangen Sofortrente" geschuldet sein kann (so aber – nicht haltbar – **LAG Berlin-Brandenburg, 11.09.2008, 20 Sa 2244/07**).
Vorschläge: hypothetische Kündigungsfrist oder §§ 9, 10 KSchG analog

b) § 15 II AGG: Entschädigung (immaterieller Schaden)
Neben dem materiellen Schaden wird auch der immaterielle Schaden ersetzt. Die Entschädigung muss dem rechtswidrig und schuldhaft Diskriminierten eine angemessene Genugtuung für die durch die Benachteiligung zugefügte Herabsetzung oder Zurücksetzung verschaffen. Die EG-Richtlinien verlangen ein Schmerzensgeld, das wirksam, verhältnismäßig und abschreckend ist.
Es kann auf die Elemente und Kriterien zurückgegriffen werden, die im Zusammenhang mit **§ 253 II BGB** entwickelt wurden. Die Auswirkungen der Diskriminierung und die subjektiven Momente in der Person des Arbeitgebers spielen eine bedeutsame Rolle. Wenn ein Beschäftigter aus mehreren Gründen unzulässig benachteiligt oder belästigt worden ist, erhöht sich die Ersatzsumme (**Grüneberg**/Weidenkaff, § 15 AGG Rn 6).

Sucht ein Unternehmen ausdrücklich "Mitarbeiter zwischen 25 und 35 Jahren", so liegt hierin eine Benachteiligung älterer Bewerber wegen ihres Alters. Diese können selbst dann eine Entschädigung verlangen, wenn der Arbeitgeber keinen Bewerber eingestellt hat, die Stelle also unbesetzt geblieben ist. Voraussetzung des Entschädigungsanspruchs ist allerdings, dass der ältere Bewerber für die Stelle objektiv geeignet war und eine Einstellung wegen seines Alters unterblieben ist **(BAG, 23.08.2012, 8 AZR 285/11)**. Fehlt es der Bewerbung hingegen an Ernsthaftigkeit („AGG-Hopper"), so scheidet ein Entschädigungsverlangen wegen Rechtsmissbrauchs aus (**LAG Berlin-Brandenburg, 31.10.2013, 21 Sa 1380/13**).

Klausurhinweis:

Aufgrund der Funktion der Entschädigung, eine „wirklich abschreckende Wirkung" zu erzielen, ist ein Nachweis des exakten Schadensumfangs entbehrlich. Er kann in einem **unbezifferten Klageantrag** geltend gemacht werden, dabei obliegt es dem Kläger lediglich Tatsachen zu benennen, die das Gericht bei der Bestimmung des Betrages heranziehen soll, und die Größenordnung der geltend gemachten Forderung anzugeben.

Examenstipp:

Entschädigung neben Kündigungsschutz
BAG, 12.12.2013, 8 AZR 838/12, RA 2014, 81; 19.12.2013, 6 AZR 190/12
§ 2 IV AGG, wonach für Kündigungen ausschließlich die Bestimmungen zum allgemeinen und besonderen Kündigungsschutz gelten, steht einem Entschädigungsanspruch gem. § 15 II AGG nicht entgegen. Wortlaut und Zweck des § 2 IV AGG sprechen dafür, dass lediglich die Überprüfung der Wirksamkeit einer Kündigung nach dem AGG ausgeschlossen sein soll, nicht aber die Geltendmachung von Entschädigungsansprüchen wegen Verletzung des Persönlichkeitsrechts. Daher **kann im Fall einer diskriminierenden Kündigung auch ohne Erhebung einer Kündigungsschutzklage eine Entschädigung nach § 15 II AGG verlangt werden (LAG Bremen, 29.06.2010, 1 Sa 29/10). Vor allem aber kann der Arbeitnehmer parallel gegen die Kündigung klagen und eine Entschädigung verlangen (BAG, 12.12.2013, 8 AZR 838/12, RA 2014, 81; 19.12.2013, 6 AZR 190/12).**

Merkwürdigkeit:
Nichtvermögensschaden (§ 15 II AGG verlangt kein Verschulden) ist leichter ersetzbar als Vermögensschaden (§ 15 I AGG verlangt ein Verschulden).

4. Zweistufige Ausschlussfrist, § 15 IV AGG, § 61b ArbGG

Examenstipp:

§ 15 IV AGG und § 61b ArbGG
Diese zweistufige Ausschlussfrist ist vielen Prüflingen unbekannt!

1. Stufe: § 15 IV AGG:
Arbeitnehmer können Ansprüche auf Entschädigung oder Schadensersatz nach dem Allgemeinen Gleichbehandlungsgesetz (AGG) gem. § 15 IV 1 AGG nur **innerhalb von zwei Monaten schriftlich** geltend machen. (Zum Fristbeginn lies § 15 IV 2 AGG.)
§ 167 ZPO findet Anwendung **(BAG, 22.05.2014, 8 AZR 662/13)**. Diese Entscheidung steht im Widerspruch zu oben dargestellten Entscheidung BAG, 16.03.2016, 4 AZR 421/15, wonach § 167 ZPO keine Anwendung auf (tarifliche) Ausschlussfristen findet (näher hierzu Boemke, JuS 2017, 76, 77 f.).
§ 15 IV 1 AGG ist wirksam und verstößt insbesondere nicht gegen europarechtliche Vorgaben. Bei Ablehnung einer Bewerbung beginnt die Frist zu laufen, sobald der Bewerber von der Benachteiligung Kenntnis erlangt hat **(BAG, 15.03.2012, 8 AZR 160/11; 21.06.2012, 8 AZR 188/11)**.
Diese Frist gilt für alle Schadensersatzansprüche wegen Diskriminierung aufgrund von im AGG genannter Merkmale und damit auch für Ansprüche auf anderer Rechtsgrundlage (**BAG, 21.06.2012, 8 AZR 188/11)**.

2. Stufe: § 61b ArbGG:
Eine Klage auf Entschädigung nach § 15 AGG muss innerhalb von drei Monaten, nachdem der Anspruch schriftlich i.S.d. § 15 IV AGG geltend gemacht worden ist, erhoben werden.
Zur Vermeidung von Wertungswidersprüchen zu § 15 IV AGG dürfte diese Norm ebenfalls für alle Entschädigungsansprüche gelten (Bauer/Evers, NZA 2006, 893, 897; Kock, NJW 2013, 560, 560). Wie bei der Kündigungsschutzklage hat die Versäumung der Klagefrist zur Folge, dass die Klage **unbegründet** ist.

Verzug und Unmöglichkeit

Grüneberg/Weidenkaff, § 615 Rn 1 - 25

Anspruch aus § 611a II BGB auf Lohnzahlung

I. Entstehung des Anspruchs
   1. Abschluss eines Arbeitsvertrags
   2. Keine Beendigung des Arbeitsverhältnisses

II. Nichtleistung: Erlöschen des Anspruchs nach § 326 I 1 1. HS BGB
„Ohne Arbeit kein Lohn“
Ausnahme: Mögliche Anspruchsgrundlage für „Lohn ohne Arbeit“
vor allem § 615 S. 1 BGB
   1. Annahmeverzug des Arbeitgebers, §§ 293 ff. BGB
      a) Erfüllbares Arbeitsverhältnis, § 293 BGB
      b) Ordnungsgemäßes Angebot der Arbeitsleistung durch den Arbeitnehmer
      c) Kein Unvermögen des Arbeitnehmers, § 297 BGB
      d) Nichtannahme der Arbeitsleistung, § 293 BGB
   2. Ggf. Ende des Annahmeverzugs
   3. Kausalität des Annahmeverzugs für die Nichtleistung

Die Arbeitsleistung ist eine **absolute Fixschuld**, die grundsätzlich nicht nachholbar ist. Deshalb tritt bei Nichtarbeit durch den Arbeitnehmer gem. § 275 I BGB **Unmöglichkeit** ein. Das Schicksal der Gegenleistung bestimmt sich nach § 326 BGB.

I. Kommt die **Störung „aus der Sphäre“ des Arbeitnehmers** (Verschlafen, Stau auf der Autobahn [sog. **Wegerisiko**]), so verliert er gem. § 326 I BGB den Anspruch auf die Gegenleistung (den Lohn).
Corona: Bleiben Arbeitnehmer zu Hause, um Infektionsrisiken im ÖPNV zu entgehen, verlieren sie den Vergütungsanspruch. Arbeitnehmer tragen das sog. **Wegerisiko**. Verweigern Arbeitnehmer die Arbeit, weil sie Angst haben, sich am Arbeitsplatz zu infizieren, liegt – wenn der Betrieb nach aktueller Rechtslage geöffnet werden darf – eine (beharrliche) **Arbeitsverweigerung** vor. Diese berechtigt den Arbeitgeber nach entsprechender Abmahnung zur außerordentlichen Kündigung, § 626 BGB.

II. Nach **§ 616 Satz 1 BGB** wird jedoch der Arbeitnehmer des Anspruchs auf die Arbeitsvergütung „nicht dadurch verlustig, dass er für eine verhältnismäßig nicht erhebliche Zeit durch einen in seiner Person liegenden Grund ohne sein Verschulden an der Dienstleistung verhindert wird.“ § 616 BGB betrifft also Umstände, die in der persönlichen Sphäre des Arbeitnehmers liegen. Bestehen die objektiven Leistungshindernisse zur selben Zeit für eine Vielzahl von Arbeitnehmern gleichzeitig, so kommt § 616 Satz 1 BGB zu Gunsten der Arbeitnehmer nicht zur Anwendung. Solche objektiven Leistungshindernisse sind beispielsweise Epidemien (HWK-Krause, § 616 BGB Rn 35, 17). § 616 BGB ist **dispositiv** und kann im Arbeitsvertrag abbedungen werden.

„Corona“: Bei auf einzelne Mitarbeiter bezogenen Tätigkeitsverboten bleibt der Entgeltfortzahlungsanspruch nach § 616 BGB für eine verhältnismäßig geringe Zeit bestehen. Geht die Anordnung von Beginn an über eine Zeitspanne von 5 Tagen (MK-Henssler, § 616 Rn 68; Staudinger/Oetker, § 616 BGB Rn 104) hinaus, besteht der Anspruch nicht. Bei mehreren betroffenen Arbeitnehmern oder gar einer „allgemeinen Untersagung des Geschäftsbetriebs“ durch die Behörden, handelt es sich um einen objektiven Verhinderungsgrund, deshalb scheidet der Anspruch gem. § 616 S. 1 BGB ebenfalls aus. Kann der Arbeitnehmer die Arbeitsleistung wegen nötiger **Kinderbetreuung** gem. **§ 275 III BGB** verweigern, ist schon fraglich, ob die **corona-bedingte Kita- bzw. Schulschließung** in der persönlichen Sphäre des Arbeitnehmers liegt (weil es nur Eltern treffen kann; so Fischinger/Hengstberger, JA 2020, 561, 564) oder vielmehr durch die Schließung ein objektives Leistungshindernis vorliegt (so Kleinebrink, DB 2020, 952, 955). Nach erstgenannter Ansicht, ist die **5-Tages-Grenze** zu beachten. Wird diese überschritten, entfällt der Anspruch rückwirkend vollständig, weil die verhältnismäßig nicht erhebliche Verhinderungsdauer angesichts des Wortlauts („dass“, nicht: „soweit“) Tatbestandsvoraussetzung ist (MK-Henssler, 2020, § 616 Rn 61; Kolbe, BB 2009, 1414, 1415).

III. Kommt hingegen die **Störung „aus der Sphäre“ des Arbeitgebers**, bestimmt **§ 615 S. 1 BGB**, dass der Arbeitgeber (der „Dienstberechtigte“) mit der Annahme der Dienste in **Verzug** kommt. Der Arbeitnehmer erhält gem. § 615 S. 2 BGB dennoch seinen Lohn, muss sich aber anderweitig erzielten oder böswillig nicht erzielten Zwischenverdienst anrechnen lassen (beachte **§ 11 KSchG**, der im Anwendungsbereich des KSchG **lex specialis** zu § 615 S. 2 BGB ist). Dies ist auch der Fall beim sog. „**Wirtschaftsrisiko**“, wo es aus Sicht des Arbeitgebers wirtschaftlich keinen Sinn macht, die durch den Arbeitgeber angebotene Arbeitsleistung anzunehmen. Der Arbeitgeber ist in diesen Verzugsfällen **annahmeunwillig**. Das gilt auch wenn wegen „**Corona**“ wichtige Vorprodukte von Zulieferbetrieben nicht geliefert werden können.

Hiervon macht die h.M. jedoch eine **Ausnahme**, wenn es keinen funktionsfähigen Arbeitsplatz mehr gibt, auf welchem der Arbeitgeber dem Arbeitnehmer Arbeit zuweisen könnte. In diesem Fall der **Annahmeunfähigkeit** greift das Recht der Unmöglichkeit.

Sollte die Betriebsablaufstörung von niemandem zu verantworten sein, liegt ein Fall des sog. **Betriebsrisikos** vor. In diesem Fall ist der Arbeitgeber gem. § 615 S. 3 BGB dennoch zur Lohnzahlung verpflichtet, weil sonst der Arbeitnehmer typische unternehmerische Risiken tragen müsste (vgl. § 326 II BGB).
Fraglich ist, ob § 615 S. 3 BGB eine **Rechtsgrundverweisung** (MK-Henssler, § 615 Rn 36, 108), oder eine bloße **Rechtsfolgenverweisung** (Junker, ArbR, Rn 290) beinhaltet. Sofern von einer Rechtsgrundverweisung ausgegangen wird, müssen alle Voraussetzungen des Annahmeverzugs vorliegen. Bei einer Rechtsfolgenverweisung käme es nicht auf das Vorliegen der Voraussetzungen des Annahmeverzugs an. Dies wirkt sich z.B. aus, wenn „eigentlich“ ein Fall des Betriebsrisikos vorliegt, der Arbeitnehmer aber wegen „höherer Gewalt“ nicht zur Arbeit fahren kann („eigentlich“ ein Fall des Wegerisikos). Gute Beispiele liefern insoweit die „Hochwasser-Fälle“. Für die bloße Rechtsfolgenverweisung spricht, dass der Arbeitgeber den Lohn nicht fortzahlen muss, wenn der Arbeitnehmer gem. § 297 BGB nicht leistungsfähig ist und der Arbeitgeber – egal aus welchem Grund – die Leistung auch nicht annehmen möchte. Dann kann der Arbeitgeber aber nicht zur Leistung verpflichtet sein, wenn er die Arbeit gar nicht annehmen kann. (Näher, Schweinberger, JI-Skript ArbR, Rn 366 f.; Gräf/Rögele, NZA 2013, 1120, 1123).

§ 615 S. 3 BGB ist **dispositiv**; jedoch kann im Rahmen einer AGB-Kontrolle ein Fall des § 307 II Nr. 1 BGB gegeben sein (vgl. § 310 IV 2 BGB) (**Grüneberg**/Weidenkaff, § 615 Rn 5).

Corona: Der Arbeitgeber trägt dann das **Betriebsrisiko** infolge behördlicher Maßnahmen (z.B. Betriebsschließung nach § 28 I IfSG), wenn das Risiko der behördlichen Maßnahme im Betrieb durch dessen besondere Art (ErfK/Preis, § 615 BGB Rn 132 [zu Sicherheitsmaßnahmen am Flughafen]) angelegt gewesen war.
Entscheidend ist also, ob die **Eigenart des Betriebes** es mit sich bringt, dass dieser von einer behördlichen Maßnahme in besonderer Weise betroffen ist. Dies ist z.B. zu bejahen bei einem Tanzlokal, das aufgrund einer Staatstrauer für einen Tag geschlossen wird, weil dieses Risiko im Betrieb angelegt ist.
Die allgemeinen Gefahrenlagen etwa durch Kriege, Unruhen und Terroranschläge stellen jedenfalls keine besonderen Risiken der Betriebsart dar. Sie beeinträchtigen nicht die Funktionsfähigkeit des Betriebes als solches. Das gilt grundsätzlich auch für **Epidemien** (HWK-Krause, § 615 BGB Rn 116). Der Arbeitgeber trägt nicht das Risiko eines Arbeitsausfalls, wenn zum Schutz der Bevölkerung vor schweren und tödlichen Krankheitsverläufen durch behördliche Anordnungen nahezu flächendeckend alle nicht für die Versorgung der Bevölkerung notwendigen Einrichtungen geschlossen werden. Vielmehr ist es Sache des Staates, für einen adäquaten Ausgleich der den Beschäftigten durch den hoheitlichen Eingriff entstehenden finanziellen Nachteile zu sorgen (**BAG, 13.10.2021, 5 AZR 211/21, RA 2021, 585** [für Minijobber]; lesenswert zum Thema „Lohn ohne Arbeit und Corona" **OLG Hamm, 29.10.2021, 11 U 60/21, RA 2022, 81**).

Weiterhin hat der Arbeitnehmer aus §§ 611a, 615 S. 3, 618 BGB einen **Anspruch auf Zurverfügungstellung der notwendigen Betriebsmittel**. Anderenfalls würde der Anspruch auf tatsächliche Beschäftigung leerlaufen. Abweichende Regelungen im Arbeitsvertrag stellen gem. §§ 307 I, II Nr. 1 BGB eine unangemessene Benachteiligung dar. (**BAG, 10.11.2021, 5 AZR 334/21, RA 2022, 25**)

IV. Der wichtigste Fall des **Annahmeverzugs des Arbeitgebers** sind die **Bestandsschutzstreitigkeiten**.
Gem. § 293 BGB kommt der Gläubiger in Verzug, wenn er die ihm angebotene Leistung nicht annimmt.
Im **unstreitig bestehenden Arbeitsverhältnis** muss der Arbeitnehmer die Arbeitsleistung tatsächlich anbieten, **§ 294 BGB**.
Streiten die Parteien über die Beendigung eines Arbeitsverhältnisses, **genügt gem. § 295 I 1 1. Var. BGB ein wörtliches Angebot** des Arbeitnehmers, weil der Arbeitgeber mit der Berufung auf das Ende des Arbeitsverhältnisses erklärt, er werde keine weitere Arbeitsleistung mehr annehmen. Dieses wörtliche Angebot kann darin liegen, dass der Arbeitnehmer gegen die Beendigung des Arbeitsverhältnisses protestiert und/oder eine Bestandsschutzklage einreicht (**BAG, 15.05.2013, 5 AZR 130/12**).
Lediglich für den Fall einer **unwirksamen Arbeitgeberkündigung** geht die Rechtsprechung des BAG von der Anwendbarkeit des **§ 296 BGB** aus. Sofern der Arbeitnehmer erfolgreich Klage gegen die Kündigung erhoben hat, ist der Arbeitgeber gem. **§ 296 BGB** in der Zeit in Annahmeverzug gewesen, in welcher er dem Arbeitnehmer keine Arbeit zugewiesen hat. Der Arbeitgeber hat eine nach dem Kalender bestimmte Mitwirkungshandlung vorzunehmen: Die Zurverfügungstellung eines funktionsfähigen Arbeitsplatzes und die Zuweisung von Arbeit (**BAG, 15.05.2013, 5 AZR 130/12**; **LAG Frankfurt, 30.08.2012, 14 Sa 683/11**).

[Anm.: Der Grund für die Anwendung des § 296 BGB liegt darin, dass der Arbeitnehmer, solange er die Präklusionsfrist des § 4 KSchG zum Nachdenken nutzt, ob er sich gegen die Kündigung wehren will, dem Arbeitgeber gem. § 295 BGB kein Arbeitsangebot gemacht hätte. Folglich hätte er auch bis zum Moment der Erhebung der Klage keinen Verzugslohnanspruch (Preis/Temming, Ind. ArbR, Rn 2054). Bei der Entfristungsklage greift diese Überlgung trotz § 17 TzBfG nicht, weil dem Arbeitnehmer das herannahende Ende des Arbeitsvetrags bekannt ist und er sich insoweit rechtzeitig Gedanken machen kann, ob er sich gegen das Ende des befristeten Vertags wehren möchte.]

Ein Arbeitgeber kommt aber trotz Nichtannahme der Arbeitsleistung **nicht** in Annahmeverzug, wenn sich der Arbeitnehmer so verhält, dass der Arbeitgeber nach **Treu und Glauben** und unter Berücksichtigung der Gepflogenheiten des Arbeitslebens die Annahme der Leistung zu Recht ablehnt (z.B. bei wiederholter Veruntreuung von Firmengeldern, **BAG, 16.04.2014, 5 AZR 736/11**).

Weiterhin können Arbeitgeber nur dann in Annahmeverzug geraten, wenn der nicht beschäftigte Arbeitnehmer zur Erbringung der Arbeitsleistung in der Lage ist, vgl. **§ 297 BGB**. Daher entfällt der Vergütungsanspruch des Arbeitnehmers, wenn er krank ist, aber auch dann, wenn er sich nach längerer Krankheit und Ablauf des Zeitraums für die Entgeltfortzahlung im Krankheitsfall wieder arbeitsfähig meldet, obwohl er tatsächlich aus gesundheitlichen Gründen weiterhin nicht in der Lage ist, die geschuldete Leistung zu erbringen **(BAG, 27.8.2008, 5 AZR 16/08)**.

Der Anspruch auf Vergütung wegen Annahmeverzugs setzt ein erfüllbares, d.h. tatsächlich durchführbares Arbeitsverhältnis voraus. Bei **rückwirkender Begründung** des Arbeitsverhältnisses liegt ein solches für den vergangenen Zeitraum nicht vor **(BAG, 19.08.2015, 5 AZR 975/13)**.

V. Fraglich ist, ob im Arbeitsrecht die **Verzugspauschale** von 40 € gem. **§ 288 V BGB** anwendbar ist. Das **BAG, 25.09.2018, 8 AZR 26/18, RA 2018, 648**, hat dies verneint. **§ 12a I 1 ArbGG** als spezielle arbeitsrechtliche Regelung schließt nicht nur einen prozessualen Kostenerstattungsanspruch wegen erstinstanzlich entstandener Beitreibungskosten, sondern auch einen entsprechenden materiell-rechtlichen Kostenerstattungsanspruch und damit auch den Anspruch auf Pauschalen nach § 288 V BGB aus. § 12 a ArbGG ist nämlich nicht nur eine prozessuale Norm, sondern greift auch bei außergerichtlichen Auseinandersetzungen und überlagert materiell-rechtlich die §§ 286 ff. BGB.
A.A. z.B. **LAG Köln, 22.11.2016, 12 Sa 524/16, RA-Telegramm 1/17:** Auch und gerade der Zweck der gesetzlichen Neuregelung – die Erhöhung des Drucks auf den Schuldner, Zahlungen pünktlich und vollständig zu erbringen – spreche für eine Anwendbarkeit zugunsten von Arbeitnehmern, die ihren Lohn unpünktlich oder unvollständig erhalten.

Urlaubsrecht

A. Grundzüge (Grüneberg/Weidenkaff, § 611 Rn 126-151)

Jeder Arbeitnehmer hat bezogen auf eine 6-Tage-Woche Anspruch auf bezahlten Erholungsurlaub an 24 Werktagen (= 4 Wochen) im Jahr (§§ 1, 3 BUrlG). Da die meisten Arbeitnehmer aber eine 5-Tage-Woche haben, ist der Mindesturlaub verhältnismäßig auf 20 Tage zu kürzen (= auch 4 Wochen). Dieser gesetzliche Mindesturlaub darf gemäß § 13 I 1 BUrlG nicht durch (tarif-)vertragliche Vereinbarung unterschritten werden. Auch darf auf ihn nicht verzichtet werden. Ein darüber hinausgehender Urlaubsanspruch kann demgegenüber natürlich vereinbart werden.

Der Arbeitgeber hat jedoch ein schutzwürdiges Interesse daran, dass sein neuer Arbeitnehmer erst eine gewisse Zeit arbeitet, bevor er erstmalig in Urlaub geht. § 4 BUrlG schreibt daher eine einmalige 6-monatige Wartezeit für das Entstehen des vollen Jahresurlaubsanspruchs vor.

Beispiel: Nimmt der Arbeitnehmer am 1. April seine neue Arbeit auf, dann endet die Wartezeit am 30. September und der Arbeitnehmer erlangt am 1. Oktober seinen vollen Jahresurlaubsanspruch von z.B. 20 Tagen.

Der Anspruch auf bezahlten Jahresurlaub darf nicht automatisch deshalb gem. § 7 III 2, 3 BUrlG verfallen, weil der Arbeitnehmer keinen Urlaub beantragt hat.
Weist der Arbeitgeber jedoch nach, dass der Arbeitnehmer aus freien Stücken und in voller Kenntnis der Sachlage darauf verzichtet hat, seinen bezahlten Jahresurlaub zu nehmen, nachdem er in die Lage versetzt worden war, seinen Urlaubsanspruch tatsächlich wahrzunehmen, steht das Unionsrecht dem Verlust dieses Anspruchs und – bei Beendigung des Arbeitsverhältnisses – dem entsprechenden Wegfall einer finanziellen Vergütung nicht entgegen (**EuGH, 06.11.2018, C-619/16, RA-Telegramm 2018, 92**).

B. Der Teilurlaub

Nach § 4 BUrlG wird der volle Urlaubsanspruch erstmalig nach sechsmonatigem Bestehen des Arbeitsverhältnisses erworben. Die Formulierung „nach sechsmonatigem Bestehen“ zeigt, dass der volle Urlaubsanspruch nicht bereits „mit dem sechsmonatigen Bestehen“ erworben wird und der Ablauf der Wartezeit und das Entstehen des Vollurlaubsanspruchs damit nicht zusammenfallen.
§ 5 I a BUrlG nimmt auf die Wartezeit des § 4 BUrlG Bezug und regelt, dass ein Teilurlaubsanspruch dann entsteht, wenn wegen deren Nichterfüllung kein Vollurlaubsanspruch erworben wird. Dies erfasst auch den Fall, dass das Arbeitsverhältnis am 1. Juli begründet wird. Nach § 5 I c BUrlG entsteht nur ein Teilurlaubsanspruch, wenn der Arbeitnehmer nach erfüllter Wartezeit in der ersten Hälfte eines Kalenderjahres aus dem Arbeitsverhältnis ausscheidet. Dies umfasst auch ein Ausscheiden mit Ablauf des 30. Juni eines Kalenderjahres (**BAG, 17.11.2015, 9 AZR 179/15, RA 2016, 193**).

Jedenfalls dann, wenn die Arbeitsvertragsparteien vor Beendigung ihres Arbeitsverhältnisses die Begründung eines neuen Arbeitsverhältnisses vereinbaren und nur eine kurzfristige Unterbrechung eintritt (z.B. am Sonntag (!) den 1. Juli), sind beide Arbeitsverhältnisse urlaubsrechtlich als Einheit zu betrachten. Es entsteht deshalb ein Anspruch auf Vollurlaub, wenn das zweite Arbeitsverhältnis in der zweiten Hälfte des Kalenderjahrs endet und der Arbeitnehmer mit seiner Gesamtbeschäftigungsdauer die sechsmonatige Wartezeit des § 4 BUrlG erfüllt hat (Umkehrschluss aus § 5 I lit. c BUrlG) (**BAG, 20.10.2015, 9 AZR 224/15, RA 2016, 194, 195 f.**).

I. Höhe des Urlaubsanspruchs

Problematisch ist die Berechnung von Teilurlaubsansprüchen.
§ 5 I BUrlG regelt insgesamt drei unterschiedliche Varianten der Teilurlaubsgewährung. § 5 I c BUrlG regelt die Fälle, in denen der Arbeitnehmer (1.) schon länger als sechs Monate beim selben Arbeitgeber arbeitet, aber (2.) spätestens bis zum 30.6. wieder aus dem Arbeitsverhältnis ausscheidet. Arbeitet der Arbeitnehmer auch nur einen Tag über den 30.6. hinaus, so erwirbt er den Anspruch auf den gesamten Jahresurlaub.

§ 5 I a und b BUrlG sind nötig wegen der Wartezeitregelung des § 4 BUrlG. Sie verhindern, dass der Arbeitnehmer hier völlig ohne Urlaubsanspruch bleibt.
§ 5 I b BUrlG ist immer einschlägig, wenn der neu eingestellte Arbeitnehmer bereits (1.) vor erfüllter Wartezeit gemäß § 4 BUrlG (2.) wieder aus dem Arbeitsverhältnis ausscheidet.
Dagegen betrifft § 5 I a BUrlG den Fall, dass der Arbeitnehmer (1.) erst in der zweiten Jahreshälfte eingestellt wurde und daher im Einstellungsjahr wegen § 4 BUrlG keinen vollen Urlaubsanspruch erwerben konnte. Aber (2.) im Unterschied zu § 5 I b BUrlG arbeitet der Arbeitnehmer hier zumindest solange weiter, dass er die Wartezeit überschreitet. § 5 I a BUrlG regelt somit nur den Teilurlaubsanspruch für das Einstellungsjahr. Der Jahreswechsel bildet hier eine Zäsur.

Beispiele: Der A fragt nach seinem Urlaubsanspruch in den folgenden Fällen:

(1) A arbeitet seit dem 15.07.2021 bei X. Urlaubsanspruch für 2021?
(2) A tritt am 15.07.2021 ein und am 15.03.2022 wieder aus.
(3) A tritt am 03.12.2021 ein und scheidet am 19.01.2022 aus.
(4) A ist zum 01.01.2022 eingestellt worden. Wie viele Urlaubstage stehen ihm am 01.04.2022 zu?

Zu (1): Der A hat 2021 5 volle Beschäftigungsmonate. Da er damit die Wartezeit nach § 4 BUrlG nicht erfüllte, dies aber im nächsten Jahr tat, erhält er nach § 5 I a) BUrlG 5/12 des Jahresurlaubs. Beachte aber **BAG, 16.12.2014, 9 AZR 295/13**: Wechselt ein Arbeitnehmer im laufenden Kalenderjahr in ein neues Arbeitsverhältnis, so kann er von seinem neuen Arbeitgeber gem. § 6 I BUrlG nur insoweit die Gewährung von Urlaub verlangen, wie der Urlaubsanspruch nicht schon vom alten Arbeitgeber erfüllt worden ist. Der Arbeitnehmer muss deshalb seinem neuen Arbeitgeber mitteilen, dass sein früherer Arbeitgeber seinen Urlaubsanspruch für das laufende Kalenderjahr noch nicht (vollständig oder teilweise) erfüllt hat, und dies im Prozess ggf. nachweisen.

Zu (2): Mit Ablauf des 14.01.2022 hatte A seine Wartezeit nach § 4 BUrlG erfüllt, schied jedoch in der ersten Jahreshälfte aus. Es werden deshalb zwei Urlaubsansprüche ermittelt, der eine für 2021 nach § 5 I a) BUrlG, der andere für 2022 nach § 5 I c) BUrlG. Für '21 ergeben sich 5/12 für '22 2/12 des Jahresurlaubs, also insgesamt 7/12, obwohl das Beschäftigungsverhältnis insgesamt 8 und nicht 7 Monate gedauert hat.

Zu (3): Hier ist § 5 I b) BUrlG einschlägig. Streitig ist, ob bei lit. b) ebenso wie bei lit. a) und lit. c) auf die einzelnen Urlaubsjahre getrennt abgestellt werden muss. Das BAG verneint die Frage, da in lit. b) im Gegensatz zu lit. a) und lit. c) auf das Kalenderjahr nicht ausdrücklich Bezug genommen werde. Deshalb bilde der unter 6 Monaten liegende Beschäftigungszeitraum eine in sich geschlossene zeitliche Einheit, auch wenn er sich auf zwei Kalenderjahre erstrecke (BAG, AP Nr. 7 zu § 5 BUrlG). A hat daher Anspruch auf 1/12 des Jahresurlaubs.

Zu (4): Am 01.04.2022 hat A die Wartezeit noch nicht erfüllt. In Betracht kommt ein Teilurlaubsanspruch nach § 5 I a) BurlG. Der Teilurlaubsanspruch entsteht nach h.M. in seinem gesamten Umfang bereits mit Beginn des Arbeitsverhältnisses. Allerdings brauchen Teilurlaubsansprüche erst dann erfüllt zu werden, wenn feststeht, dass ein weiterer Urlaubsanspruch, insbesondere ein Vollurlaubsanspruch nicht besteht (BAG, AP Nr. 2 zu § 59 KO [str.]). Allerdings ergibt sich im Zusammenhang mit § 5 I b) BUrlG, dass A vorliegend keinen Teilurlaubsanspruch aus lit. a) erwerben kann. Im Arbeitsverhältnis kann nur entweder der Anspruch aus lit. a) oder derjenige aus lit. b) gegeben sein, weil der erste das Fortbestehen des Arbeitsverhältnisses nach Erfüllung der Wartezeit voraussetzt, der zweite aber dessen Beendigung vor Erfüllung der Wartezeit (MünchArbR/Leinemann, § 89 Rn 100).
Endet das Arbeitsverhältnis des A also noch innerhalb der Wartezeit, dann hätte er einen Teilurlaubsanspruch aus § 5 I b) BUrlG. Nach Ablauf der Wartezeit würde dagegen der Vollurlaubsanspruch bestehen, so dass auch insofern für lit. a) kein Raum ist. Da noch nicht feststeht, ob A vor Erfüllung der Wartezeit ausscheidet, hat er am 1. April 2022 noch keinen (!) Urlaubsanspruch.

Beachte: Ergibt die Umrechnung, dass z.B. 1/12 des Jahresurlaubsanspruchs 1,66 Urlaubstagen entspricht, ist gemäß § 5 II BUrlG auf 2 Urlaubstage aufzurunden. Ist der Bruchteil kleiner als 0,5 Urlaubstage, so wird abgerundet. Dabei verfällt dieser Bruchteil jedoch nicht, sondern ist über § 7 IV BUrlG abzugelten.

II. Urlaubsentgelt

Steht fest, für wie viele Tage der Arbeitnehmer Anspruch auf bezahlte Freizeit hat, kann nun errechnet werden, welche Höhe sein Entgeltanspruch für jeden genommenen Urlaubstag hat. Die Berechnung erfolgt nach **§ 11 I BUrlG:**

Merke: Verdienst der letzten 3 Monate (bzw. 13 Wochen) **:** 65 Arbeitstage (od. 78 Werktage) x Anzahl der Urlaubstage

C. Der Abgeltungsanspruch

Kann der Urlaub wegen Beendigung des Arbeitsverhältnisses ganz oder teilweise nicht mehr gewährt werden, so ist er abzugelten (§ 7 IV BUrlG). Dieser Anspruch ist kein Surrogat für den Urlaubsanspruch, sondern **reine Geldforderung**. Insofern **unterfällt** dieser Anspruch auch vertraglichen oder tariflichen **Ausschlussfristen (BAG, 09.08.2011, 9 AZR 352/10)**.

I. Langzeiterkrankung

Der Anspruch auf bezahlten Jahresurlaub darf nach EuGH und BAG bei einem ordnungsgemäß krankgeschriebenen Arbeitnehmer nicht davon abhängig gemacht werden, dass er während des Bezugszeitraums tatsächlich gearbeitet hat. Daher darf der Anspruch nur dann verfallen, wenn der Arbeitnehmer während des Bezugszeitraums tatsächlich die Möglichkeit hatte, seinen Urlaubsanspruch auszuüben. Dies ist bei einem durchgehend krankgeschriebenen Arbeitnehmer nicht der Fall (**BAG, 24.03.2009, 9 AZR 983/07**). Die Höhe des Anspruchs richtet sich nach § 11 BUrlG.
ABER: Eine tarifvertragliche Regelung, wonach Ansprüche auf bezahlten Jahresurlaub bei Langzeiterkrankung nicht zeitlich unbegrenzt angesammelt werden können, sondern **15 Monate nach Ablauf des Bezugszeitraums erlöschen**, ist jedoch mit dem Unionsrecht vereinbar. Dieses verlangt lediglich, dass der Übertragungszeitraum die Dauer des Bezugszeitraums deutlich überschreitet **(EUGH, 22.11.2011, C-214/10)**. Diese Rechtsprechung hat das BAG auf alle Arbeitsverhältnisse übertragen: **Unabhängig von einer tarifvertraglichen Regelung verfällt der Urlaubsanspruch 15 Monate nach Ablauf des Urlaubsjahres** (europarechtskonforme Auslegung des § 7 III BUrlG; **BAG, 07.08.2012, 9 AZR 353/10; 22.09.2015, 9 AZR 170/14,** JuS 2016, 558).

Beispiel: Der Urlaub aus dem Jahr 2015 verfällt also bei Dauererkrankung mit Ablauf des 31.03.2017.

II. Keine Arbeitsunfähigkeit

Einem nicht arbeitsunfähigen Arbeitnehmer ist der Urlaub grundsätzlich auch dann abzugelten, wenn er seinen Abgeltungsanspruch erstmals nach Ablauf des Urlaubsjahres geltend macht. Ein Verfall gem. § 7 III BUrlG tritt nicht ein. Sachliche Gründe, warum für einen arbeitsfähigen Arbeitnehmer nach Beendigung des Arbeitsverhältnisses andere Regeln für den Verfall des Urlaubsanspruchs gelten sollen als für einen arbeitsunfähigen Arbeitnehmer, bestehen nicht. **(BAG, 19.06.2012, 9 AZR 652/10)**

Beispiel: Der Arbeitnehmer scheidet zum 31.7. aus dem Arbeitsverhältnis aus. Er macht seinen Anspruch auf Urlaubsabgeltung für die bis zur Beendigung nicht genommenen Urlaubstage erstmals im Januar des Folgejahres geltend. Der Arbeitgeber wendet Verfall des Abgeltungsanspruchs ein. Nach Auffassung des BAG steht dem Arbeitnehmer ein Abgeltungsanspruch zu (§ 7 IV BUrlG).

III. Todesfall

Im **Todesfall** des Arbeitnehmers gilt (**EuGH, 12.06.2014, C-118/13**): Durch einen finanziellen Ausgleich muss die praktische Wirksamkeit des Urlaubsanspruchs sichergestellt werden. Der unwägbare Eintritt des Todes des Arbeitnehmers darf nicht rückwirkend zum vollständigen Verlust des Anspruchs auf bezahlten Jahresurlaub führen. Der Anspruch auf Urlaubsabgeltung ist ein reiner Geldanspruch. Er verdankt seine Entstehung zwar urlaubsrechtlichen Vorschriften. Ist er entstanden, ist er nicht mehr Äquivalent zum Urlaubsanspruch, sondern bildet einen Teil des Vermögens des Arbeitnehmers und unterscheidet sich in rechtlicher Hinsicht nicht von anderen Zahlungsansprüchen des Arbeitnehmers gegen den Arbeitgeber. Also wird auch er an die Erben vererbt (**BAG, 22.09.2015, 9 AZR 170/14**, JuS 2016, 558).

D. Schadensersatzanspruch

Nach § 7 BUrlG verfällt Urlaub, wenn er bis zum Jahresende nicht gewährt und genommen wird. Nach bisheriger Rechtsprechung gilt dies auch dann, wenn der Arbeitnehmer den Arbeitgeber rechtzeitig, aber erfolglos aufgefordert hat, ihm Urlaub zu gewähren. Nur soweit sich der Arbeitgeber nach einer entsprechenden Antragstellung des Arbeitnehmers im Schuldnerverzug befand, konnte der Arbeitnehmer Schadensersatz verlangen. Dieser Schadensersatz bestand nach bisheriger Rechtsprechung in der Gewährung von Ersatzurlaub während des weiteren Arbeitsverhältnisses und im Falle von dessen Beendigung in der Abgeltung der nicht genommenen Urlaubstage.

Diese Rechtsprechung modifiziert nun das BAG (**BAG, 19.02.2019, 9 AZR 423/16** und **9 AZR 541/15**). Zwar zwinge § 7 I 1 BUrlG, wonach die zeitliche Lage des Urlaubs unter Berücksichtigung der Urlaubswünsche des Arbeitnehmers vom Arbeitgeber festgelegt werde, den Arbeitgeber nicht dazu, den Arbeitnehmer von sich aus Urlaub zu gewähren. Allerdings sei mit dem **EuGH, 06.11.2018, C-684/16 RA-Telegramm 2018, 92**, davon auszugehen, dass der Arbeitgeber die Initiativlast für die Verwirklichung des Urlaubsanspruchs trage. Daher müsse der Arbeitgeber dem Arbeitnehmer klar und rechtzeitig mitteilen, dass der Urlaub am Ende des Bezugszeitraums oder eines Übertragungszeitraums verfallen wird, wenn der Arbeitnehmer ihn nicht nimmt.

Zu einem Anspruch auf Ersatzurlaub (Schadensersatz gem. §§ 275 IV, 280 I, III, 283 S. 1 BGB) kann es damit nicht mehr kommen:

Hat der Arbeitgeber seine Mitwirkungsobliegenheiten nicht erfüllt, so verfällt der Anspruch des Arbeitnehmers auf den Jahresurlaub nicht, womit dieser auch keinen Schaden erleidet.

Hat der Arbeitgeber jedoch seine Mitwirkungsobliegenheiten erfüllt, so hat der Arbeitnehmer aus freien Stücken und in voller Kenntnis der sich daraus ergebenden Konsequenzen seinen Urlaub nicht genommen. Den dann eintretenden Verfall hat der Arbeitgeber dann nicht mehr zu vertreten, da ihm die Exkulpation gem. § 280 I 2 BGB gelingt.

E. Der Urlaub des Teilzeitbeschäftigten

Bei der Frage nach dem Urlaub des Teilzeitbeschäftigten sind die Frage nach dem Urlaubsanspruch an sich und die nach dem Urlaubsentgelt strikt zu trennen. Auch wenn nur nach dem Urlaubsentgelt gefragt ist, müssen Sie stets zunächst den Urlaubsanspruch berechnen.

I. Urlaubsanspruch

Bei der Berechnung der Anzahl an Urlaubstagen, die dem Teilzeitbeschäftigten als Urlaub jährlich zustehen, müssen zwei Konstellationen unterschieden werden:
Arbeitet der Arbeitnehmer an 5 Tagen in der Woche und ist nur die tägliche Arbeitszeit reduziert, so entspricht die Berechnung seiner Urlaubstage derjenigen beim Vollzeitbeschäftigten.

Arbeitet der Arbeitnehmer hingegen an weniger als 5 Tagen oder gar unregelmäßig, so muss der jährliche Urlaubsanspruch im Verhältnis von Vollzeit und Teilzeit heruntergerechnet werden. Es kommt nicht darauf an, wie viele Stunden der Arbeitnehmer am jeweiligen Wochentag arbeitet. Es geht hier allein um den Urlaubsanspruch (in Tagen), nicht um die Höhe des Urlaubsentgelts.

Beispiel: A arbeitet regelmäßig an zwei Tagen in der Woche. Die Vollzeitbeschäftigten haben eine 5-Tage-Woche. Wie hoch ist sein jährlicher gesetzlicher Urlaubsanspruch?

Lösung: Dem Vollzeitbeschäftigten steht gemäß § 3 I BUrlG ein jährlicher Mindesturlaubsanspruch von 24 Werktagen zu. Werktage sind dabei gemäß § 3 II BUrlG auch Samstage. Wird somit nur von Montag bis Freitag gearbeitet, beträgt der jährliche Urlaubsanspruch des Vollzeitbeschäftigten 20 Tage (vgl. oben). Der Teilzeitbeschäftigte A arbeitet statt an 5 Tagen (wie seine vollzeitbeschäftigten Kollegen) nur an 2 Tagen in der Woche, dies entspricht einer Quote von 2/5. Somit erhält er auch nur 2/5 der Urlaubstage, also 2/5 von 20. Somit ergibt sich für A ein gesetzlicher jährlicher Urlaubsanspruch von 8 Tagen.

Reduziert ein bislang vollzeitbeschäftigter Arbeitnehmer die Zahl seiner Arbeitstage und konnte er zuvor seinen Urlaub nicht nehmen, darf die Zahl der bezahlten Urlaubstage wegen des Übergangs in die Teilzeitbeschäftigung nicht verhältnismäßig gekürzt werden **(BAG, 10.02.2015, 9 AZR 53/14, RA 2015, 193)**.

II. Urlaubsentgelt

Steht fest, für wie viele Tage der Arbeitnehmer Anspruch auf bezahlte Freizeit hat, kann nun errechnet werden, welche Höhe sein Entgeltanspruch für jeden genommenen Urlaubstag hat. Die Berechnung erfolgt nach **§ 11 I BUrlG**. Arbeitet der Teilzeitbeschäftigte an 5 Tagen in der Woche und ist nur seine tägliche Arbeitszeit reduziert, so entspricht die Berechnung seines Urlaubsentgelts derjenigen des Vollzeitbeschäftigten (s.o. unter B. II.). Arbeitet der Teilzeitbeschäftigte an weniger Wochentagen, berechnet sich das Urlaubsentgelt nach folgender Formel:

Merke: Verdienst der letzten 3 Monate (bzw. 13 Wochen): Anzahl der Arbeits- oder Werktage x Anzahl der Urlaubstage

Entgeltfortzahlung (vor allem im Krankheitsfall)

A. Bei Krankheit (vgl. **Grüneberg/**Weidenkaff, § 616 Rn 17 ff.)

I. Anspruchsvoraussetzungen

Ein Anspruch auf Entgeltfortzahlung im Krankheitsfall nach § 3 I EFZG entsteht erst **nach vierwöchiger ununterbrochener Dauer des Arbeitsverhältnisses**, § 3 III EFZG. Ob der Arbeitnehmer in dieser Zeit tatsächlich seine Tätigkeit verrichtet hat, ist nicht maßgebend.

Klausurhinweis:

Nach h.M. enthält § 3 I 1 EFZG entgegen seines abweichenden Wortlauts keine selbstständige Anspruchsgrundlage, sondern erhält den vertraglichen Vergütungsanspruch aufrecht, der sich aus § 611a II BGB ergibt (BAG, NZA 2002, 746; MK-Müller-Glöge, § 3 EFZG, Rn 3). Zitierung: **§ 3 I 1 EFZG i.V.m. § 611a II BGB.**

Es ist aber auch gut vertretbar, § 3 I EFZG wortlautgetreu als eigenständige Anspruchsgrundlage zu prüfen (so: Staudinger-Oetker, § 616 Rn 179; Hromadka/Maschmann, ArbR I, § 8 Rn 64). In diesem Fall ist dann vorab festzustellen, dass der arbeitsvertragliche Vergütungsanspruch der S aus § 611a II BGB nach § 326 I 1 BGB entfallen ist.

Anspruch auf Entgeltfortzahlung gem. § 3 I 1 EFZG i.V.m. § 611a II BGB

I. Anspruch entstanden
II. Anspruch wegen Unmöglichkeit der Leistung gem. § 326 I 1 BGB untergegangen
III. Aufrechterhalten des Anspruchs gem. § 3 I EFZG
   1. Tatbestandliche Voraussetzungen
      a) Arbeitnehmer i.S.d. § 1 II EFZG
      b) Erfüllung der Wartezeit, § 3 III EFZG
      c) Krankheit
      d) Arbeitsunfähigkeit
      e) Kausalität
   2. Hindernisse des Entgeltfortzahlungsanspruchs
      a) Verschulden des Arbeitnehmers
      b) Leistungsverweigerungsrecht des Arbeitgebers, § 7 EFZG
   3. Rechtsfolge

Beispiel: A tritt am 01.04. in die Dienste seines neuen Arbeitgebers. Nach der ersten Woche erleidet er am Wochenende einen i.S.d. § 3 I 1 EFZG unverschuldeten Unfall und wird für 6 Wochen arbeitsunfähig.

Lösung: In den ersten drei Wochen seiner Arbeitsunfähigkeit erhält A keine Lohnfortzahlung, weil seine Wartezeit (§ 3 III EFZG) noch nicht abgelaufen ist. In den Wochen 4 - 6 seiner Arbeitsunfähigkeit erhält er vom Arbeitgeber Lohnfortzahlung (vgl. BAG, DB 1999, 2268).

Beachte: A hat während der ersten drei Krankheitswochen einen Anspruch auf Krankengeld nach den §§ 44 ff. SGB V. Nach Erfüllung der „Anwartschaftszeit“ tritt für die Dauer von 6 Wochen ein Ruhen des Krankengeldanspruchs nach § 49 I Nr. 1 SGB V ein, anschließend wird erneut die Krankenkasse zahlungspflichtig. Die Höhe des Krankengeldanspruchs richtet sich nach § 47 SGB V.

Definition: Arbeitsunfähigkeit bedeutet, dass der Arbeitnehmer außerstande ist, die vertraglich geschuldete Arbeit zu verrichten oder er die Arbeit nur fortsetzen kann in der Gefahr, seinen Gesundheitszustand zu verschlechtern.

Für die Entgeltfortzahlung bei Krankheit verlangt § 3 I 1 EFZG, dass den Arbeitnehmer an seiner Arbeitsunfähigkeit **kein Verschulden** trifft. Unter Verschulden ist hier ein Verschulden gegen sich selbst zu verstehen (vgl. § 277 BGB). Nur eine leichtsinnige, unverantwortliche Selbstgefährdung oder ein grober Verstoß gegen das von einem verständigen Menschen im eigenen Interesse zu erwartende Verhalten ist verschuldet.

Corona: Wer behördliche Reisewarnungen für Krisengebiete missachtet (Stück, MDR 2009, 1209, 1211) oder an einer „Corona-Party" teilgenommen hat (Düwell, BB 2020, 891, 893), hat seine Arbeitsunfähigkeit verschuldet.

Bei **Sportverletzungen** wird nach der Rechtsprechung ein Verschulden in diesem Sinne dann angenommen, wenn es sich entweder um eine gefährliche Sportart handelt, der Arbeitnehmer in grober und leichtsinniger Weise gegen die anerkannten Regeln der jeweiligen Sportart verstößt oder der Arbeitnehmer eine Sportart betreibt, die seine Kräfte und seine Fähigkeiten bei weitem übersteigen (Kaiser/Dunkl/Hold/Kleinsorge, EFZG, § 3 Rn 105 ff.). Von einer besonders gefährlichen Sportart geht das BAG aus, wenn das Verletzungsrisiko so groß ist, dass auch ein gut ausgebildeter Sportler bei sorgfältiger Beachtung aller Regeln dieses Risiko nicht vermeiden kann, sondern sich unbeherrschbaren Gefahren aussetzt (BAG, AP Nr. 42 und 45 zu § 1 LFZG). Nicht gefährlich sind mithin Moto-Cross-Rennen (BAG, AP Nr. 18 zu § 1 LFZG) und Drachenfliegen (BAG, NJW 1982, 1014), wohl aber Kickboxen (ArbG Hagen, NZA 1990, 311 [str.]).
Selbst wenn sich der Arbeitnehmer bei einem „Wutanfall" selbst verletzt, soll – im Einzelfall – kein „Verschulden" i.S.d. § 3 I 1 EFZG vorliegen **(Hessisches LAG, 23.07.2013, 4 Sa 617/13)**.
Wegen der multifaktoriellen Genese kann nicht davon ausgegangen werden, dass das Entstehen einer **Alkoholabhängigkeit** verschuldet i.S.v. § 3 I 1 EFZG ist. Gleiches gilt – in der Regel – für den Rückfall **(BAG, 18.03.2015, 10 AZR 99/14)**.

Weitere Voraussetzung ist natürlich, dass der Arbeitnehmer überhaupt **krank** ist.

Definition: „Krankheit" bedeutet, dass der Arbeitnehmer außerstande ist, die vertraglich geschuldete Arbeit zu verrichten oder er die Arbeit nur fortsetzen kann in der Gefahr, seinen Gesundheitszustand zu verschlechtern. Krankheiten können physischer und psychischer Art sein.

Corona: Fraglich ist, ob ein **symptomfreier Arbeitnehmer**, bei dem die Gefahr einer Ansteckung anderer bestünde, arbeitsunfähig ist. Orientiert man sich an § 2 ArbeitsunfähigkeitsRL wäre dies zu verneinen (Düwell, BB 2020, 89; MK-Müller-Glöge, EFZG § 3 Rn 10; Schaub/Linck ArbR-HdB, § 98 Rn 14; Fischinger/Hengstberger, JA 2020, 561, 565; a.A. ErfK/Reinhard, EFZG § 3 Rn 10; BeckOK ArbR/Ricken, EFZG § 3 Rn 26).

Schließlich muss die Arbeitsleistung infolge Krankheit unterblieben sein. Damit wird ein strenges Kausalitätserfordernis aufgestellt.

II. Anspruchsdauer

1. Grundsatz

Der Anspruch auf Lohnfortzahlung besteht grundsätzlich für die Dauer von 6 Wochen (§ 3 I 1 EFZG).

Ist ein Arbeitnehmer also in den Monaten Juni und Juli krankgeschrieben, so erhält er nur in den ersten 6 Wochen seinen Lohn fortgezahlt. Ab Mitte Juli kann der Arbeitgeber dann die Zahlungen einstellen.

Dies gilt unabhängig davon, ob die Krankschreibung auf Grund der gleichen oder auf Grund von verschiedenen, unmittelbar aufeinander folgenden Krankheiten erfolgt, sog. **Grundsatz der Einheitlichkeit des Verhinderungsfalles**. Dies ist unstreitig für den Fall sich überlappender Krankheiten (MünchArbR/Boecken, § 84 Rn 77), gilt aber auch für den Fall sich unmittelbar aneinander anschließender Krankheiten (Schaub-Linck, § 98 Rn 54). Ein neuer Entgeltfortzahlungsanspruch entsteht nur, wenn die erste krankheitsbedingte Arbeitsverhinderung bereits zu dem Zeitpunkt (auch z.B. am Wochenende) beendet war, zu dem die weitere Erkrankung zur Arbeitsunfähigkeit führte (**BAG, 11.12.2019, 5 AZR 505/18, RA 2020, 137**).

2. Wiederholungs- und Fortsetzungskrankheit

Für den Fall, dass zwischen zwei Erkrankungen die Arbeitsfähigkeit wieder hergestellt war, erlangt die Unterscheidung zwischen Wiederholungs- und Fortsetzungskrankheit Bedeutung.

Eine wiederholte Erkrankung ist dann gegeben, wenn es sich um eine medizinisch völlig neue Erkrankung handelt, auch wenn sie dasselbe Organ betrifft. Eine Fortsetzungskrankheit ist dann gegeben, wenn die Krankheiten auf demselben Grundleiden beruhen. Unerheblich ist, ob das Grundleiden ausgeheilt war oder nicht. Die wiederholte Erkrankung fällt unter § 3 I 1 EFZG. Der Arbeitnehmer hat also jedes Mal Anspruch auf 6 Wochen Lohnfortzahlung.

Beispiel: A bricht sich einen Arm und wird 6 Wochen krankgeschrieben. Nachdem er eine Woche gearbeitet hat, erleidet er einen Herzanfall und wird wieder für 6 Wochen krankgeschrieben.

Hier hat A zweimal Anspruch auf 6-wöchige Lohnfortzahlung.

Bei der Fortsetzungskrankheit hat der Arbeitnehmer insgesamt nur einen Fortzahlungsanspruch von 6 Wochen.

Beispiel: A wird wegen einer schweren Grippe 4 Wochen krankgeschrieben. Entgegen der Empfehlung seines Arztes geht er in der 5. Woche wieder arbeiten und erleidet einen Rückfall. Er wird von seinem Arzt für 3 weitere Wochen krankgeschrieben.

Hier erhält der A in der 7. Krankheitswoche keine Lohnfortzahlung mehr.

Von diesem Grundsatz enthält § 3 I 2 EFZG allerdings zwei Ausnahmen:

- Lesen Sie zunächst § 3 I 2 **Nr. 1** EFZG.

Beispiel: A hat ein chronisches Rückenleiden. Deshalb wird er im Januar und im November für jeweils 4 Wochen krankgeschrieben.

Lösung: A erhält für die gesamten 8 Wochen Lohnfortzahlung, da zwischen beiden Krankheiten über 6 Monate liegen, in denen der Arbeitnehmer nicht infolge derselben Krankheit arbeitsunfähig war.

An dem Ergebnis würde sich also auch nichts ändern, wenn der Arbeitnehmer im Juni wegen einer Sommergrippe arbeitsunfähig gewesen wäre.

- Lesen Sie nun § 3 I 2 **Nr. 2** EFZG.

Beispiel: A hat ein chronisches Rückenleiden. Deshalb wird er in folgenden Monaten eines Jahres jeweils 4 Wochen krankgeschrieben: Januar, Mai, Oktober und Januar des Folgejahres.

Lösung: Hier erhält A für die 4 Wochen im Januar Lohnfortzahlung. Für Mai erhält er nur in den ersten beiden Wochen Lohnfortzahlung. § 3 I 2 Nr. 1 EFZG greift nicht ein, da zwischen Januar und Mai keine 6 Monate liegen. Für Oktober erhält A keine Lohnfortzahlung, da zwischen Mai und Oktober ebenfalls keine 6 Monate liegen. Und auch für den Januar des Folgejahres erhielte A nach § 3 I 2 Nr. 1 EFZG keine Lohnfortzahlung, da zwischen Oktober und Januar wiederum keine 6 Monate liegen. Hier greift aber nun § 3 I 2 Nr. 2 EFZG ein: Seit Beginn der ersten Arbeitsunfähigkeit im Januar des Vorjahres sind im Januar des Folgejahres 12 Monate abgelaufen, so dass A einen erneuten Lohnfortzahlungsanspruch von insgesamt 6 Wochen erworben hat. Der 12monats-Zeitraum nach Nr. 2 ist vom Eintritt der ersten krankheitsbedingten Arbeitsunfähigkeit an zu berechnen (BAG, BB 1984, 405).

Deshalb kann der Arbeitgeber bei Überschreitung der 6-Wochen-Frist nur wissen, ob er zur Entgeltfortzahlung verpflichtet ist, wenn er weiß, ob es sich um „dieselbe Krankheit" i.S.v. § 3 I 2 EFZG handelt. Diesen Auskunftsanspruch gegen die Krankenkasse hat er. Einen Anspruch darauf, die genaue Erkrankung des Arbeitnehmers zu erfahren, hat er wegen Art. 1 und 2 GG (Privatsphäre des Arbeitnehmers) nicht.

III. Anspruchsumfang

1. Grundsatz

Der gesetzliche Anspruch auf Entgeltfortzahlung beträgt 100 % (§ 4 I 1 EFZG).
§ 4 EFZG legt ein **modifiziertes Lohnausfallprinzip** zu Grunde. Das bedeutet, dass sich die Berechnung der Arbeitszeit nach denjenigen Umständen richtet, wie sie sich während der Zeit der Krankheit (!) (Lohnausfallzeitraum) auf die Vergütung der Arbeitsleistung auswirken. Es wird also so getan, als hätte der Arbeitnehmer tatsächlich gearbeitet.
Modifiziert wird dieses Prinzip durch das Wort „regelmäßig" in § 4 I EFZG. Die tatsächlichen Umstände sind daher nur relevant, wenn es sich um regelmäßige Umstände handelt.

Beachte: Hiervon ist das **modifizierte Referenzprinzip** in § 11 I BUrlG zu unterscheiden.

Definition: Referenzprinzip bedeutet, dass das Entgelt sich nach Umständen aus einem bestimmten Referenzzeitraum aus der Vergangenheit richtet.

Bei § 11 I BUrlG liegt die Modifizierung darin, dass nur der Geldfaktor nach dem Referenzprinzip beurteilt wird, der Zeitfaktor dagegen letztlich auf dem Lohnausfallprinzip beruht. Das führt dazu, dass im Urlaubsentgelt die Überstunden mitvergütet werden, die der Arbeitnehmer tatsächlich geleistet hätte, wäre er nicht im Urlaub.

Maßgebend nach § 4 I EFZG ist die regelmäßige individuelle Arbeitszeit erkrankten Arbeitnehmers.

2. Überstunden

Eine Ausnahme sieht das Gesetz in § 4 Ia EFZG vor, wenn es sich um Überstundenvergütung handelt. Nach § 4 Ia EFZG gehören zum Arbeitsentgelt weder die Überstundenzuschläge, noch die Grundvergütung für Überstunden.

Für Überstunden ist daher im Krankheitsfall nichts fortzuzahlen!
Die Rechtsprechung hat sich jedoch dahingehend gefestigt, dass Überstunden dann einzubeziehen sind, wenn sie regelmäßig geleistet werden und somit die Grundlage der durchschnittlichen Arbeitsleistung bilden, die abzugelten ist. Für die Abgrenzung der individuellen regelmäßigen Arbeitszeit von nicht zu berücksichtigenden Überstunden im Rahmen der Entgeltfortzahlung gilt folgendes:

- Nimmt der Arbeitgeber Arbeitsleistungen vom Arbeitnehmer in einem bestimmten Umfang stets entgegen bzw. erwartet diese, liegt hier eine ständig erbrachte Mindestarbeitsleistung vor. Diese ist Grundlage für die Entgeltfortzahlung.
- Bei Schwankungen, die darauf beruhen, dass der Arbeitgeber die Erledigung bestimmter Arbeitsaufgaben voraussetzt, die einmal kürzer und einmal länger dauern ist der durchschnittliche Wert anzunehmen. Es ist ein zurückliegender Zeitraum (BAG: 12 Monate) zu bewerten. Darüber hinausgehende Überstunden wegen unvorhergesehenen Arbeitsaufwandes bleiben unberücksichtigt.

Unter den genannten Voraussetzungen kann **aus regelmäßigen Überstunden regelmäßige Arbeitszeit werden.**

Für den **Geldfaktor** ist darauf hinzuweisen, dass sich die Entgeltfortzahlung **nicht** auf die **Überstundenzuschläge**, sondern nur auf die Grundvergütung für die Überstunden bezieht. Der Überstundenzuschlag soll nämlich die tatsächliche Erschwernis der Mehrarbeit finanziell ausgleichen. Durch die Arbeitsunfähigkeit tritt jedoch keine Erschwernis auf, sodass Sinn und Zweck eines Zuschlags entfallen.

IV. Die Beweislastverteilung

Die Beweislast für das Vorliegen der Voraussetzungen des § 3 I EFZG trägt der Arbeitnehmer. Zur Verdeutlichung soll folgendes Beispiel dienen:

ARBEITNEHMER	ARBEITGEBER
1. AN **trägt vor**, dass er im fraglichen Zeitpunkt arbeitsunfähig erkrankt war.	
	2. AG **bestreitet** die Arbeitsunfähigkeit des AN.
3a. **Beweis** durch Vorlage der Arbeitsunfähigkeitsbescheinigung (gleiches bei ausländischen Bescheinigungen, wenn sie erkennen lässt, dass der ausländische Arzt zw. Krankeit und Arbeitsunfähigkeit unterschieden hat) (b) AN **bestreitet** Ankündigung der Krankheit	(a) **Vortrag**, dass AN die Krankheit angekündigt hat (c) AG **beweist**, dass AN Krankheit angekündigt hat
3b. **Beweis** durch Einvernahme des Arztes	

V. Verschulden des Arbeitgebers

Ist der Arbeitgeber für die Krankheit des Arbeitnehmers verantwortlich (z.B. bei Mobbing), so steht dem Arbeitnehmer gem. § 326 II 1 Alt. 1 i.V.m. § 611a II BGB der Anspruch auf den Lohn ohne zeitliche Begrenzung zu.

B. Bei Feiertagen

Ebenso wie § 3 I EFZG verlangt auch § 2 I EFZG für die Entgeltfortzahlung an Feiertagen eine strenge Kausalität („infolge").

Beispiel (nach BAG, NJW 1996, 1229): Ein gewerkschaftlicher Streik umfasst auch den Maifeiertag. Besteht ein Anspruch auf Entgeltzahlung?

Lösung: Durch den rechtmäßigen Streik wird das Arbeitsverhältnis suspendiert. D.h. es bleibt „dem Bande nach“ erhalten, jedoch sind die wechselseitigen Hauptleistungspflichten suspendiert (ruhen also). Deshalb ist nicht der Feiertag, sondern der Streik der Grund für die Nichtleistung der Arbeit. Folglich fehlt es an der alleinigen Kausalität des Feiertags für die Nichtarbeit. Die Streikenden erhalten deshalb für den 1.5. keinen Lohn.

Beachte: Anders aber, wenn sich ein Arbeitnehmer in Urlaub befindet. Dann wird er von der Suspendierungswirkung des Streiks nämlich nicht erfasst, so dass für ihn die Arbeit nur wegen des Feiertags ausgefallen ist.

Eine Besonderheit ergibt sich bei krankheitsbedingter Arbeitsunfähigkeit während eines Feiertages, da sowohl § 2 I EFZG als auch § 3 I EFZG nur dann eingreifen, wenn entweder der Feiertag oder die krankheitsbedingte Arbeitsunfähigkeit alleinige Ursache für den Verdienstausfall ist. Der Konflikt wird dadurch gelöst, dass sich der Entgeltfortzahlungsanspruch gemäß § 4 II i.V.m. § 2 EFZG nach dem Arbeitsentgelt bemisst, welches der Arbeitnehmer ohne den Feiertag erzielt hätte.

C. Nach Kündigung, § 8 EFZG

Der Anspruch auf Fortzahlung des Arbeitsentgelts wird nicht dadurch berührt, dass der Arbeitgeber das Arbeitsverhältnis aus Anlass der Arbeitsunfähigkeit kündigt, § 8 I 1 EFZG. Nach dem Willen des Gesetzgebers kann sich der Arbeitgeber also seiner Entgeltfortzahlungspflicht nicht durch die Kündigung eines kranken Arbeitnehmers entziehen. Somit muss der Arbeitgeber u.U. auch für Zeiten, in denen gar kein Arbeitsverhältnis mehr besteht, Entgeltfortzahlung leisten! Das gleiche gilt, wenn der Arbeitnehmer das Arbeitsverhältnis aus einem vom Arbeitgeber zu vertretenden Grunde kündigt, der den Arbeitnehmer zur Kündigung aus wichtigem Grund ohne Einhaltung einer Kündigungsfrist berechtigt, § 8 I 2 EFZG.

Endet das Arbeitsverhältnis vor Ablauf der in § 3 I EFZG oder in § 3a I EFZG bezeichneten Zeit nach dem Beginn der Arbeitsunfähigkeit, ohne dass es einer Kündigung bedarf, oder infolge einer Kündigung aus anderen als den in Absatz 1 bezeichneten Gründen, so endet der Anspruch mit dem Ende des Arbeitsverhältnisses, § 8 II EFZG.

Haftung im Betrieb

A. Haftung des Arbeitnehmers für Sachschäden (Grüneberg/Weidenkaff, § 611 Rn 152-159)
Sofern der Arbeitnehmer den Arbeitgeber im Rahmen seiner ihm zugewiesenen betrieblich veranlassten Tätigkeit schädigt, kommen Schadensersatzansprüche aus § 280 und § 823 BGB in Betracht.

Definition: Eine **betrieblich veranlasste Tätigkeit** liegt vor, wenn ein innerer Zusammenhang mit dem Betrieb besteht. Betrieblich veranlasst sind nur solche Tätigkeiten des Arbeitnehmers, die ihm
- Arbeitsvertraglich übertragen worden sind, oder die er
- im Interesse des Arbeitgebers für den Betrieb ausführt.

Die Tätigkeit muss zudem im nahen Zusammenhang mit dem Betrieb und seinem betrieblichen Wirkungskreis stehen.

In diesen Fällen ist nach den „normalen" Schemata des BGB zu prüfen, ob der Anspruch „an sich" bestehen würde. Wenn ja, ist im Bereich des Mitverschuldens, § 254 BGB, eine arbeitsrechtliche Korrektur dieses Ergebnisses vorzunehmen. Hierbei ist dem **Grad des Verschuldens** des Arbeitnehmers das vom Arbeitgeber zu tragende Betriebsrisiko entgegen zu setzen.
Dabei gilt die folgende Dreiteilung:

- Handelt der Arbeitnehmer **leicht fahrlässig**, trifft ihn keine Haftung für den angerichteten wirtschaftlichen Schaden.
- Handelt er **normal fahrlässig**, ist der Schaden anteilig zu verteilen (Quotelung).
- Handelt er **grob fahrlässig**, so trifft den Arbeitnehmer die volle Haftung.

Da jedoch die private Haftpflichtversicherung des Arbeitnehmers derartige Schadensfälle nicht erfasst, ist im Rahmen einer zweiten Stufe der Haftungsbeschränkung der vom Arbeitnehmer zu tragende Schaden bei kleineren Einkommen auf ca. 3 Monatsgehälter (vgl. **Hessisches LAG, 13 Sa 857/12**) zu begrenzen. **Auch bei „gröbster" Fahrlässigkeit sind Haftungserleichterungen nicht grundsätzlich ausgeschlossen** (z.B. auf 12 Monatsgehälter, **BAG, 28.10.2010, 8 AZR 418/09**).

Die Grundsätze zur beschränkten Arbeitnehmerhaftung finden **auch bei arbeitnehmerähnlichen Personen** Anwendung (vgl. **Hessisches LAG, 13 Sa 857/12**).

Fehlt es an der betrieblichen Veranlassung, dann kommt auch die o.g. Haftungsbeschränkung nicht in Betracht.

Beweislast: Nach § 280 I 1 BGB trägt der Gläubiger (Arbeitgeber) die Beweislast für die objektive Pflichtverletzung und der Schuldner (Arbeitnehmer) die Beweislast dafür, dass er die Pflichtverletzung nicht zu vertreten hat. Dieses Beweilastmodell passt jedoch nicht zu den Grundsätzen der beschränkten Arbeitnehmerhaftung und wird deshalb durch **§ 619a BGB** modifiziert: Der Arbeitgeber trägt die Darlegungs- und Beweislast sowohl für die Pflichtverletzung wie auch das Verschulden. Dies gilt auch für die sog. Mankohaftung. **Deliktische Ansprüche** liegen außerhalb des Anwendungsbereichs des § 619a BGB. Denn im Deliktsrecht hat der Geschädigte ohnehin das schuldhafte Verhalten des Schädigers zu beweisen, so dass es im Falle der Anspruchskonkurrenz in der Sache nicht zu Friktionen kommen kann (MK-Henssler, § 619a BGB Rn 53).]

1. Sonderfall: „Außenwirkung"

Sofern der Arbeitgeber selbst nicht Eigentümer der Produktionsmittel ist (z.B. bei Leasing, Miete, Kauf unter Eigentumsvorbehalt oder Sicherungsübereignung), so ist der Arbeitnehmer einem direkten Anspruch des Dritten (des Eigentümers) aus § 823 I BGB ausgesetzt.
Zum Ausgleich erhält der Arbeitnehmer gegen den Arbeitgeber gem. **§ 670 BGB analog** einen Anspruch auf Freistellung. Hierdurch soll der Arbeitnehmer so gestellt werden, wie er stünde, wenn der Arbeitgeber selbst der Eigentümer der Produktionsmittel wäre.

Geht der Arbeitgeber in dieser Situation in **Konkurs**, verwehrt der BGH es dem Arbeitnehmer, dies dem Dritten entgegen zu setzen. Dies soll selbst dann gelten, wenn der Dritte der Vertragspartner des Arbeitgebers ist. Begründung: Der Arbeitnehmer ist Gläubiger des Freistellungsanspruchs und sein Schuldner (der Arbeitgeber) ist pleite.

2. Sonderfall: Schädigung von Arbeitnehmer-Eigentum

Wenn der Arbeitnehmer auf Verlangen, oder auf Aufforderung oder mit Billigung oder wegen dienstlicher Notwendigkeiten eigene Mittel nutzt, um seine Arbeitsleistung zu vollbringen, ist der Arbeitgeber ihm nach den **Regeln des innerbetrieblichen Schadensausgleichs, § 670 BGB analog zum Ersatz eines verursachten oder eingetretenen Schadens verpflichtet. (BAG, 28.10. 2010, 8 AZR 647/09; 22.06.2011, 8 AZR 102/10)**

<u>**Beispiele**</u>: Arbeitnehmer muss bei Rufbereitschaft seinen Privat-Pkw verwenden, weil der Arbeitgeber keinen Dienstwagen zur Verfügung stellt. Oder: Arbeitgeber bittet Arbeitnehmer, er möge doch seine private Kettensäge mitbringen, damit man für den einmaligen Einsatz keine neue anschaffen müsse.

B. Haftung des Arbeitgebers für Personenschäden

Bei einem Arbeitsunfall ist der Arbeitnehmer gem. § 8 I SGB VII in der gesetzlichen Unfallversicherung versichert.
Bei einem Wegeunfall (direkter Weg von und nach der Arbeit) steht dem Arbeitnehmer der gleiche Versicherungsschutz über § 8 II SGB VII zu.
Kommt es zu einem Arbeitsunfall, der vom Arbeitgeber verschuldet wurde, oder ihm zumindest zuzurechnen ist, wird der Arbeitgeber grundsätzlich gem. § 104 SGB VII von allen Schadensersatzpflichten hinsichtlich des Personenschadens freigestellt. Der Arbeitnehmer erhält Leistungen von der Unfallversicherung.

Hintergrund dieser Regelung:

- Arbeitgeber finanziert die Unfallversicherung alleine durch seine Beiträge, dann darf er im Schadensfall nicht zusätzlich persönlich haften.
- Sicherung des Betriebsfriedens.

Der Anspruchsausschluss gilt auch in den Bereichen, in denen die Unfallversicherung keine Leistungen erbringt, also vor allem beim **Schmerzensgeld** (verfassungskonform gem. **Hess. LAG, 14.07.2009, 13 Sa 2141/08**).

Voraussetzung für die Haftungsprivilegierung ist aber, dass die Verletzung durch eine **„betriebliche Tätigkeit"** verursacht worden ist. Hieran fehlt es, wenn ein gefährlicher Gegenstand in Richtung eines Arbeitnehmers weggeworfen wird und dieser hierdurch verletzt wird **(BAG, 19.03.2015, 8 AZR 67/14)**.
Der Haftungsausschluss greift weiterhin gem. § 104 SGB VII dann nicht ein, wenn der Unfall im allgemeinen Straßenverkehr auf dem Arbeitsweg passiert (also zufällig der Arbeitgeber den sich auf dem Arbeitsweg befindlichen Arbeitnehmer anfährt), oder wenn der Arbeitgeber den Unfall vorsätzlich herbeigeführt hat.

Im Gutachten bedeutet das, dass zunächst das eigentliche Bestehen des Anspruchs und erst dann sein Ausschluss nach § 104 SGB VII zu prüfen ist.

C. Haftung der Arbeitnehmer untereinander für Personenschäden

Die obigen Ausführungen unter B. gelten gem. § 105 SGB VII entsprechend für den Fall, dass der Arbeitsunfall von einem Arbeitskollegen verursacht wurde.

D. Gestörte Gesamtschuld

Im Kontext der Haftungsausschlüsse der §§ 104 ff. SGB VII kann es zum klassischen Problem der gestörten Gesamtschuld kommen.

Beispiel: Bernd Bau ist als Bauarbeiter bei Horst Hoch eingestellt. Eines Tages verletzt er sich auf einer Baustelle an einer zersplitterten Glasscheibe. Diese hatte sein Chef – Horst – ungesichert auf der Baustelle stehen lassen, wo sie der vorbeikommende Torsten Trümmer zerstört hatte. Bernd verlangt nun von Torsten vollen Ersatz seines Personenschadens. Zu Recht?

Torsten haftet dem Bernd aus § 823 I BGB. Für diesen Schaden haftet jedoch grundsätzlich auch Bernds Chef Horst aus § 823 I BGB, weil er seine Verkehrssicherungspflicht verletzt hat. Beide würden daher gem. § 840 I BGB als Gesamtschuldner haften. Gem. § 104 I SGB VII entfällt jedoch die Haftung des Arbeitgebers Horst, da es sich um einen Arbeitsunfall handelt.
Wenn Bernd folglich den Horst wegen § 104 SGB VII nicht in Anspruch nehmen kann, entsteht eine sog. gestörte Gesamtschuld. Wenn Bernd sich voll an Torsten hält und dieser dann nach § 426 I BGB hälftigen Ausgleich bei Horst suchen könnte, würde dies das Haftungsprivileg des Horst unterlaufen. Andererseits wäre das Ergebnis unbillig, den Torsten den ganzen Schaden allein tragen zu lassen. Die §§ 422 - 425 BGB greifen hier nicht ein, da sie nur die nachträgliche Veränderung der Schuld regeln.
Da der geschädigte Arbeitnehmer, Bernd, durch die gesetzliche Unfallversicherung abgesichert ist, wäre es ungerecht, wenn der Zweitschädiger (Torsten) den Schaden alleine tragen müsste.

Bei den Haftungsprivilegien der §§ 104, 105 SGB VII ist daher nach h.M. der Anspruch gegen den Zweitschädiger im Außenverhältnis zu kürzen, so dass dieser nur für seinen Verantwortungsanteil einstehen muss (BGHZ 157, 9 ff.; 110, 114 ff.).
Auf das Beispiel bezogen bedeutet dies: Der Arbeitnehmer Bernd kann den Zweitschädiger Torsten daher nur insoweit in Anspruch nehmen, als dieser im Innenverhältnis zu Bernds Chef Horst den Schaden zu tragen hätte (im Zweifel: zu 50 %). Somit kann Bernd nur hälftigen Ersatz verlangen.

Das gleiche Problem kann im Rahmen der Haftung des Arbeitnehmers für **Sachschäden** auftreten:

Beispiel: Arbeitnehmer A und der Dritte D schädigen gemeinsam während einer betrieblich veranlassten Tätigkeit den Arbeitgeber G. A handelt nicht grob fahrlässig.

Beendigungsstreitigkeiten

- Abmahnung als milderes Mittel zur Kündigung -

Grüneberg/Weidenkaff, Vor § 620 Rn 41

Zu prüfen ist das Abmahnungserfordernis bei jeder Kündigung, die wegen eines **steuerbaren Verhaltens** des Arbeitnehmers **oder aus einem Grund in seiner Person** ausgesprochen wurde, den er durch sein steuerbares Verhalten beseitigen konnte, wenn also eine Wiederherstellung des Vertrauens erwartet werden konnte (BAG, NJW 1998, 555, 556).
Damit ist eine Abmahnung grundsätzlich auch im Vertrauensbereich nötig und folglich auch bei Eigentumsdelikten (vgl. **BAG, 10.06.2010, 2 AZR 541/09** [Fall „Emmely“]; **21.06.2012, 2 AZR 153/11** [Zigaretten-Fall]).

Eine Abmahnung verlangt eine klare Beschreibung des vom Arbeitgeber gerügten Verhaltens, die klare Aufforderung, sich in Zukunft vertragsgerecht zu verhalten (wobei das vertragsgerechte Verhalten zu beschreiben ist, wenn es sich nicht von selbst ergibt) und die Androhung, dass es anderenfalls zu einer Kündigung kommen wird, wobei der Begriff der Kündigung selbst nicht zwingend verwendet werden muss. Die Formulierung, dass ansonsten „arbeitsrechtliche Konsequenzen“ drohen, genügt allerdings nicht.

Weiterhin müssen Abmahnung und Kündigung „auf einer Ebene“ (im selben „Pflichtenkreis“) liegen. So kann also z.B. eine Kündigung wegen Verstoßes gegen ein betriebliches Alkoholverbot nicht durch eine Abmahnung wegen häufigen Zuspätkommens vorbereitet werden. Nach einem Urteil des LAG Berlin-Brandenburg (18.12.2009, 6 Sa 1239/09) soll auch z.B. eine Abmahnung wegen falscher Angaben über die Dauer der Krankschreibung auf einer anderen Ebene liegen, als die Kündigung wegen verspäteter Krankmeldung.

Hat ein Arbeitgeber einen Arbeitnehmer wegen einer Straftat (hier: Verletzung des Dienstgeheimnisses durch eine Justizangestellte) abgemahnt, kann er nach Verurteilung des Arbeitnehmers wegen der Straftat keine Kündigung mehr aussprechen. Das gilt auch, wenn die Pflichtverletzung ohne weiteres eine Kündigung gerechtfertigt hätte. Denn mit Ausspruch der Abmahnung **verzichtet** der Arbeitgeber auf ein diesbezügliches Kündigungsrecht, **§ 2337 BGB analog. (LAG Berlin-Brandenburg, 28.04.2011, 25 Sa 2684/10)**

Examenstipp:

Die vorweggenommene Abmahnung
LAG Schleswig-Holstein, 29.06.2017, 5 Sa 5/17, RA 2018, 81
Eine vorweggenommene Abmahnung kann nur dann eine konkrete Abmahnung nach vorheriger Tatbegehung entbehrlich machen, wenn der Arbeitgeber diese bereits in Ansehung einer möglicherweise bevorstehenden Pflichtverletzung ausspricht, sodass die dann tatsächlich zeitnah folgende Pflichtverletzung des Arbeitnehmers aus Sicht eines besonnenen Arbeitgebers als beharrliche Arbeitsverweigerung angesehen werden kann. (Motto: „Wehe, wenn Du das machst!“)

Nochmals anders liegt der Fall, wenn der Arbeitgeber wegen eines Fehlverhaltens kündigt und die Kündigung vom Arbeitsgericht für unwirksam erklärt wird. In diesem Fall kann der Arbeitgeber das Fehlverhalten nach dem Ende des Prozesses immer noch abmahnen. Beim Arbeitnehmer konnte wegen der Kündigung und des Prozesses kein Vertrauenstatbestand dahingehend entstehen, dass der Arbeitgeber auf das Fehlverhalten keine Sanktion folgen lassen wollte. Allerdings wird die unwirksame Kündigung nicht „automatisch“ in eine Abmahnung umgedeutet.

Examenstipp:

Abgrenzung zur betriebsverfassungsrechtlichen Abmahnung
BAG, 09.09.2015, 7 ABR 69/13
Wenn ein Betriebsratsmitglied durch ein bestimmtes Verhalten nur seine Pflichten als Arbeitnehmer oder gleichzeitig seine Pflichten als Arbeitnehmer und seine Pflichten als Betriebsratsmitglied verletzt, z. B. in Fällen unterlassener Abmeldung für Betriebsratstätigkeiten, kommt eine individualrechtliche Abmahnung wegen Verletzung von arbeitsvertraglichen Pflichten in Betracht.

Bei Verstößen eines Betriebsratsmitglieds gegen betriebsverfassungsrechtliche Pflichten, die nicht zugleich eine Verletzung der Pflichten aus dem Arbeitsverhältnis darstellen, kommt jedoch keine individualrechtliche Abmahnung, d. h. keine Kündigungsandrohung für den Wiederholungsfall, sondern nur – bei einem groben Verstoß – ein Antrag auf Ausschluss des Betriebsratsmitglieds aus dem Betriebsrat nach § 23 I BetrVG oder als **betriebsverfassungsrechtliche Abmahnung** die Ankündigung eines solchen Antrags für den Wiederholungsfall in Betracht. Eine dennoch erteilte individualrechtliche Abmahnung ist gem. § 1004 I 1 BGB analog zu entfernen.

Beachte: Auch wenn man im „Normalfall" das Abmahnungserfordernis nur im Rahmen einer Kündigung durch den Arbeitgeber behandelt, so gilt doch: Auch eine fristlose **Eigenkündigung des Arbeitnehmers** aus wichtigem Grund (§ 626 I BGB) wegen Vertragsverletzung des Arbeitgebers **setzt** in aller Regel dessen vorherige vergebliche **Abmahnung voraus**. Das ergibt sich aus § 314 II 1 BGB. Die Abmahnung ist selbst bei monatelanger Heranziehung zu Überstunden in einem Umfang, der die Grenzen des Arbeitszeitgesetzes überschreitet, nicht ohne weiteres entbehrlich. **(ArbG Berlin, 04.01.2013, 28 Ca 16836/12)**

Anspruch auf Entfernung der Abmahnung aus der Personalakte

Anspruchsgrundlage für einen Anspruch auf Entfernung einer Abmahnung aus der Personalakte ist der „quasi-negatorische Beseitigungsanspruch" aus **§ 1004 I 1 BGB analog** i.V.m. § 611a BGB. Teilweise wird „§§ 242, 1004 BGB analog" zitiert (so ArbG Frankfurt, 02.05.2007, 7 Ca 7989/06; Herberger, JuS 2021, 521, 522).

1. **Fallgruppe:**
   Der Arbeitgeber mahnt ein Verhalten ab, welches gar keinen Vertragsverstoß darstellt.

   Beispiel: Arbeitgeber verlangt von einem Arbeitnehmer, er solle seine Kollegin bespitzeln und deren Arbeits- und Pausenzeiten notieren. Der Arbeitnehmer weigert sich und wird wegen Arbeitsverweigerung abgemahnt.

   Dies gilt auch bei einer „**Sammelabmahnung**", wobei (mindestens) eine der Abmahnungen rechtswidrig ist. Dem AN ist nicht zuzumuten, sich die wirksamen Teile einer „Sammelabmahnung" herauszusuchen (Herberger, JuS 2021, 521, 524).

2. **Fallgruppe:**
   Die bisher h.M. gewährte zudem einen Anspruch auf Entfernung, wenn die Abmahnung durch **Zeitablauf** ihren Zweck, die Vorbereitung einer Kündigung, nicht mehr erreichen kann. Dies sollte bei leichten und mittleren Verfehlungen schon **ab ca. 2 - 3 Jahren** der Fall sein. Dies hat das BAG inzwischen korrigiert und die Anforderungen massiv verschärft: Hiernach kann der Arbeitnehmer die Entfernung einer zu Recht erteilten Abmahnung aus seiner Personalakte nur dann verlangen, wenn das gerügte Verhalten für das Arbeitsverhältnis „**in jeder Hinsicht bedeutungslos**" geworden ist.

Und das ist nicht automatisch schon dann der Fall, wenn der Arbeitgeber wegen des Zeitablaufs im Wiederholungsfall eine weitere Abmahnung aussprechen müsste, weil die ursprüngliche Abmahnung ihre Warnfunktion verloren hat **(BAG, 19.07.2012, 2 AZR 782/11)**.

Denn es könnte sein, so das BAG, dass es bei einem künftigen Streit um eine verhaltensbedingte Kündigung aus anderen Gründen rechtlich darauf ankommt, ob das Arbeitsverhältnis „beanstandungsfrei" verlaufen ist oder nicht. Immerhin verlangt das BAG seit seinem Emmely-Urteil **(BAG, Urteil vom 10.06.2010, 2 AZR 541/09)**, dass die Arbeitsgerichte bei Vermögensdelikten im Bagatellbereich abwägen, ob dem Arbeitgeber die Fortsetzung des Arbeitsverhältnisses nicht aufgrund einer langen "beanstandungsfreien" Dauer des Arbeitsverhältnisses zugemutet werden kann. Dann aber sollte es dem Arbeitgeber auch erlaubt sein, berechtigte Abmahnungen über eine deutlich längere Zeit aufzubewahren als nur für zwei oder drei Jahre.
Und zum anderen kann der Arbeitgeber auch künftige Beförderungsentscheidungen davon abhängig machen, wie sich der Arbeitnehmer in den vergangenen Jahren verhalten hat und welche (Fehl-) Leistungen er gezeigt hat. Auch aus diesem Grund kann es gerechtfertigt sein, berechtigte Abmahnungen länger als nur zwei oder drei Jahre lang aufzubewahren.

Änderungskündigung als milderes Mittel zur Kündigung

Grüneberg/Weidenkaff, Vor § 620 Rn 40-40c

Merke: Die **Änderungskündigung** nach § 2 KSchG ist ein milderes Mittel im Vergleich zur Beendigungskündigung. Durch sie kann der Arbeitgeber den Inhalt des konkreten Arbeitsvertrags einseitig ändern. Dabei ist die zulässige Änderungskündigung von der unzulässigen **Teilkündigung** zu unterscheiden.

Die Änderungskündigung dient vor allem dazu, den Arbeitsvertrag in Bereichen zu ändern, in denen grundsätzlich auch das Direktionsrecht des Arbeitgebers greifen könnte, wenn der Vertrag entsprechend flexibel gestaltet wäre. So kann z.B. eine Änderungskündigung des Arbeitsortes von Mainz nach Frankfurt stattfinden, oder eine Änderungskündigung des Innendienstes in den Außendienst.
Eine Änderungskündigung ist also gar nicht „nötig", wenn das Direktionsrecht eingreift. Ist z.B. im Arbeitsvertrag ein bestimmter Ort angegeben, an dem die Arbeit zu beginnen ist, so muss darin keine vertragliche Festschreibung des Arbeitsorts liegen; es kann sich auch um die schriftliche Fixierung der erstmaligen Ausübung des Direktionsrechts handeln. Die Nichtausübung des Direktionsrechts über einen längeren Zeitraum schafft regelmäßig auch keinen Vertrauenstatbestand („Konkretisierung") dahingehend, dass der Arbeitgeber von seinem vertraglich und/oder gesetzlich Versetzungsrecht in Zukunft keinen Gebrauch mehr machen will. **(BAG, 28.08.2013, 10 AZR 569/12)**
Spricht der Arbeitgeber dennoch eine Änderungskündigung aus, obwohl er die Änderung durch bloße Ausübung seines Direktionsrechts hätte erreichen können, ist die Änderungskündigung unwirksam (**BAG, 22.09.2016, 2 AZR 509/15, RA 2017, 25; a.A.** noch **BAG, 26.01.2012, 2 AZR 102/11**).

Darüber hinausgehend kann aber die Änderungskündigung auch Arbeitszeit, also die Wochenstundenzahl betreffen, auch wenn diese nicht dem Direktionsrecht des Arbeitgebers unterliegt. Auch kann es nötig sein, dem Arbeitnehmer die Änderung auf einen Arbeitsplatz anzubieten, der mit einem **beruflichen Abstieg** verbunden ist. Grundsätzlich ist es die Sache des Arbeitnehmers, zu entscheiden, wo seine „Schmerzgrenze" ist. Nur „beleidigende" Angebote freier Arbeitsplätze sind nicht nötig (z.B. freie Stelle als Küchenhilfe für den bisherigen Oberkellner).
Nur unter sehr strengen Voraussetzungen kann über eine Änderungskündigung einseitig der **Lohn reduziert** werden. Dies ist nur zulässig, wenn bei einer Aufrechterhaltung der bisherigen Personalkostenstruktur weitere, betrieblich nicht mehr auffangbare Verluste entstünden, die absehbar zu einer Reduzierung der Belegschaft oder sogar zu einer Schließung des Betriebs führen, und ein Sanierungsplan alle milderen Mittel ausschöpft und die von den Arbeitnehmern zu tragenden Lasten gleichmäßig verteilt (**BAG, 26.06.2008, 2 AZR 139/07**). Liegen diese strengen Voraussetzungen nicht vor, liegt eine unzulässige Teilkündigung vor.

Der Arbeitgeber kann die Änderungskündigung als **bedingte** oder als **unbedingte** Kündigung aussprechen. Im Fall der bedingten Kündigung erklärt er die Kündigung der bisherigen Arbeitsbedingungen unter der Bedingung, dass der Arbeitnehmer die neuen Bedingungen nicht akzeptiert. Hierbei handelt es sich um eine zulässige Bedingung im Rahmen eines Gestaltungsrechts, weil der Bedingungseintritt alleine vom Willen des Erklärungsgegners (des Arbeitnehmers) abhängt, sog. **Potestativbedingung**.

Das **Schriftformerfordernis des § 623 BGB** erstreckt sich nicht nur auf die Änderungskündigung sondern auch auf das **Änderungsangebot**. Das Änderungsangebot ist Bestandteil der Kündigung. Eine Trennung von Kündigung und Angebot mit der Folge, dass der Arbeitgeber das Angebot auch mündlich abgeben kann, verkennt, dass Kündigung und Angebot eine Einheit bilden, es sich also um ein einheitliches Rechtsgeschäft handelt. Es ist aber ausreichend, wenn der Inhalt des Änderungsangebots im Kündigungsschreiben hinreichenden Anklang gefunden hat, sog. „Andeutungstheorie" (BAG, NZA 2005, 635).
Klausurrelevant sind **zwei Reaktionsmöglichkeiten** des Arbeitnehmers:

Erstens kann er gem. § 2 KSchG die geänderten Bedingungen unter dem Vorbehalt annehmen, dass die Änderung sozial gerechtfertigt ist und dann eine sog. „**Änderungsschutzklage**" erheben. Der Änderungsvertrag steht dann unter der auflösenden Bedingung, dass die Sozialwidrigkeit der Änderungsbedingungen festgestellt wird, § 8 KSchG.
Zweitens kann er die geänderten Bedingungen ablehnen und klagen. Durch die Ablehnung erlischt das Änderungsangebot des Arbeitgebers und die **Änderungskündigung wird zur Beendigungskündigung**.

In beiden Fällen ist im Fall der Klage des Arbeitnehmers nur zu überprüfen, ob die Änderung (!) der Arbeitsbedingungen sozial gerechtfertigt ist. Auch im zweiten Fall geht es nicht um die Überprüfung, ob die Beendigung des Arbeitsverhältnisses sozial gerechtfertigt ist. Dass die Änderungskündigung zur Beendigungskündigung geworden ist, liegt an der Ablehnung des Änderungsangebotes durch den Arbeitnehmer und kann dem Arbeitgeber insoweit nicht „angelastet" werden (vgl. **BAG, 22.09.2016, 2 AZR 509/15, RA 2017, 25**).
Verliert der Arbeitnehmer im ersten Fall (Fall des § 2 KSchG), so arbeitet er unter den geänderten Arbeitsbedingungen, verliert er hingegen in Fall zwei, so verliert er seinen Arbeitsplatz.

Im Rahmen der Prüfung, ob die Änderung (!) sozial gerechtfertigt ist, sind die jeweiligen Prüfungsschemata der personen-, verhaltens- oder betriebsbedingten Kündigung zugrunde zu legen. Bei der Interessenabwägung ist dann darauf zu achten, dass auch hier nur die soziale Rechtfertigung der Änderung der Arbeitsbedingungen zu überprüfen ist.

Streitgegenstand der Änderungsschutzklage ist nicht die Wirksamkeit der Kündigung, sondern nur die Sozialwidrigkeit der Änderung der Arbeitsbedingungen.
Demnach enthält der Antrag auf Feststellung der Unwirksamkeit der Änderungskündigung nicht gleichzeitig den Antrag auf Feststellung der Unwirksamkeit der in der Änderungskündigung (quasi „hilfsweise") liegenden Kündigung für den Fall, dass der Arbeitnehmer das Änderungsangebot ablehnt. Deshalb behandeln die Klagen nach § 4 S. 1 und S. 2 KSchG verschiedene Streitgegenstände.
Wird also nach Erhebung der Klage nach S. 2 später hilfsweise Klage nach S. 1 erhoben, so liegt darin eine Klageänderung, so dass § 7 KSchG eingreifen kann. Dann ist aber die analoge Anwendung des § 6 KSchG zu beachten.

Jedoch hat das BAG – noch klägerfreundlicher – entschieden, dass ein gegen eine Änderungskündigung zunächst gestellter – eigentlich falscher – Kündigungsschutzantrag die Präklusion in gleicher Weise verhindert wie die – korrekte – Änderungsschutzklage. Bei der Präklusion gehe es um Rechtssicherheit für den Arbeitgeber und dieser wisse auch in diesem Fall, dass der Arbeitnehmer die (Änderungs-)Kündigung nicht hinnimmt (**BAG, 2 AZR 26/19, RA 2019, 585**).

Der Streitgegenstand bei Kündigungsschutzklagen

Bevor auf die Zulässigkeit und Begründetheit der Klage des Arbeitnehmers eingegangen wird, stellt sich die Frage, wie viele unterschiedliche Beendigungstatbestände auf ihre Wirksamkeit hin zu überprüfen sind. Das bestimmt sich danach, ob sie überhaupt angegriffen und so zum Gegenstand des Rechtsstreits gemacht worden sind. Deshalb ist an dieser Stelle darauf einzugehen, was Streitgegenstand einer Kündigungsschutzklage nach §§ 4, 7 (, 13 I 2) KSchG bzw. einer allgemeinen Feststellungsklage nach § 256 ZPO ist. (Hierzu **Grüneberg**/Weidenkaff, Vor § 620 Rn 72)

A. Die allgemeine Feststellungsklage nach § 256 ZPO

Antrag: „Es wird festgestellt, dass das Arbeitsverhältnis der Parteien über den ... hinaus fortbesteht."

Hierbei handelt es sich um die allgemeine Feststellungsklage nach § 256 I ZPO, die vor allem dann in Betracht kommt, wenn sich der Arbeitnehmer mit dem Arbeitgeber z.B. über die Wirksamkeit von Aufhebungsverträgen oder Anfechtungen streitet. Statthaft ist die allgemeine Feststellungsklage darüber hinaus, wenn über die Wirksamkeit eines Vertragsschlusses (z.B. Streit über das Vorliegen eines Dissenses oder über Stellvertretungsfragen) gestritten wird. **Die allgemeine Feststellungsklage führt zur Prüfung des Fortbestands des Arbeitsverhältnisses bis zum Schluss der mündlichen Verhandlung.** Damit sind alle nach dem Vortrag der Parteien in Betracht kommenden Beendigungsgründe Streitgegenstand (**BAG, 12.05.2005, 2 AZR 426/04**).

§ 256 ZPO ist weiterhin statthaft bei einer sog. „**Statusklage**". Hierbei ist der Streitgegenstand darauf gerichtet, dass zwischen den Parteien ein Arbeitsvertrag besteht (**Grüneberg**/Weidenkaff, Einf § 611 Rn 5). Das Feststellungsinteresse besteht, weil eine Vielzahl von Ansprüchen und Rechten von der Arbeitnehmerstellung abhängt.

Die Statusklage ist ein typischer Fall der Zwischenfeststellungsklage gem. § 256 II ZPO.
Nach dieser Bestimmung kann die Klagepartei bis zum Schluss der mündlichen Verhandlung, auf die das Urteil ergeht, durch Erweiterung des Klageantrags beantragen, dass ein Rechtsverhältnis, von dessen Bestehen oder Nichtbestehen die Entscheidung des Rechtsstreits ganz oder teilweise abhängt, durch richterliche Entscheidung festgestellt wird. Diese Regelung trägt dem Umstand Rechnung, dass sich die Rechtskraftwirkung bei der Leistungsklage nur auf die Entscheidung über den prozessualen Anspruch bezieht, nicht aber auf die den Leistungsbefehl tragenden Feststellungen.
§ 256 II ZPO ermöglicht die Ausdehnung der Rechtskraft auch auf das der Leistungsklage vorgreifliche Rechtsverhältnis und die tragenden Entscheidungsgründe. Voraussetzung für die Zwischenfeststellungsklage ist, dass ein Rechtsverhältnis zwischen den Parteien streitig ist, von dem die Entscheidung des Rechtsstreits ganz oder zum Teil abhängig ist und das über den Streitgegenstand hinaus von Bedeutung sein kann. Die Vorgreiflichkeit ersetzt das ansonsten für die Feststellungsklage erforderliche Feststellungsinteresse. (BAG, NJOZ 2004, 4518, 452f0.)

Wenn die Klage insoweit erweitert werden kann, kann sie auch von Anfang an erhoben werden.

B. Die Feststellungsklage nach § 4 S. 1 KSchG

Antrag: „Es wird festgestellt, dass das Arbeitsverhältnis der Parteien durch die Kündigung des Beklagten vom ... nicht aufgelöst worden ist."

(Auf die Angabe des ordentlichen Beendigungstermins („nicht zum 31.03.2012 aufgelöst") wird meist verzichtet, dies ist aber regional unterschiedlich.)
Dieser Antrag ist vom Gesetz vorgesehen, wenn der Kläger eine außerordentliche oder eine ordentliche Kündigung für „sozial ungerechtfertigt oder aus anderen Gründen (für) rechtsunwirksam" hält (vgl. Wortlaut des § 4 S. 1 KSchG). Diese Regelung verfolgt den Zweck, Rechtssicherheit zu schaffen. Der Arbeitgeber soll alsbald nach Ablauf der Drei-Wochen-Frist des § 4 S. 1 KSchG wissen, ob die Kündigung angefochten wird (BAG, NJW 2006, 395, 396). Ist diese Funktion der Norm erfüllt, kommt es nicht darauf an, welche Formulierung der Arbeitnehmer seinem Klageantrag gegeben hat. Die Wiederholung des Wortlauts des § 4 S. 1 KSchG ist zwar zweckmäßig, maßgebend ist jedoch die Auslegung des Antrags. So kann auch ein Antrag nach § 256 ZPO die Frist des § 4 S. 1 KSchG wahren, wenn er im nachstehenden Sinne auszulegen ist (BAG, NJW 2003, 1412; 2006, 395, 397).

Klausurhinweis:

In einer Anwaltsklausur haben Sie sich stets am Gesetzeswortlaut zu orientieren. In einer Urteilsklausur können (müssen ?!) Sie „großzügiger" sein, da Sie sich sonst u.U. aus der Klausur herausschreiben.

Das BAG vertritt unter Berufung auf § 4 S. 1 KSchG („... eine Kündigung ... die Kündigung...") den „**punktuellen Streitgegenstandsbegriff**". D.h., dass mit der Klage nach § 4 S. 1 KSchG nur eine konkrete Kündigung isoliert angegriffen werden kann. Der Streitgegenstand bezieht sich folglich nicht auf Kündigungen (oder andere Beendigungsgründe), die der angegriffenen Kündigung zeitlich nachfolgen oder ihr vorangegangen sind. Man kann folglich auch von einer **punktuellen Kündigungsschutzklage** sprechen (BAG, NJW 2006, 395, 396). Deshalb wird mit einem obsiegenden Urteil auch lediglich festgestellt, dass das Arbeitsverhältnis durch die im Klageantrag bezeichnete Kündigung zu dem darin genannten Zeitpunkt nicht aufgelöst ist. Dies beinhaltet zwar die der Rechtskraft fähige Feststellung, dass zum Zeitpunkt der Kündigungserklärung ein Arbeitsverhältnis bestand (BAG, NZA 1987, 273)! Nicht festgestellt ist jedoch, dass das Arbeitsverhältnis bis zum Zeitpunkt der letzten mündlichen Verhandlung fortbesteht (ausführlich zum Umfang der Rechtskraft klagestattgebender Kündigungsschutzurteile: Berkowsky, NZA 2008, 1112 ff.).

Umgekehrt gilt aber auch das Folgende: Einer Kündigungsschutzklage nach § 4 KSchG kann nur stattgegeben werden, wenn das Arbeitsverhältnis zum Zeitpunkt des Zugangs der Kündigung nicht bereits auf Grund anderer Beendigungstatbestände aufgelöst ist. Die Rechtskraft eines Urteils, mit dem die Klage gegen eine zu einem früheren Zeitpunkt wirkende Kündigung **abgewiesen** wurde, schließt gem. § 322 ZPO im Verhältnis der Parteien zueinander den Erfolg einer Klage gegen eine danach zugegangene Kündigung aus **(BAG, 27.01.2011, 2 AZR 826/09)**.

Damit entstehen Probleme, wenn der Arbeitgeber den Arbeitnehmer im Extremfall mit einem „Kündigungskrieg" überzieht, d.h. ihn mit einer Flut von Kündigungen überhäuft. Versäumt der Arbeitnehmer dann auch nur eine davon innerhalb der Frist des § 4 S. 1 KSchG anzugreifen, dann verliert er gemäß § 7 KSchG den Schutz des § 626 BGB ebenso wie den des § 1 KSchG und anderer Unwirksamkeitsgründe. Ein vergleichbares Problem ergibt sich bei sog. „Schriftsatzkündigungen".

Hier wird dem Arbeitnehmer (der nicht verpflichtet ist, sich vor dem Arbeitsgericht anwaltlich vertreten zu lassen) im Rahmen eines bereits laufenden Kündigungsschutzprozesses in einem Schriftsatz (des Anwalts) des Arbeitgebers erneut und aus anderem Grunde gekündigt. Eine solche Form der Kündigung ist möglich und stellt eine weitere (!) Kündigung dar (**Grüneberg**/Weidenkaff, Vor § 620, Rn 29). Übersieht der Arbeitnehmer diese weitere Kündigung, greifen ebenfalls die §§ 4, 7 KSchG ein.

Deshalb hat es das BAG – eigentlich gegen den Wortlaut des § 4 S. 1 KSchG – zugelassen, dass mit einer Kündigungsschutzklage nach § 4 KSchG gleichzeitig die allgemeine Feststellungsklage i.S.d. § 256 ZPO auf Fortbestehen des Arbeitsverhältnisses verbunden wird, die dann jede weitere Kündigung erfasst. Die Wirkung des § 7 KSchG tritt dann keinesfalls ein (vgl. **BAG, 12.05.2005, 2 AZR 426/04**).

C. Die Feststellungsklage nach § 4 S. 1 KSchG i.V.m. § 256 ZPO („Kombinierter Antrag“)

Antrag: „Es wird festgestellt, dass das Arbeitsverhältnis der Parteien durch die Kündigung des Beklagten vom... nicht aufgelöst worden ist, sondern über den ... hinaus fortbesteht.“

Dies ist der oben angesprochene kombinierte Klageantrag aus § 4 S. 1 KSchG und § 256 I ZPO. Zur Vermeidung eines Haftungsrisikos für den Anwalt wird in der einschlägigen Literatur zur Erhebung dieses Antrags geraten.

Behandlung und Auslegung dieses kombinierten Klageantrags sind jedoch nicht unproblematisch. Durch Auslegung des Klageantrags ist zu ermitteln, ob lediglich der punktuelle Streitgegenstand einer Kündigungsschutzklage erfasst werden sollte, oder ob der Antragsformulierung „sondern über den ... hinaus fortbesteht“ zu entnehmen ist, dass ein weiterer eigenständiger Feststellungsantrag im Sinne des § 256 ZPO gestellt wurde. Dafür ist darauf abzustellen, ob mehrere Kündigungen ausgesprochen wurden oder ob der Kläger nach seinem Vortrag weitere Kündigungen zu befürchten hatte. In diesem Fall ergibt sich das besondere Feststellungsinteresse aus den dargestellten generellen Gründen für die Zulassung des kombinierten Klageantrags. Liegt keiner dieser Fälle vor, ist o.g. Formulierung bloß ein deklaratorisches „Anhängsel“ zum Kündigungsschutzantrag, das klarstellen soll, dass im Fall der Unwirksamkeit der Kündigung das Arbeitsverhältnis fortbestehe. (Vgl. BAG, NZA 1996, 334).

Beachte: Im Gutachten bzw. im Urteil taucht diese Problematik erstmals beim Prüfungspunkt der statthaften Klageart und des Feststellungsinteresses im Rahmen der Zulässigkeit auf.

Ist der kombinierte Klageantrag wegen drohender Folgekündigungen dahin auszulegen, dass auch die allgemeine Feststellungsklage erhoben ist und bleiben Folgekündigungen aus, ist der Feststellungsantrag nach § 256 ZPO **unzulässig**. (BAG, NZA 1997, 844).

Die Klage des Arbeitnehmers

- insbesondere bei Beendigungsstreitigkeiten -

A. Zulässigkeit der Klage

Prüfungsschema:

I. Rechtsweg zu den Arbeitsgerichten

II. Sachliche Zuständigkeit

III. Örtliche Zuständigkeit

IV. Partei- und Prozessfähigkeit nach §§ 50 ff. ZPO.

V. Statthafte Klageart

VI. Bei Feststellungsklage: Besonderes Feststellungsinteresse

(VII. Ordnungsgemäße Klageerhebung, § 253 II ZPO; kann meist weggelassen werden)

(VIII. Möglichkeit anwaltlicher Vertretung: § 11 II und III ArbGG; kann weggelassen werden)

I. Rechtsweg zu den Arbeitsgerichten

Beendigungsstreitigkeiten: § 2 I Nr. 3b) i.V.m. § 8 I ArbGG
[Leistungsklagen: § 2 I Nr. 3a) i.V.m. § 8 I ArbGG.]

Stützt sich der Arbeitnehmer auf reine Arbeitnehmerschutzvorschriften, ist der Rechtsweg schon eröffnet, wenn Kläger die Rechtsansicht äußert, Arbeitnehmer zu sein (sog. „sic-non-Fall“).
Stellt sich heraus, dass er z.B. freier Mitarbeiter ist, ist die Klage nicht unzulässig, sondern unbegründet.

Formulierungsvorschlag:
Sie müssen beim Punkt der Rechtswegeröffnung schon wissen, was die „streitentscheidenden Normen“ sind. Liegt (wie meist) ein sic-non-Fall vor, können Sie schreiben: **„Der Rechtsweg zu den Gerichten für Arbeitssachen ist durch die Behauptung der Arbeitnehmerstellung des Klägers gem. § 2 I ArbGG eröffnet, da es sich um eine bürgerliche Rechtsstreitigkeit (Fall aus dem Katalog der Ziff. 3) handelt, die ausschließlich aufgrund arbeitsrechtlicher Vorschriften erfolgreich sein kann.“**

Exkurs zum Gesellschaftsrecht:
Für einen Rechtsstreit eines Arbeitnehmers gegen den Kommanditisten über seine Einstandspflicht nach § 171 HGB sind die Gerichte für Arbeitssachen **nicht** zuständig. Der Kommanditist ist weder AG nach § 2 I Nr. 3a ArbGG noch dessen Rechtsnachfolger (§ 3 ArbGG).

Der persönlich haftende Gesellschafter der KG, der von einem Arbeitnehmer auf Zahlung von Arbeitsvergütung in Anspruch genommen wird, welche die KG dem Arbeitnehmer schuldet, ist neben der KG Arbeitgeber im prozessualen Sinn i.S.d. § 2 I Nr. 3 ArbGG. Der persönlich haftende Gesellschafter vertritt die KG (§ 161 II i.V.m. § 125 HGB). Er ist die einzige Person, die von Natur aus – d.h. ohne besondere rechtsgeschäftliche Vertretungsmacht – für die Kommanditgesellschaft auftreten und für sie Arbeitgeberfunktionen wahrnehmen kann. Dies rechtfertigt es, persönlich haftende Gesellschafter einer KG als Arbeitgeber i.S.d. des ArbGG zu behandeln (**BAG, 28.02.2006, 5 AS 19/05**).
Gleiches gilt natürlich für die Gesellschafter einer OHG.

II. Sachliche Zuständigkeit

Erste Instanz ist – unabhängig vom Streitwert – stets das Arbeitsgericht, § 8 I ArbGG. Eine § 1 ZPO i.V.m. § 23 I Nr. 1 GVG entsprechende Vorschrift, die auf den Streitwert abstellt, kennt das ArbGG nicht.

III. Örtliche Zuständigkeit

§ 46 II ArbGG i.V.m. §§ 12, 13, oder 17 oder 29 (einheitlicher (!) Erfüllungsort ist der Ort der Arbeitsleistung) ZPO. Zusätzlicher Gerichtsstand, z.B. bei Zugführern, „Home-Office-Arbeitern“ oder Außendienstlern: § 48 Ia ArbGG: gewöhnlicher Arbeitsort oder Ort von dem aus der Arbeitnehmer gewöhnlich seine Arbeit verrichtet

IV. Partei- und Prozessfähigkeit nach §§ 50 ff. ZPO.

V. Statthafte Klageart

In allen Beendigungsstreitigkeiten: Entweder **allgemeine Feststellungsklage i.S.d. § 256 ZPO [bei Anfechtung oder Aufhebungsvertrag] oder besondere Feststellungsklage nach § 4 S. 1 KSchG [bei Kündigung] oder nach § 17 S. 1 TzBfG [bei Befristung].**

VI. Besonderes Feststellungsinteresse

Feststellungsklage i.S.d. § 46 II ArbGG i.V.m. § 256 ZPO bedarf eines besonderen Feststellungsinteresses.

Formulierungsvorschlag bei einer Klage gegen eine Kündigung durch den Arbeitgeber:

„Das besondere Feststellungsinteresse ergibt sich bereits aus der Gefahr der Heilung einer eventuellen Unwirksamkeit der Kündigung nach §§ 4 S. 1, 7 KSchG.“ [Bei Befristungen ist auf § 17 S. 1 und 2 TzBfG i.V.m. § 7 KSchG abzustellen.]

Beachte: Wegen § 13 I 2 KSchG ist dies auch bei einer außerordentlichen Kündigung zu prüfen!

Formulierungsvorschlag bei einer Klage gegen eine Anfechtung oder einen Aufhebungsvertrag:

„Der Grundsatz der Subsidiarität der Feststellungs- gegenüber der Leistungsklage steht nicht entgegen, da die Wirkung des Feststellungsurteils hier weitergehender ist als die eines Zahlungsurteils, denn sonst müsste der Arbeitnehmer jeden Monat erneut seinen Lohn einklagen.“

Problem: Arbeitgeber erklärt, dass er die Kündigung „zurücknimmt"
Die Kündigung ist eine einseitige rechtsgestaltende Willenserklärung, die nach Zugang nicht einseitig zurückgenommen werden kann. Folglich ist die „Rücknahme" nur ein Angebot auf Fortsetzung des Vertrages zu den bisherigen Bedingungen (**Grüneberg**/ Weidenkaff, Vor § 620 Rn 38), welches der Arbeitnehmer nicht annehmen muss. Er kann nämlich ein Interesse daran haben, den Prozess dennoch fortzuführen, z.B. weil er einen Auflösungsantrag nach § 9 KSchG stellen will (BGH, NJW 1983, 1628), weil streitig ist, ob er Sonderkündigungsschutz genießt **(BGH, 26.03.2009, 2 AZR 633/07)** oder weil streitig ist, ob er überhaupt Arbeitnehmer ist.

Fazit: Die „Rücknahme" lässt das Feststellungsinteresse nicht entfallen.

VII. Ordnungsgemäße Klageerhebung, § 253 II ZPO
Der Klageantrag muss hinreichend bestimmt sein und einen vollstreckungsfähigen Inhalt haben. Bei Zahlungsansprüchen ist i.d.R. der Bruttolohn einzuklagen. Nur wenn die Parteien eine echte Nettolohn-Vereinbarung getroffen haben, kommt eine Nettolohnklage in Betracht.

VIII. Möglichkeit anwaltlicher Vertretung folgt aus § 11 II und III ArbGG.

Beachte: Die **Einhaltung der Frist** des § 4 S. 1 KSchG ist in der Zulässigkeit nicht zu prüfen, da es sich nicht um eine Klagefrist, sondern um eine materiell-rechtliche Ausschlussfrist (materielle Präklusion) handelt, die erst in der **Begründetheit** zu prüfen ist. Gleiches gilt gem. § 17 S. 2 TzBfG für Klagen gegen Befristungen.

Zu prüfen sind nun u.U. (bei mehreren Klageanträgen) noch die Voraussetzungen einer objektiven Klagehäufung (§ 260 ZPO). Die „selbe Prozessart" meint arbeitsrechtlich, dass das Urteilsverfahren des § 2 ArbGG nicht mit dem Urteilsverfahren gem. § 2a ArbGG in Klagehäufung kombiniert werden kann.
Fehlen die Voraussetzungen des § 260 ZPO, werden die Verfahren getrennt. Keinesfalls wird die Klage unzulässig!

B. Begründetheit der Klage des Arbeitnehmers bei Beendigungsstreitigkeiten

Prüfungsablauf bei der Begründetheit einer ordentlichen Kündigung

I. Ursprüngliches Bestehen eines wirksamen Arbeitsvertrages

II. Wirksamkeit der Kündigungserklärung (§ 623 BGB)

III. Einheitliche dreiwöchige Präklusionsfrist (§§ 4 S. 1, 7 KSchG)

IV. Ausschluss der ordentlichen Kündigung („Unkündbarkeit“)

V. Gesetzliche Kündigungsverbote (§ 17 MuSchG, 15 KSchG, 168 f. SGB IX, § 18 BEEG und § 22 BBiG)

VI. Verstoß gegen das Maßregelungsverbot, § 612a BGB

VII. Kündigung wegen Betriebsübergangs, § 613a BGB

VIII. Mitwirkungsrechte des Betriebsrats, §§ 102, 103 BetrVG

IX. Sozialwidrigkeit nach KSchG
   1. Anwendbarkeit des KSchG
   2. Soziale Rechtfertigung

X. Treu- oder sittenwidrige Kündigung, §§ 138, 142 BGB

XI. Verstoß gegen ein gesetzliches Verbot, § 134 BGB

XII. Kündigungsfrist (§ 622 BGB)

Viel kann für die ordentliche Kündigung aus der Kommentierung zu § 626 BGB herangezogen werden! Ansonsten: **Grüneberg**/Weidenkaff, Vor § 620 Rn 28 ff.

I. Ursprüngliches Bestehen eines wirksamen Arbeitsvertrages

Problem: Liegt überhaupt ein AV vor? Maßgebend ist persönliche Abhängigkeit (Weisungsgebundenheit).
Vgl. die Wertungen in § 84 I 2 HGB und § 7 I SGB IV.

Problem: BGB-AT-Probleme beim Vertragsschluss

II. Wirksamkeit der Kündigungserklärung (Wortlaut § 4 S. 1 KSchG: „Zugang der schriftlichen Kündigung“)

Problem: **BGB-AT-Probleme bzgl. Vollmacht**
Grundsätzlich muss eine Kündigung zu ihrer Wirksamkeit vom Vertragsarbeitgeber selbst unterzeichnet werden oder von einer von ihm bevollmächtigten Person unter Beifügung einer Originalvollmacht. Anderenfalls kann der Arbeitnehmer die **Kündigung gem. § 174 S. 1 BGB unverzüglich zurückweisen**. Einer Originalvollmacht bedarf es nur dann nicht, wenn der Arbeitnehmer von der Kündigungsbefugnis der kündigenden Person gemäß § 174 S. 2 BGB zuvor in Kenntnis gesetzt wurde.

Das „Schwarze Brett“ ist kein geeignetes Instrument, um derartige Mitteilungen zu verbreiten, da es allgemein unüblich ist, an diesem Ort Vollmachtsurkunden und Ähnliches auszuhängen. Nötig ist insoweit z.B. eine Rund-E-Mail.
Als Ausnahme von den in § 174 BGB genannten Grundsätzen hat das BAG für die Position des Personalleiters mehrfach entschieden, dass dieser ohne Vorlage einer Originalvollmacht kündigen kann, da er laut BAG allein aufgrund seiner Position „üblicherweise“ über die Berechtigung zur Kündigung verfügt (**BAG, 25.9.2014, 2 AZR 567/13**). Das soll für die Position des „Hoteldirektors“ nicht gelten (**LAG Rheinland-Pfalz, 25.06.2015, 8 Sa 643/14**) und wäre dann auch auf andere Führungskräfte (z.B. Filialleiter) zu übertragen.

Beispiel: Bestimmt der Arbeitsvertrag bloß abstrakt, dass der jeweilige Inhaber einer bestimmten Position zum Ausspruch einer Kündigung berechtigt ist (z.B. „Objektleiter/Niederlassungsleiter“), so kann der Arbeitnehmer eine Kündigung durch diese Person gem. **§ 174 S. 1 BGB** unverzüglich (mehr als eine Woche ist i.d.R. verspätet, **BAG, 08.12.2011, 6 AZR 354/10**) zurückweisen. Das gilt jedenfalls dann, wenn der Arbeitgeber die zur Kündigung berechtigte Person weder benannt noch einen Weg aufgezeigt hat, wie die Arbeitnehmer unschwer den Namen des Stelleninhabers herausfinden können. **(BAG, 14.04.2011, 6 AZR 727/09)**

Merke: Es geht also nicht darum, dass der Kündigungsempfänger nur abstrakt wissen muss, dass bestimmte Positionen (z.B. Personalleiter) die Kündigungsbefugnis mit sich bringen, vielmehr muss er auch wissen, dass der Kündigende diese Position auch tatsächlich inne hat!

Anders aber bei der **eingetragenen (!) Prokura**, da **§ 15 II HGB** insoweit die Kenntnis fingiert (**BAG, 14.04.2011, 6 AZR 727/09**; vgl. auch **BAG, 25.09.2014, 2 AZR 567/13, JuS 2015, 933**).

Kündigung durch persönlich haftende Gesellschafter: Bei **OHG** und **KG** haben die Komplementäre i.d.R. alle Alleinvertretungsmacht, § 125 I HGB. Wenn und weil dies gem. § 106 II Nr. 4 HGB im Handelsregister eingetragen und bekannt gemacht ist, greift auch hier **§ 15 II HGB**.
Bei der **GbR** hingegen findet § 174 BGB analoge Anwendung auf einseitige Rechtsgeschäfte, die ein abweichend von der Grundregel der §§ 709, 714 BGB allein vertretungsberechtigter Gesellschafter im Namen einer GbR vornimmt (**BAG, 05.12.2019, 2 AZR 147/19, RA-Telegramm 2020, 96**). Dies deshalb, weil es kein GbR-Register gibt und dem Arbeitnehmer der Gesellschaftsvertrag i.d.R. unbekannt ist.

Die Zurückweisung einer einseitigen Willenserklärung ist nach **§ 174 S. 2 BGB** ausgeschlossen, wenn eine früher vorgelegte Vollmacht, die den Anforderungen des § 174 S. 1 BGB genügt, sich auch – für den Empfänger erkennbar – auf später vorgenommene einseitige Rechtsgeschäfte erstreckt (**BAG, 24.09.2015, 6 AZR 492/14**).

Unterzeichnet ein Angestellter des Arbeitgebers auf dessen Briefbogen eine Kündigung, spricht dies für eine Handlung als Vertreter. Daran ändert auch der Zusatz **„i. A."** in der Regel nichts. Im allgemeinen, nichtjuristischen Sprachgebrauch wird kaum zwischen „Auftrag" und „Vertretung" unterschieden. (Eine Kündigung „im Auftrag", also als Bote, wäre unwirksam.) **(BAG, 13.12.2007, 6 AZR 145/07; Grüneberg**/Weidenkaff, § 623 Rn 7)
Das BAG hat die Grundsätze zur Zurückweisung von Kündigungen durch Vertreter nach § 174 BGB auf Kündigungen aufgrund Einwilligung des Kündigungsberechtigten nach § 185 BGB übertragen. In beiden Fällen kommt es darauf an, ob der Kündigungsempfänger von der Vollmacht bzw. Einwilligung in Kenntnis gesetzt wurde oder die entsprechende Vollmacht bzw. Ermächtigung in schriftlicher Form der Kündigungserklärung beigefügt wurde (**BAG, 27.02.2020, 2 AZR 570/19, RA 2020, 417**).

Beispiel: Die beklagte Universität ermächtigt gem. § 185 BGB das Klinikum, welches gem. § 164 BGB vom kaufmännischen Direktor vertreten wurde.

Problem: **Zugang der Kündigung (Grüneberg**/Weidenkaff, Vor § 620 Rn 31)

Der **Zugang** eines Kündigungsschreibens als verkörperte Willenserklärung bedingt zwingend, dass das Schriftstück so in den **Machtbereich** des Arbeitnehmers gelangt, dass dieser damit schlicht machen kann, was er will. Der Arbeitnehmer soll insbesondere die Möglichkeit erhalten, das Schriftstück **mitnehmen** zu können. Dies ist allerdings gerade nicht der Fall, wenn das Kündigungsschreiben dem Arbeitnehmer nur hingehalten oder **kurz übergeben** wird, um es sodann **quittiert** zurückzunehmen (**LAG Düsseldorf, 03.07.2018, 8 Sa 175/18, RA 2018, 645**).

Zu § 130 I BGB: Das in einen **Hausbriefkasten** eingeworfene Kündigungsschreiben geht dem Empfänger in dem Zeitpunkt zu, sobald nach der Verkehrsanschauung mit der nächsten Entnahme zu rechnen ist (**BAG, 22.08.2019, 2 AZR 111/19, RA-Telegramm 2019, 101** = JuS 2020, 266). Eine Kündigung, welche am **Sonntag** in den Briefkasten geworfen wird, geht folglich erst am Montag zu, selbst wenn am Sonntag die Probezeit endet **(LAG Schleswig-Holstein, 13.10.2015, 2 Sa 149/15)**.

Eine Kündigung geht dem Arbeitnehmer regelmäßig auch dann zu, wenn der Arbeitgeber das Kündigungsschreiben dessen **Ehepartner** übergibt. Dieser ist grds. als Empfangsbote des Arbeitnehmers anzusehen. Das gilt auch, wenn ihm das Schreiben außerhalb der Wohnung übergeben wird. Entscheidend für den Zugang ist nur, ob und wann unter normalen Umständen mit einer Weiterleitung des Schreibens an den Arbeitnehmer zu rechnen ist. **(BAG, 09.06.2011, 6 AZR 687/09)**.

Problem: **Zugang während des Urlaubs (Grüneberg**/Weidenkaff, Vor § 620 Rn 31)

Zugang: § 130 BGB; auch während des Urlaubs.
Ist die Präklusionsfrist bei der Heimkehr abgelaufen oder auf wenige Tage verkürzt, kann der Arbeitnehmer nach § 5 KSchG innerhalb von zwei Wochen die Zulassung der verspäteten Klage beantragen.

Problem: **Zugang an Prozessbevollmächtigten (Grüneberg**/Weidenkaff, Vor § 620 Rn 31)

Die Prozessvollmacht, aufgrund derer eine Kündigung mit der allgemeinen Feststellungsklage nach § 256 ZPO angegriffen wird, bevollmächtigt den Prozessbevollmächtigten zur Entgegennahme aller Kündigungen, die den mit dem Feststellungsantrag verbundenen weiteren Streitgegenstand betreffen. Es kommt nicht darauf an, ob und wann die Kündigung auch dem Arbeitnehmer selbst zugegangen ist.

Problem: **Form und Begründung**

§ 623 BGB verlangt für die Kündigung die **Schriftform**, sonst tritt gem. § 125 S. 1 BGB Nichtigkeit ein.
Die Vereinbarung, dass die Kündigung per **Einschreiben** zu erfolgen hat, ändert gem. §§ 309 Nr. 13, 310 IV 2 BGB nichts an der Wirksamkeit einer „nur" schriftlich per Brief erfolgten Kündigung. Allerdings kann sich die Verletzung der Einschreiben-Regel auf die Beweislast auswirken.
Spezialvorschriften im Verhältnis zu § 623 BGB: § 17 II 2 MuSchG und § 22 III BBiG, die zusätzlich die **Angabe des Kündigungsgrundes** verlangen. Grundsätzlich ist eine Kündigung aber auch ohne Angabe von Gründen formwirksam, vgl. § 626 II 3 BGB. § 51 HGB ist bloße Ordnungsvorschrift.

Merke: Verstöße gegen die Begründungspflicht sind innerhalb der 3-Wochen-Präklusionsfrist (dazu gleich) geltend zu machen, wenn die Kündigung im Übrigen der Schriftform genügt (Preis/Temming, Ind. ArbR, Rn 2539).

III. Einheitliche dreiwöchige Präklusionsfrist (§§ 4 S. 1, 7 KSchG) (Grüneberg/Weidenkaff, Vor § 620 Rn 71)

1. Allgemeines

Jede schriftliche (!) Kündigung des Arbeitgebers gilt – unabhängig von der sonstigen Anwendbarkeit des KSchG, § 23 I 2, 3 KSchG - gemäß § 7 KSchG als von Anfang an wirksam, wenn der Arbeitnehmer nicht nach Maßgabe der §§ 4 - 6 KSchG rechtzeitig, also regelmäßig innerhalb von drei Wochen nach Zugang der schriftlichen Kündigung (§ 4 S. 1 KSchG) Kündigungsschutzklage erhebt. Rechtsfolge also: rückwirkende **Heilung** der Unwirksamkeit.
Auf **Eigenkündigungen** des Arbeitnehmers findet die Präklusionsfrist **keine** Anwendung (**BAG, 21.09.2017, 2 AZR 57/17, RA 2018, 25**).

2. Die verlängerte Anrufungsfrist des § 6 KSchG

In Ergänzung zu §§ 4, 5 KSchG lässt § 6 KSchG die Geltendmachung innerhalb der Dreiwochenfrist nicht ins Verfahren eingeführter Unwirksamkeitsgründe zu, ohne dass Präklusion nach § 7 KSchG eintritt. § 6 KSchG will sicherstellen, dass der oftmals rechtsunkundige Arbeitnehmer mit allen rechtlichen Mitteln gegen eine Kündigung vorgehen kann. Die Vorschrift ist deshalb weit auszulegen bzw. bei entsprechender Interessenlage auch analog anzuwenden. Ausreichend ist, dass der Arbeitnehmer innerhalb der Dreiwochenfrist auf anderem Weg gerichtlich geltend gemacht hat, dass die Kündigung rechtsunwirksam ist.

Deshalb kann die Präklusion verhindert werden durch die innerhalb der Präklusionsfrist erhobene **allgemeine Feststellungsklage, § 256 ZPO**, mit der die Wirksamkeit jeglichen potenziellen Auflösungsgrundes bestritten wird (**BAG, 26.09.2013, 2 AZR 682/12**).

Für eine **Leistungsklage** des Arbeitnehmers, mit der dieser infolge der Unwirksamkeit der Kündigung z.B. Lohnansprüche oder einen Weiterbeschäftigungsanspruch innerhalb von drei Wochen nach der Kündigung geltend macht, gilt **§ 6 KSchG analog**. Denn dem betroffenen Arbeitgeber wird auch durch die Leistungsklage deutlich gemacht, dass der Arbeitnehmer die Wirksamkeit der Kündigung bestreitet. Zudem enthält jede Leistungsklage inzident den Antrag auf Feststellung, dass das Rechtsverhältnis, aus dem Ansprüche abgeleitet werden, auch besteht. Voraussetzung ist allerdings, dass die eingeforderten Leistungsansprüche einen Zusammenhang mit der Unwirksamkeit der Kündigung aufweisen. Nicht ausreichend sind also Klagen, mit denen Ansprüche aus Zeiten geltend gemacht werden, zu denen das Arbeitsverhältnis noch unstreitig fortbestand (**BGH, 24.06.2015, 7 AZR 541/13** [zu § 17 TzBfG]; MK-Hergenröder, § 6 KSchG, Rn 1, 4, 6).

Merke: Die Präklusionsfrist kann auch dadurch gewahrt sein, dass der Arbeitnehmer bis zum Schluss der mündlichen Verhandlung erster Instanz einen punktuellen Kündigungsschutzantrag stellt, wenn er innerhalb der Dreiwochenfrist auf anderem Weg gerichtlich geltend gemacht hat, dass die Befristung rechtsunwirksam ist. Dies ergibt sich aus einer analogen Anwendung von § 6 KSchG.

3. **Doppelt verlautbarte Kündigung**
Häufig taucht das folgende Klausurproblem auf: Der Arbeitnehmer erhält die Kündigung (betreffend denselben Kündigungsgrund, in Form und Wortlaut identisch nur mit anderem Datum) einmal als Einwurf-Einschreiben und einmal als Einschreiben mit Rückschein. Hier ist von einer einzigen (doppelt verlautbarten) Kündigungserklärung auszugehen. Deshalb ist es ausreichend, wenn der Arbeitnehmer eine der beiden Verlautbarungen rechtzeitig mit der Kündigungsschutzklage angreift. **(BAG, 06.09.2007, 2 AZR 264/06)**

4. **Besondere Probleme bei der Fristberechnung**
Die Klage muss innerhalb von drei Wochen „erhoben", also an den beklagten Arbeitgeber zugestellt sein, § 253 ZPO.

a) Beachte: § 167 ZPO, der Kläger vom Risiko der Arbeitsgeschwindigkeit des Gerichts freistellt. Endet die Präklusionsfrist also z.B. am 12. Mai, so genügt der Einwurf in den Gerichtsbriefkasten bis spätestens 12. Mai um 23 Uhr 59.
Weiterhin kann der Arbeitnehmer gem. **§ 5 KSchG** unter den dort genannten Voraussetzungen die Zulassung seiner verspäteten Klage begehren. Dabei kann allerdings nicht in der verspäteten Klageerhebung an sich ein (konkludenter) Zulassungsantrag erblickt werden. Entsprechend auszulegen wäre aber z.B. ein Antrag auf „Wiedereinsetzung".

Auch im Verfahren nach § 5 KSchG ist **Anwaltsverschulden** der Partei nach **§ 85 II ZPO** zuzurechnen (**BAG, 11.12.2008, 2 AZR 472/08**). Es dürfen aber **keine „Zurechnungsketten" i.V.m. § 278 BGB** gebildet werden. Nur das Verschulden des Anwalts wird dem Mandanten zugerechnet, nicht ein dem Anwalt zuzurechnendes Verschulden seines Angestellten. In diesem Fall ist aber stets zu prüfen, ob ein Organisationsverschulden des Anwalts vorliegt.

b) Im Falle des (formwirksamen) Ausspruchs einer Kündigung durch einen **Vertreter ohne Vertretungsmacht** beginnt die Präklusionsfrist des § 4 KSchG erst mit dem Zugang der Genehmigung (beachte die Voraussetzungen der §§ 180 S. 2, 177 I BGB) des Arbeitgebers beim Arbeitnehmer **(BAG, 06.09.2012, 2 AZR 858/11)**.

c) Beachte § 17b I 2 GVG: Wird die Klage im **falschen Rechtsweg** geltend gemacht, tritt die fristwahrende Wirkung der Rechtshängigkeit dennoch ein, § 17b I 2 GVG. (Ob Entsprechendes für die *formlose* Abgabe des rechtswegfremden Gerichts an das zuständige Arbeitsgericht gilt, ist jedenfalls dann zu bejahen, wenn die Klageschrift dem Arbeitgeber demnächst i.S.v. § 167 ZPO zugestellt wird. [MK-Hergenröder, § 4 KSchG, Rn 37]).

Gleiches gilt über die Verweisung gem. § 48 I ArbGG auch im Fall der **örtlichen Unzuständigkeit**, was auch § 4 S. 1 KSchG bestätigt, der Klage „beim Arbeitsgericht", nicht beim *zuständigen* Arbeitsgericht verlangt. Zur Fristwahrung ist nach Ansicht des BAG nicht unbedingt eine förmliche Beschlussfassung über die Verweisung notwendig, es reicht eine formlose Abgabe durch das angerufene Arbeitsgericht aus, wenn die Klage dem Arbeitgeber „demnächst" zugestellt wird. (MK-Hergenröder, § 4 KSchG, Rn 38)

d) Sonderkündigungsschutz: Kündigt der Arbeitgeber einem z.B. Schwerbehinderten in Kenntnis von dessen Schwerbehinderteneigenschaft, ohne zuvor nach § 168 SGB IX die erforderliche Zustimmung des Integrationsamts zur Kündigung einzuholen, so kann der Arbeitnehmer die Unwirksamkeit der Kündigung bis zur Grenze der Verwirkung gerichtlich geltend machen. Nach § 4 S. 4 KSchG beginnt in derartigen Fällen die Präklusionsfrist erst ab der Bekanntgabe der Entscheidung der Behörde (hier des Integrationsamts) an den Arbeitnehmer.
Ist dem Arbeitgeber bei Ausspruch der Kündigung der Sonderkündigungsschutz nicht bekannt und hatte der Arbeitgeber die Zustimmung z.B. des Integrationsamts folglich auch nicht beantragt, so muss sich der Arbeitnehmer innerhalb von drei Wochen nach Zugang der Kündigung auf diesen Sonderkündigungsschutz berufen. Teilt der Arbeitnehmer dem Arbeitgeber seinen Sonderkündigungsschutz nicht innerhalb dieser drei Wochen mit, so kann sich der Arbeitnehmer auf den Sonderkündigungsschutz wegen Präklusion nicht mehr berufen. § 4 S. 4 KSchG kommt hier nicht zur Anwendung, denn eine Entscheidung war nicht erforderlich und konnte dem Arbeitnehmer deshalb auch nicht bekannt gegeben werden.

e) Schließlich kann der **„falsche" Arbeitgeber** verklagt sein. Der „richtige" Beklagte beruft sich dann in der Klausur auf die Nichteinhaltung der Präklusionsfrist. Eine **fehlerhafte Parteibezeichnung** kann jedoch jederzeit von Amts wegen berichtigt werden. Für die Parteistellung ist nicht allein die formelle Bezeichnung der Partei in der Klageschrift maßgeblich. Eine Berichtigung ist möglich, wenn sich aus den gesamten erkennbaren Umständen, z.B. aus den der Klageschrift beigefügten Arbeitsverträgen, ergibt, wer beklagte Partei sein soll. **(BAG, 20.01.2010, 7 AZR 753/08)**

Vor allem für Referendare: Ist die **Klage gegen den „richtigen" Arbeitgeber** – z.B. im Kontext eines Betriebsübergangs – **nur „hilfsweise"** erhoben worden, wird dadurch dennoch die Präklusion vermieden. BAG, NZA 1994, 237, 240: Sinn und Zweck der §§ 4 ff. KSchG bestehen darin, dem Arbeitgeber alsbald Klarheit darüber zu verschaffen, ob der Arbeitnehmer die Kündigung hinnimmt oder ihre Unwirksamkeit gerichtlich geltend machen will. Wenn das prozessuale Vorgehen des Arbeitnehmers diesen Zweck erfüllt, soll er nicht aus formalen Gründen den Kündigungsschutz verlieren. Die Änderung einer hilfsweisen Kündigungsschutzklage in eine unbedingte Kündigungsschutzklage ist also von einem gewillkürten Parteiwechsel zu unterscheiden, der die fristwahrende Wirkung nicht hat.

5. Keine Geltung der Präklusionsfrist

Die Präklusionsfrist wird nur durch den **Zugang einer schriftlichen Kündigung** (Wortlaut § 4 S. 1 KSchG!) in Gang gesetzt. Also werden Probleme des Zugangs, der Schriftform und der Kündigung „an sich", also z.B. die Frage, ob eine Vollmacht zur Kündigung überhaupt bestand, nicht von der Präklusionsfrist erfasst.

Die Präklusionsfrist gilt weiterhin nicht für die Nichteinhaltung der Kündigungsfrist des § 622 BGB, da § 4 S. 1 KSchG von der Unwirksamkeit der Kündigung redet. Streiten die Parteien lediglich um die Länge der Kündigungsfrist, so streiten sie nur über den Zeitpunkt der Wirksamkeit der Kündigung (BAG, DB 2006, 1116).

In einer – sich zu anderen BAG-Senaten z.T. in Widerspruch setzenden und wenig überzeugenden – Entscheidung teilt der 5. BAG-Senat (1.9.2010, 5 AZR 700/09) diese Auffassung nur für den Fall, dass sich die Kündigung zum falschen Termin als eine solche zum richtigen Termin auslegen lässt. Hiervon dürfte allerdings i.d.R. auszugehen sein, da der Arbeitgeber meist einen „unbedingten Beendigungswillen" hat. So will es auch der 5. Senat für die Auslegung z.B. ausreichen lassen, wenn im Kündigungsschreiben steht, dass die Kündigung „fristgemäß zum" erfolgt (**BAG, 15.05.2013, 5 AZR 130/12, Rn 19**). Sollte demgegenüber eine Umdeutung nötig sein, gelte wiederum die Präklusionsfrist. Dem folgen Sie nicht! Wer einen Arbeitnehmer zum z.B. 30.6. loswerden will, der will ihn auf jeden Fall auch zum 31.7. loswerden (Motto: **„Lieber früher als später!"**). Also ist eine zum 30.6. nicht mögliche Kündigung in eine solche zum 31.7. auszulegen. Also muss der Arbeitnehmer die Präklusionsfrist nicht einhalten, um sich auf die zu kurze Kündigungsfrist zu berufen.]

IV. Ausschluss der ordentlichen Kündigung

Das Recht des Arbeitgebers zur ordentlichen Kündigung kann durch Tarifvertrag, Betriebsvereinbarung oder Individualarbeitsvertrag nach Erreichung einer bestimmten Betriebszugehörigkeitsdauer ausgeschlossen sein (sog. „Unkündbarkeit"). In diesen Fällen ist nur eine außerordentliche Kündigung möglich, die keinesfalls ausgeschlossen werden kann.

V. Gesetzliche Kündigungsverbote (§ 134 BGB)

Als solche sind zu beachten § 17 MuSchG, 15 KSchG, 168 f. SGB IX, § 18 BEEG und § 22 BBiG.

1. § 22 BBiG (Achtung: Im Grüneberg Vor § 620 Rn 75 ff. nicht kommentiert!)

Während der Berufsausbildung sind Kündigungen gemäß § 22 BBiG nur in beschränktem Umfang zulässig. Der Auszubildende soll ohne das Damoklesschwert einer Kündigung seine Ausbildung absolvieren können. Der Ausbildende wiederum soll davor geschützt werden, dass das Ausbildungsverhältnis abgebrochen wird, wenn die praktische Arbeit des Auszubildenden an Wert gewinnt. Diese berechtigten Interessen werden zusätzlich durch den Schadensersatzanspruch des § 23 BBiG abgesichert: Die vertragstreue Partei kann den Ersatz des Schadens verlangen, der durch die vorzeitige Beendigung des Ausbildungsverhältnisses entstanden ist.

Kündigung vor Ausbildungsbeginn: Das BAG, EzB BBiG 1969 § 15 Abs. 1, Nr. 18, hat diese gesetzlich nicht direkt geregelte Frage dahingehend entschieden, dass ein Berufsausbildungsvertrag bereits vor Beginn der Berufsausbildung ohne Einhaltung von Fristen von beiden Seiten gekündigt werden kann, wenn die Parteien keine abweichende Regelung vereinbart haben. Für den Fall, dass ein Auszubildender bei Ausbildungsbeginn einfach nicht erscheint, gibt es keine Sanktionen, da das Berufsbildungsgesetz eine Schadenersatzpflicht nur bei vorzeitiger Beendigung nach der Probezeit vorsieht.

Kündigung während der Probezeit: Während der Probezeit kann das Berufsausbildungsverhältnis vereinfacht beendet werden. Die Probezeit bietet die Möglichkeit, das Ausbildungsverhältnis ohne Einhaltung einer Frist und ohne besonderen Kündigungsgrund, zu kündigen (§ 22 I BBiG).

Was Sie bzgl. § 22 BBiG beachten sollten:

Klausurhinweis:

- Die Kündigung muss schriftlich erfolgen. Sie muss dem Kündigungsempfänger noch vor Ende der Probezeit zugegangen sein.
- Kündigt ein minderjähriger Auszubildender, so benötigt er die vorherige Einwilligung des gesetzlichen Vertreters. Kündigt der Betrieb einem minderjährigen Auszubildenden, so muss die Kündigungserklärung gegenüber dem gesetzlichen Vertreter abgegeben werden.
- Auch die Kündigung während der Probezeit darf nicht gegen ein gesetzliches Verbot verstoßen (z.B. Verstoß gegen das Mutterschutzgesetz).

Kündigung nach der Probezeit: Nach Ablauf der Probezeit existiert grundsätzlich keine so genannte ordentliche, d. h. fristgerechte Kündigung, wie bei normalen Arbeitsverhältnissen. Nach Beendigung der Probezeit kann der Berufsausbildungsvertrag von beiden Seiten nur noch aus einem wichtigen Grund ohne Einhaltung einer Kündigungsfrist aufgehoben werden (gem. § 22 II Nr. 1 BBiG). Ein wichtiger Grund zur Kündigung nach der Probezeit ist immer dann gegeben, wenn die Fortsetzung des Berufsausbildungsverhältnisses bis zum Ablauf der Ausbildungszeit nicht zuzumuten ist. Hier kommt auch eine **Verdachtskündigung** in Betracht **(BAG, 12.02.2015, 6 AZR 845/13)**. Weiterhin ist zu berücksichtigen, dass das Ausbildungsverhältnis einem Erziehungsverhältnis ähnelt, daher sind ausschließlich strenge Maßstäbe zur Bewertung von wichtigen Gründen heranzuziehen.

Auszubildenden räumt das Berufsbildungsgesetz noch eine zusätzliche Kündigungsmöglichkeit ein: Nach Ablauf der Probezeit kann der Auszubildende mit einer Frist von vier Wochen kündigen, wenn dieser die Berufsausbildung aufgeben oder eine andere Berufsausbildung aufnehmen will (§ 22 II Nr. 2).

Was Sie bzgl. § 22 BBiG beachten sollten:

Klausurhinweis:

- Die Kündigung muss schriftlich und unter Angabe der Kündigungsgründe erfolgen.
- Die Kündigung ist gem. § 22 IV BBiG unwirksam, wenn die ihr zugrunde liegenden Tatsachen dem zur Kündigung Berechtigten länger als zwei Wochen bekannt sind.
- Kündigt der minderjährige Auszubildende, so benötigt er die vorherige Einwilligung des gesetzlichen Vertreters. Kündigt der Betrieb einem minderjährigen Auszubildenden, so muss die Kündigungserklärung gegenüber dem gesetzlichen Vertreter abgegeben werden.
- Wird das Ausbildungsverhältnis nach der Probezeit gelöst, kann der Ausbildende oder der Auszubildende Ersatz des dadurch entstandenen Schadens verlangen. Der Anspruch muss innerhalb von drei Monaten nach Beendigung des Ausbildungsverhältnisses geltend gemacht werden.

2. **§ 17 MuSchG:**
(**Grüneberg**/Weidenkaff, Vor § 620 Rn 79) Der Schutz des § 17 I MSchG greift bereits ab dem **Abschluss des Arbeitsvertrags** und zwar auch dann, wenn dieser Zeitpunkt und der Zeitpunkt der tatsächlichen Arbeitsaufnahme auseinanderfallen (**BAG, 22.02.2020, 2 AZR 498/19, RA-Telegramm 2020, 84** = JA 2020, 783). In § 17 MuSchG werden nämlich die Begriffe Beschäftigung und Beschäftigungsverhältnis synonym verwendet. Hieraus ist zu schließen, dass von der Vorschrift das Arbeitsverhältnis erfasst ist, das bereits mit Vertragsabschluss und nicht erst mit der tatsächlichen Arbeitsaufnahme beginnt.
Maßgeblicher Zeitpunkt ist der **Zugang der Kündigung**, sodass eine vor Schwangerschaftsbeginn zugegangene Kündigung wirksam ist, auch wenn die Kündigungsfrist erst während der Schwangerschaft abläuft. Die Schwangerschaft beginnt mit der Befruchtung. Bei künstlicher Befruchtung mit der Einsetzung der befruchteten Eizelle **(BAG, 26.03.2015, 2 AZR 237/14, RA 2015, 257 = JuS 2015, 943)**. Das Kündigungsverbot gilt für alle Arten von Arbeitsverhältnissen, auch für Aushilfs- oder Probearbeitsverhältnisse. Ohne Bedeutung ist, ob es sich hier um Änderungskündigungen, Kündigungen bei Massenentlassungen, Betriebsstilllegungen oder um Insolvenzverfahren handelt. Der **Abschluss von Aufhebungsverträgen** ist jedoch auch während des nach Abs. 1 Satz 1 geschützten Zeitraums **zulässig**. Voraussetzung für das Kündigungsverbot ist die **positive Kenntnis des Arbeitgebers** von der Schwangerschaft oder der Entbindung. Unerheblich ist, worauf die Kenntnis von der Schwangerschaft beruht. Der Arbeitgeber muss sich also eigene Wahrnehmungen und zufällige Mitteilungen im Betrieb zurechnen lassen. Der eigenen Kenntnis des Arbeitgebers steht die positive Kenntnis solcher Personen gleich, die ihn im Arbeitsverhältnis gegenüber der Frau vertreten. Dies ist z. B. der Dienstvorgesetzte oder aber auch eine Mitteilung an das Personalbüro. Nicht ausreichend ist die Mitteilung an den Vorarbeiter, die Betriebsfürsorgerin oder den Betriebsrat.
Für die laufende **2-Wochen-Frist** ist § 9 I MSchG zu beachten.
Nach **§ 17 II 1 MuSchG** kann die für den Arbeitsschutz zuständige oberste Landesbehörde oder die von ihr bestimmte Stelle (in **Hessen** z.B. das **Regierungspräsidium** in **NRW** z.B. die **Bezirksregierungen** in **Bayern** z.B. die **Gewerbeaufsichtsämter**) in besonderen Fällen ausnahmsweise die Kündigung für zulässig erklären. [Dasselbe gilt nach § 18 BErzGG für Mütter und Väter während der Elternzeit.] Die Kündigung kann rechtswirksam erst nach Vorliegen der Zustimmungserklärung ausgesprochen werden. Im Falle einer beabsichtigten außerordentlichen Kündigung muss der Antrag auf Zustimmung innerhalb der Zwei-Wochen-Frist des **§ 626 II BGB** gestellt werden. Nach Vorliegen der Zustimmung muss dann unverzüglich gekündigt werden. Die Rechtskraft des Bescheids braucht der Arbeitgeber hingegen nicht abzuwarten. Eine zuvor ausgesprochene Kündigung ist unwirksam, sodass sie nach Erteilung der Zustimmung zu wiederholen ist. Zu beachten ist, dass die nach Erteilung der Zustimmung auszusprechende Kündigung den zulässigen Kündigungsgrund angeben muss (§ 17 II 2 MuSchG).

3. **§ 15 KSchG** verbietet nur die ordentliche Kündigung eines Betriebsratsmitglieds. Hier ist die Nachwirkungsfrist des § 15 I 2 bzw. II 2 KSchG zu beachten, die das Verbot ordentlicher Kündigung auf i.d.R. 12 Monate nach dem Ende des Betriebsratsamtes ausdehnt.

4. **§§ 168 ff. SGB IX:**
(**Grüneberg**/Weidenkaff, Vor § 620 Rn 75 ff.) Die Kündigung des Arbeitsverhältnisses eines **schwerbehinderten Arbeitnehmers** ohne vorherige Zustimmung des Integrationsamtes ist nach **§§ 168, 174 I SGB IX** unwirksam, wenn das Arbeitsverhältnis länger als 6 Monate besteht, § 173 I Nr. 1 SGB IX. Das gilt nach Maßgabe des § 174 SGB IX auch für die außerordentliche Kündigung. Geht dem schwerbehinderten Arbeitnehmer die Kündigung also vor Ablauf der 6-monatigen Wartezeit zu, ist die Zustimmung des Integrationsamtes nicht nötig. Weitere Voraussetzung für den Sonderkündigungsschutz ist, dass die Schwerbehinderung (bzw. die

Gleichstellung) im Zeitpunkt des Zugangs der Kündigung bereits anerkannt ist oder der Antrag auf Anerkennung mindestens zwei Wochen zurückliegt (§ 173 III i.V.m. §§ 152 I 2 SGB IX). Der schwerbehinderte Arbeitnehmer kann sich gegenüber seinem Arbeitgeber auch dann auf gesetzlichen Sonderkündigungsschutz berufen, wenn dem Arbeitgeber der Sonderkündigungsschutz im Zeitpunkt der Kündigung nicht bekannt ist. Die Geltendmachung ist i.d.R. nach **§ 242 BGB** verwirkt („illoyale Verspätung"), wenn sie nicht innerhalb der Klagefrist des § 4 S. 1 KSchG erfolgt (**BAG, 22.09.2016, 2 AZR 700/15; Grüneberg**/Weidenkaff, Vor § 620 Rn 77).

Beachte: **Sonderfall:** Die Frage nach der Schwerbehinderung im Vorfeld einer vom Arbeitgeber beabsichtigten Kündigung steht im Zusammenhang mit der Pflichtenbindung des Arbeitgebers durch die Anforderungen des § 1 III KSchG, der die Berücksichtigung der Schwerbehinderung bei der Sozialauswahl verlangt, sowie durch den Sonderkündigungsschutz nach § 168 SGB IX, wonach eine Kündigung der vorherigen Zustimmung des Integrationsamtes bedarf. Sie soll es dem Arbeitgeber ermöglichen, sich rechtstreu zu verhalten. Die Frage diskriminiert behinderte Arbeitnehmer nicht gegenüber solchen ohne Behinderung. Infolge der wahrheitswidrigen Beantwortung der ihm rechtmäßig gestellten Frage nach seiner Schwerbehinderung ist es dem Kläger unter dem Gesichtspunkt widersprüchlichen Verhaltens verwehrt, sich im Kündigungsschutzprozess auf seine Schwerbehinderteneigenschaft zu berufen. **(BAG, 16.02.2012, 6 AZR 553/10)**

Die Verletzung des **Anhörungsrechts der Schwerbehindertenvertretung** hat nach § 178 II 3 SGB IX die Unwirksamkeit der Kündigung zur Folge. Der Arbeitgeber hat die Wahl, ob er zuerst die Schwerbehindertenvertretung (parallel: den Betriebsrat) anhört oder zuerst einen Antrag auf Zustimmung zur Kündigung beim Integrationsamt stellt. Jedenfalls führt die nachträgliche (= nicht „unverzügliche") Anhörung der SBV nicht zur Unwirksamkeit der Kündigung (**BAG, 13.12.2018, 2 AZR 378/18, RA-Telegramm 2019, 12**). Der Gesetzgeber hat – insoweit unverständlich – keine Fristen vorgesehen, innerhalb derer die Schwerbehindertenvertretung Stellung nehmen muss. Die Schwerbehindertenvertretung hat nach o.g. BAG-Urteil ebenso lange Zeit wie der Betriebsrat, um zu einer Information über eine geplante Kündigung Stellung zu nehmen. Konkret sind das sieben Tage bei einer vom Arbeitgeber geplanten ordentlichen Kündigung (§ 102 II 1 und 2 BetrVG) und drei Tage bei einer außerordentlichen fristlosen Kündigung (§ 102 II 3 BetrVG).

VI. Verstoß gegen das Maßregelungsverbot, § 612a BGB

Das Maßregelungsverbot des § 612a BGB soll verhindern, dass Arbeitnehmerrechte deshalb nicht wahrgenommen werden, weil die Arbeitnehmer bei ihrer Inanspruchnahme mit Benachteiligungen rechnen müssen.

VII. Kündigung wegen Betriebsübergangs, § 613a BGB

Nach § 613a IV 1 BGB ist die Kündigung des Arbeitsverhältnisses eines Arbeitnehmers durch den bisherigen Arbeitgeber oder durch den neuen Inhaber wegen des Übergangs eines Betriebs oder eines Betriebsteils unwirksam. Die Vorschrift enthält ein eigenständiges Kündigungsverbot i.S. der § 13 III KSchG, § 134 BGB und stellt nicht nur die Sozialwidrigkeit der Kündigung klar. Das Recht zur Kündigung des Arbeitsverhältnisses aus anderen Gründen bleibt nach § 613a IV 2 BGB unberührt.

VIII. Mitwirkungsrechte des Betriebsrats, § 102 BetrVG (Grüneberg/Weidenkaff, Vor § 620 Rn 50 ff.)

Ein existierender Betriebsrat ist vor jeder Kündigung eines **„normalen" Arbeitnehmers** nur anzuhören, **§ 102 BetrVG**. Gleiches gilt, wenn ein **ehemaliges Mitglied des Betriebsrats** betroffen ist. § 103 BetrVG gilt nur im ausgeübten BR-Amt. (Nicht bei sog. „leitenden Angestellten" i.S.v. § 5 III BetrVG.) Dabei muss der Arbeitgeber dem Betriebsrat alle für die Kündigung aus seiner Sicht

maßgeblichen Umstände mitteilen („subjektive Determinierung"). Der für die Kündigung maßgebende Sachverhalt muss so genau und umfassend beschrieben werden, dass der Betriebsrat ohne zusätzliche eigene Nachforschungen in der Lage ist, selbst die Stichhaltigkeit der Kündigungsgründe zu prüfen und sich ein Bild zu machen Gegenstand der Anhörung sind damit auch Informationen über den Verlauf des Arbeitsverhältnisses und die Interessenabwägung. Etwaige für die Kündigung maßgebliche Abmahnungen muss der Arbeitgeber selbst dann schildern, wenn der Betriebsrat Kenntnis von deren Existenz hat **(LAG Schleswig-Holstein, 10.01.2012, 2 Sa 305/11)**.
Aufgrund der unterschiedlichen Ausgestaltung und Folge des Beteiligungsverfahrens (vgl. z.B. § 102 V BetrVG, § 1 II 2 KSchG) liegt in einer Anhörung des Betriebsrats zu einer außerordentlichen Kündigung nicht schon immer eine ausreichende Beteiligung des Betriebsrats zu einer (hilfsweise) erstrebten fristgemäßen Kündigung. Ausnahme: Stimmt der Betriebsrat der beabsichtigten außerordentlichen Kündigung ausdrücklich und vorbehaltlos zu, so scheitert eine Umdeutung i.d.R. nicht an der fehlenden Beteiligung des Betriebsrats zur ordentlichen Kündigung. Es entspricht vielmehr der allgemeinen Erfahrung, dass der Betriebsrat erst recht auch einer ordentlichen Kündigung zugestimmt hätte **(BAG, 23.10.2008, 2 AZR 388/07)**.

„Nachschieben" von Kündigungsgründen: Materiell-rechtlich können Kündigungsgründe, die bei Ausspruch der Kündigung bereits entstanden waren, dem Arbeitgeber aber erst später bekannt geworden sind, im Kündigungsschutzprozess uneingeschränkt nachgeschoben werden. Betriebsverfassungsrechtlich ist notwendig, dass der Arbeitgeber zuvor den Betriebsrat hierzu erneut angehört hat (§ 102 V BetrVG analog).
Kündigungsgründe können im Prozess selbst dann ausgewechselt werden, wenn die Kündigung dadurch einen „völlig anderen Charakter" bekommt (zunächst verhaltensbedingt, dann betriebsbedingt). Die „Kündigung" hat als für sich genommen neutrales Gestaltungsrecht keinen anderen „Charakter", als dass sie das Arbeitsverhältnis auflösen soll (**BAG, 12.01.2021, 1 AZN 724/20, RA 2021, 249** [a.A. LAG Düsseldorf, 24.06.2015, 7 Sa 1243/14, RA 2015, 651]).

Fehler, die in der **Sphäre des Betriebsrats** liegen, führen nicht zur Unwirksamkeit der Kündigung.

IX. Sozialwidrigkeit nach dem KSchG

1. Anwendbarkeit des KSchG

An dieser Stelle ist zu prüfen, ob das KSchG überhaupt anwendbar ist.
Das ist seit dem **01.01.2004** der Fall, wenn

- der Arbeitnehmer **„ohne Unterbrechung länger als 6 Monate" im Betrieb oder Unternehmen beschäftigt** ist (§ 1 I KSchG) und
- **mehr als zehn Arbeitnehmer im Betrieb beschäftigt** sind (§ 23 I 3 KSchG).

a) Die Wartezeit (Grüneberg/Weidenkaff, Vor § 620 Rn 64)

Die sechsmonatige Wartezeit ist einseitig zwingendes Arbeitnehmerschutzrecht. Dies **verbietet** (auch tarifvertragliche) **Verlängerungen** zum Nachteil des Arbeitnehmers. Hingegen sind vertragliche Vereinbarungen über eine **Verkürzung** oder gar den **Ausschluss** der Wartefrist **zulässig** (SPV-Preis, Rn 868). Die Frist von sechs Monaten **beginnt** erst mit dem **Beginn des Arbeitsverhältnisses** zu laufen, und nicht schon mit der Unterzeichnung des Arbeitsvertrages.

Beispiel: Arbeitsaufnahme am 1.2., Ende der Wartefrist am 31.7., Beginn des Kündigungsschutzes am 1.8.

Maßgeblich für die Rechtzeitigkeit einer Kündigung vor Ablauf der Wartezeit ist der Zugang der Kündigungserklärung. Unerheblich ist hingegen, wenn die Kündigungsfrist erst nach Ablauf der Wartefrist abläuft (KR/Etzel, § 1 Rn 112).

Tatsächliche Unterbrechungen des Arbeitsverhältnisses (z.B. Streik, unbezahlte Freistellung, Urlaub oder Krankheit) beeinträchtigen den Lauf der Wartefrist nicht (MK-Hergenröder, BGB, § 1 KSchG Rn 32). Nach dem Wortlaut des Gesetzes ist für die Wahrung der Sechs-Monats-Frist aber jede **rechtliche Unterbrechung des Arbeitsverhältnisses** schädlich. Vor der Unterbrechung liegende Zeiten sind somit unbeachtlich (BAG, NZA 1994, 896, 898; Boemke, JuS 2006, 669, 670), sofern zwischen den verschiedenen Arbeitsverhältnissen kein **enger sachlicher Zusammenhang** besteht. Dies entscheidet sich im Einzelfall nach Anlass und der Dauer der Unterbrechung sowie der Art der Weiterbeschäftigung (**BAG, 22.09.2005, 6 AZR 607/04**).

Wird ein **Leiharbeitnehmer** vom Entleiher in ein Arbeitsverhältnis übernommen, so wird die Zeit der Beschäftigung als Leiharbeitnehmer im Entleiherbetrieb nicht auf die Wartefrist gem. § 1 Abs. 1 KSchG angerechnet. Das gilt selbst dann, wenn der (Leih-)Arbeitnehmer ununterbrochen auf demselben Arbeitsplatz eingesetzt war. (LAG Niedersachsen, 12 Sa 50/13)

b) **Die Beschäftigtenzahl (Grüneberg/**Weidenkaff, Vor § 620 Rn 62/63)
Teilzeitbeschäftigte sind bei der Feststellung der Beschäftigtenzahl bei einem Arbeitsumfang bis 20 Wochenstunden mit 0,5 bis 30 Wochenstunden zu 0,75 in Rechnung zu stellen (lies § 23 I 4 KSchG!).

Leiharbeitnehmer: Bei der Berechnung der Betriebsgröße sind auch im Betrieb beschäftigte Leiharbeitnehmer zu berücksichtigen, wenn ihr Einsatz auf einem **„in der Regel“ vorhandenen Personalbedarf** beruht. Der Berücksichtigung von Leiharbeitnehmern steht nicht schon entgegen, dass sie kein Arbeitsverhältnis zum Betriebsinhaber begründet haben. Dies gebietet eine an Sinn und Zweck orientierte Auslegung der gesetzlichen Bestimmung. Die Herausnahme der Kleinbetriebe aus dem Anwendungsbereich des Kündigungsschutzgesetzes soll der dort häufig engen persönlichen Zusammenarbeit, ihrer zumeist geringen Finanzausstattung und dem Umstand Rechnung tragen, dass der Verwaltungsaufwand, den ein Kündigungsschutzprozess mit sich bringt, die Inhaber kleinerer Betriebe typischerweise stärker belastet. Dies rechtfertigt keine Unterscheidung danach, ob die den Betrieb kennzeichnende regelmäßige Personalstärke auf dem Einsatz eigener oder dem entliehener Arbeitnehmer beruht **(BAG, 24.01.2013, 2 AZR 140/12)**.

Sinkt mit der (z.B. betriebsbedingten) Entlassung eines oder mehrerer Arbeitnehmer die Beschäftigtenzahl zukünftig (!) unter den Schwellenwert des § 23 I 2 KSchG, so findet auf diese Kündigung dennoch das KSchG Anwendung (BAG, AP Nr. 31 zu § 23 KSchG).

c) **Übergangsregelungen, § 23 I 3 KSchG (Grüneberg/**Weidenkaff, Vor § 620 Rn 62/63)
Stichtagsregelung zum **1.1.2004**:
Arbeitnehmer, deren vereinbarter Beginn des Arbeitsverhältnisses nach dem 31. Dezember 2003 liegt, erwerben Kündigungsschutz nur nach der neuen Regelung **„mehr als 10“**. Daneben bleibt es für die schon vor dem 1.1.2004 beschäftigten „**Altarbeitnehmer**“ beim bisherigen Schwellenwert von „**mehr als fünf**“ Arbeitnehmern. Das heißt, Arbeitnehmer, die am 31.12.2003 Kündigungsschutz hatten, behalten ihn, so lange sie in dem betreffenden Betrieb tätig sind und die „Gruppe der Altarbeitnehmer“ (der „virtuelle Altbetrieb“) nicht die Schwelle „mehr als 5“ unterschreitet (**BAG, 21.09.2006, 2 AZR 840/05**).

2. Soziale Rechtfertigung, § 1 II, III KSchG

Maßgebliche Beurteilungsgrundlage: die **objektiven Verhältnisse im Zeitpunkt des Zugangs der Kündigungserklärung** (BAG AP Nr. 16 zu § 1 KSchG 1969 Krankheit).

Merke: Das **Prognoseprinzip** (Kündigungsgründe müssen für die Zukunft Bestand haben) gilt bei allen Kündigungsgründen des KSchG, da diese ihrer Natur nach zukunftsbezogen sind. § 1 II KSchG stellt darauf ab, ob die geltend gemachten Gründe einer „Weiterbeschäftigung" des Arbeitnehmers entgegenstehen.
Sollte sich die Prognose nach dem Zeitpunkt des Zugangs der Kündigung zum Vorteil des Arbeitnehmers verbessern, kommt (nur) ein Anspruch auf Wiedereinstellung in Betracht.

Ultima-Ratio-Prinzip: Kündigung muss das letzte Mittel sein. Z.B. Abmahnung, Umsetzung oder Änderungskündigung haben Vorrang.

X. Treu- oder sittenwidrige Kündigung, §§ 138, 142 BGB

Kündigungen, die gegen die „guten Sitten" oder „Treu und Glauben" verstoßen, sind unwirksam. Insoweit gewähren die zivilrechtlichen Generalklauseln den durch Art. 12 GG gebotenen Mindestschutz der Arbeitnehmer (BVerfG, NJW 1998, 1475 ff.).
In einem Kleinbetrieb ist der Arbeitnehmer vor einer sitten- oder treuwidrigen Ausübung des Kündigungsrechts des Arbeitgebers geschützt. Dabei haben die Arbeitsgerichte bei der Anwendung der zivilrechtlichen Generalklauseln der §§ 242, 138 BGB den objektiven Gehalt der Grundrechte, hier vor allem Artikel 12 I GG, zu beachten. Allerdings darf dieser Schutz nicht soweit reichen, dass dem Kleinunternehmer praktisch die im Kündigungsgesetz vorgesehenen Maßstäbe der Sozialwidrigkeit auferlegt werden. Verlangt wird vom Arbeitgeber im Kleinbetrieb vielmehr nur ein Mindestmaß an sozialer Rücksichtnahme (vgl. **BAG, 23.04.2009, BAG 6 AZR 533/08**).

<u>**Beachte**</u>: Praktisch besteht ein wichtiger **Unterschied** zur Prüfung der Sozialwidrigkeit bei Anwendbarkeit des KSchG:
Die **Beweislast** für die Nichtwahrung des Mindestmaßes an sozialer Rücksichtnahme außerhalb des KSchG trifft den Arbeitnehmer, während im Anwendungsbereich des KSchG der Arbeitgeber beweispflichtig ist, vgl. § 1 III 3 KSchG.

Sittenwidrigkeit gem. § 138 BGB kann nur in besonders krassen Fällen angenommen werden, z.B. wenn die Kündigung auf einem verwerflichen Motiv des Kündigenden, wie z.B. Rachsucht, beruht oder wenn sie aus anderen Gründen dem Anstandsgefühl aller billig und gerecht Denkenden widerspricht. Verstößt das Rechtsgeschäft – wie eine an sich neutrale Kündigung – nicht bereits seinem Inhalt nach gegen die grundlegenden Wertungen der Rechts- oder Sittenordnung, muss ein persönliches Verhalten des Handelnden hinzukommen, welches diesem zum Vorwurf gemacht werden kann. Hierfür genügt es im Allgemeinen nicht, dass vertragliche Pflichten verletzt werden. Vielmehr muss eine besondere Verwerflichkeit des Verhaltens hinzutreten, die sich aus dem verfolgten Ziel, den eingesetzten Mitteln oder der zutage tretenden Gesinnung ergeben kann (**BAG, 05.12.2019, 2 AZR 107/19, RA 2020, 249** = JuS 2020, 565).

Der **Grundsatz von Treu und Glauben in § 242 BGB** bildet eine allen Rechten, Rechtslagen und Rechtsnormen immanente Inhaltsbegrenzung. Eine gegen diesen Grundsatz verstoßende Rechtsausübung oder Ausnutzung einer Rechtslage ist wegen der darin liegenden

Rechtsüberschreitung als unzulässig anzusehen. § 242 BGB ist aber auf Kündigungen neben § 1 KSchG nur in beschränktem Umfang anwendbar. Das KKSchG hat die Voraussetzungen und Wirkungen von Treu und Glauben konkretisiert und abschließend geregelt, soweit es um den Bestandsschutz und das Interesse des Arbeitnehmers an der Erhaltung seines Arbeitsplatzes geht. Eine Kündigung verstößt deshalb nur dann gegen § 242 BGB, wenn sie Treu und Glauben aus Gründen verletzt, die von § 1 KSchG nicht erfasst sind (**BAG, 05.12.2019, 2 AZR 107/19, RA 2020, 249** = JuS 2020, 565). Z.B. Übergabe der Kündigung an die Witwe am offenen Grab ihres Mannes.

Eine Kündigung stellt sich z.B. nicht deshalb als sitten- oder doch treuwidrig dar, weil einem Arbeitnehmer keine Gelegenheit zur Stellungnahme zu gegen ihn erhobenen Vorwürfen gegeben wurde. Die vorherige Anhörung des Arbeitnehmers ist – außer bei einer Verdachtskündigung im Geltungsbereich des § 1 II KSchG – keine Wirksamkeitsvoraussetzung (**BAG, 05.12.2019, 2 AZR 107/19, RA 2020, 249** = JuS 2020, 565).

XI. Verstoß gegen ein gesetzliches Verbot, § 134 BGB (AGG)

Schwierigkeiten bereitet vor allem das Verhältnis zum AGG.

Gutachten: Soweit das KSchG anwendbar ist, ist eine diskriminierende Kündigung sozialwidrig; dies ist im Rahmen des § 1 KSchG zu prüfen (vgl. **BAG, 20.02.2019, 2 AZR 746/14, RA-Telegramm 2019, 61** [Chefarzt-Entscheidung]). Kündigungen während der Wartezeit und in Kleinbetrieben sind im Rahmen der Generalklauseln, § 134 BGB, zu prüfen.

<u>Examenstipp:</u>

Problem 1: Verhältnis des § 2 IV AGG zum Kündigungsschutzrecht
Bei **Kündigungen, die dem Kündigungsschutzgesetz unterfallen**, ist zu beachten, dass die Diskriminierungsverbote des AGG (und die darin vorgesehenen Rechtfertigungen für unterschiedliche Behandlungen) **Konkretisierungen der Sozialwidrigkeit des § 1 KSchG** darstellen (**BAG, 20.02.2019, 2 AZR 746/14, RA-Telegramm 2019, 61** [Chefarzt-Entscheidung]).

Ordentliche Kündigungen während der Wartezeit und in Kleinbetrieben sind unmittelbar am Maßstab des AGG zu messen. Das AGG regelt allerdings nicht selbst, welche Rechtsfolge eine nach § 2 I Nr. 2 AGG unzulässige Benachteiligung hat. Diese Rechtsfolge ergibt sich erst aus **§ 134 BGB** (**BAG, 23.07.2015, 6 AZR 457/14 = RA 2015, 481**).

Beweislast:
Nach **BAG, 19.12.2013, 6 AZR 190/12; 23.07.2015, 6 AZR 457/14, RA 2015, 481**, finden die Vorschriften des AGG und somit auch die **Beweislastregelung** des **§ 22 AGG** auf Kündigungen außerhalb des KSchG unmittelbar Anwendung. Dies hat zur Folge, dass Arbeitnehmer, die eine Kündigung mit dem Argument einer Diskriminierung angreifen, im Kündigungsschutzprozess nur Indizien darlegen und beweisen müssen, die einen Rückschluss auf ein diskriminierendes Motiv des kündigenden Arbeitgebers zulassen. (Z.B. indiziert die Passage im Kündigungsschreiben „Inzwischen bist Du pensionsberechtigt" eine Benachteiligung wegen des Alters.) Dann ist es Aufgabe des Arbeitgebers zu beweisen, dass der betreffende Benachteiligungsgrund für die Kündigungsentscheidung keine Rolle gespielt hat. Folglich hat sich die Darlegungs- und Beweislast zu Lasten des Arbeitgebers verschoben. Die prozessuale Ausgangslage von Arbeitnehmern bei potenziell diskriminierenden Kündigungen hat sich somit gegenüber der von Arbeitnehmer, bei denen eine Diskriminierung nicht in Betracht kommt, verbessert. (Günther/Frey, NZA 2014, 584, 585 f.)

Problem 2: Objektiver Kündigungsgrund und diskriminierendes Motiv
Unklar ist, ob eine Kündigung auch dann diskriminierend ist, wenn sie bei objektiv bestehendem Kündigungsgrund aus einem benachteiligenden **Motiv** heraus ausgesprochen wird.
Eigentlich gilt, dass eine Kündigung wirksam ist, wenn ausreichende Kündigungsgründe vorliegen. Es gilt ein rein objektiver Maßstab. Ob der Arbeitgeber die objektiv vorliegenden Kündigungsgründe kennt und ob sie – im Fall der Kenntnis – für die Motivation des Arbeitgebers relevant sind, spielt keine Rolle (st. Rspr. seit BAG (2.6.1960), AP Nr. 42 zu § 626 BGB; statt aller KR-Etzel, § 1 KSchG, Rn 235, 243). Hat sich z.B. der Arbeitgeber im Rahmen einer betriebsbedingten Kündigung keine Gedanken über die Sozialauswahl gemacht, trifft die Kündigung aber zufällig den sozial schwächsten, ist die Kündigung zulässig (BAG, NZA 2000, 764; KR-Etzel, § 1 KSchG, Rn 658). Das würde dafür sprechen, eine Kündigung in diesem Fall als wirksam anzusehen, dem Arbeitnehmer aber einen Anspruch nach § 15 II AGG zuzuerkennen (**Grüneberg**/Ellenberger, § 2 AGG Rn 16, sehr str.; ausführlich mit Beispielen Diller/Krieger/Arnold, NZA 2006, 887, 888 ff.).

Examenstipp:

Problem 3: Verhältnis des § 2 IV AGG zu § 15 AGG
Fraglich ist, ob der Arbeitnehmer daneben **noch Anspruch auf Ersatz des immateriellen Schadens nach § 15 II AGG** haben kann.
e.A. (-), da rechtswirksame Kündigungen schon nach den allgemeinen Grundsätzen des Zivilrechts keinen Schadensersatzanspruch auslösen (Adomeit/Mohr, NJW 2009, 2255, 2256; Diller/Krieger/Arnold, NZA 2006, 887, 888; Hamacher/Ulrich, NZA 2007, 657, 659; Willemsen/Schweibert, NZA 2006, 2583, 2584).
h.M. (+) im Wege richtlinienkonformer Auslegung. Der nach § 2 IV AGG vorgehende Kündigungsschutz kenne keine Regeln über den Ausgleich eines immateriellen Schadens. § 2 IV AGG sperre deshalb nicht die Anwendung des § 15 II AGG (BAG, 19.12.2013, 6 AZR 190/12, Rn 36 ff.; **Grüneberg**/Ellenberger, § 2 AGG Rn 16).

XII. Kündigungsfrist (§ 622 BGB)

Arbeitnehmer müssen einer Kündigungserklärung zwar entnehmen können, wann das Arbeitsverhältnis enden soll. Hierfür ist aber nicht unbedingt die ausdrückliche Angabe des Kündigungstermins oder der Kündigungsfrist erforderlich. Vielmehr reicht auch ein Hinweis auf die maßgeblichen gesetzlichen Fristenregelungen aus, wenn der Arbeitnehmer hierdurch unschwer ermitteln kann, zu welchem Termin das Arbeitsverhältnis enden soll **(BAG, 20.06.2013, 6 AZR 805/11; BAG, 20.01.2016, 6 AZR 782/14, RA 2016, 305**: Kündigung zum „nächstzulässigen" Termin).
Sofern der Arbeitgeber die Kündigungsfrist zu kurz bemisst, führt dies im Wege der Auslegung zur Kündigung zum nächst zulässigen Kündigungstermin. Folglich ist die Nichteinhaltung der Kündigungsfrist kein Grund, der zur Unwirksamkeit der Kündigung führt. Deshalb greift auch die Präklusionsfrist des § 4 S. 1 KSchG (Wortlaut!) nicht ein.

Examenstipp:

Anwaltshaftung bei versäumter Klageerhebung
OLG Hamm, 23.10.2014, I-28 U 98/13, 28 U 98/13, RA 2015, 25

Sachverhalt: Fußballtrainer mit befristetem Vertrag wird ca. 20 Monate vor Laufzeitende gekündigt. Anwalt erhebt keine Klage und rät auch nicht hierzu. Inzwischen ist Präklusionsfrist abgelaufen und der Trainer macht Anwaltshaftung geltend.

Problemstellung: Greift bei dieser Fallgestaltung die Präklusionsfrist ein?

Lösung: Wenn sich der Arbeitgeber bei der Berechnung der Kündigungsfrist (§ 622 II BGB) zum Nachteil des Arbeitnehmers verrechnet, greift die Präklusionsfrist nicht. Der Kern des anwaltlichen Fehlers lag wohl darin, dass der glaubte, es läge auch hier ein bloßer Streit um den Zeitpunkt vor, zu welchem die Kündigung wirksam wird. Dies ist jedoch nicht der Fall, da in einem befristeten Arbeitsvertrag die ordentliche Kündigung ausgeschlossen ist. Wird dann dennoch ordentlich gekündigt, geht es eben nicht um die Frage wann diese Kündigung wirksam wird, sondern um die Frage, ob überhaupt gekündigt werden kann. Folglich hat der Arbeitnehmer einen Verdienstausfallschaden. Anspruchsgrundlage: §§ 280 I, 611a, 675 I BGB.

Günstigkeitsprinzip bei Kündigungsfristen

BAG, 29.01.2015, 2 AZR 280/14

Sachverhalt: Im Arbeitsvertrag ist geregelt: „Die Kündigungsfrist beträgt beiderseits sechs Monate zum 30. Juni oder 31. Dezember des Jahres." Der Arbeitgeber kündigt der Arbeitnehmerin nach über 20 Jahren Betriebszugehörigkeit Ende Dezember 2012 zum 30.6.2013.

Lösung: Eine einzelvertragliche Verkürzung der Fristen ist nicht möglich. Eine einzelvertragliche Regelung von Kündigungsfrist und Kündigungstermin ist regelmäßig als Einheit zu betrachten. Für den **Günstigkeitsvergleich** zwischen vertraglicher und gesetzlicher Regelung ist grundsätzlich ein Gesamtvergleich vorzunehmen. Aus diesem folgt hier zwingend, dass nur die siebenmonatige Kündigungsfrist des § 622 II Nr. 7 BGB Geltung beanspruchen kann. Die Kündigung ist daher weder zum 30.6.2013 wirksam, noch ist sie als Willenserklärung unwirksam. Sie ist vielmehr in eine Kündigung zum 31.7.2013 umzudeuten (bzw. nach a.A. auszulegen).

Die nach der Dauer der Betriebszugehörigkeit gestaffelten Kündigungsfristen in **§ 622 II BGB** verstoßen weder gegen das AGG noch gegen EU-Recht. Die Staffelung hat zwar regelmäßig zur Folge, dass für jüngere Arbeitnehmer kürzere Kündigungsfristen gelten als für ältere Arbeitnehmer. Diese **Ungleichbehandlung** ist jedoch **gerechtfertigt**, da mit zunehmender Dauer des Arbeitsverhältnisses die Bindungen an den Arbeitgeber und Arbeitsort immer längerfristiger und intensiver werden (**Hessisches LAG, 13.05.2013, 7 Sa 511/12**).

Kündigung

A. Die personenbedingte Kündigung

Mit der Befugnis zur personenbedingten Kündigung soll der Arbeitgeber die Möglichkeit erhalten, das Arbeitsverhältnis aufzulösen, wenn der Arbeitnehmer die erforderliche Eignung und Fähigkeiten nicht (mehr) besitzt, um die geschuldete Arbeitsleistung zu erbringen (BAG, AP Nr. 9 zu § 1 KSchG 1969 Personenbedingte Kündigung).

In der Person des Arbeitnehmers liegende Gründe, die eine Kündigung sozial rechtfertigen können, sind solche, die objektiv vorliegen, ohne dass der Arbeitnehmer dafür verantwortlich gemacht zu werden braucht. Die personenbedingte Kündigung setzt somit kein Verschulden voraus.

Die personenbedingte Kündigung wird von der Rechtsprechung in drei Stufen überprüft:

1. **Fehlende Eignung und negative Zukunftsprognose**
   Ein Verschulden des Arbeitnehmers ist nicht erforderlich.
2. **Konkrete betriebliche Beeinträchtigungen und fehlende Weiterbeschäftigungsmöglichkeit**
   Sichere Wahrscheinlichkeit, dass das Arbeitsverhältnis als Austauschverhältnis von Arbeitsleistung gegen Vergütung zukünftig erheblich gestört werden wird
3. **Interessenabwägung**

I. Keine Abmahnung

Da personenbedingte Gründe von einem freien Willensentschluss des Arbeitnehmers unabhängig sind, steht es nicht in der Macht des Arbeitnehmers an ihrem Vorliegen etwas zu ändern. Deshalb ist im Bereich der personenbedingten Kündigung eine vorherige Abmahnung grundsätzlich nicht nur unnötig, sondern sogar sinnlos.

Im Einzelfall kann jedoch eine andere Beurteilung gerechtfertigt sein. Z.B. bei einem (auch außerbetrieblichen) Verhalten, welches Rückschlüsse auf die persönliche Eignung des Arbeitnehmers zulässt.

II. Die Krankheit des Arbeitnehmers (vgl. **Grüneberg**/Weidenkaff, § 626 Rn 51)

Der häufigste Fall der personenbedingten Kündigung ist die Krankheit des Arbeitnehmers.

Dazu haben sich in der Rechtsprechung vier Fallgruppen herausgebildet, die jeweils unterschiedliche Anforderungen an die soziale Rechtfertigung stellen:

- Kündigung wegen lang andauernder Krankheit (BAG, NZA 1985, 257)
- Kündigung wegen häufiger Kurzerkrankungen (BAG, NJW 1990, 2338)
- Kündigung wegen krankheitsbedingter Minderung der Leistungsfähigkeit (BAG, AP Nr. 1 zu § 1 KSchG 1969 - Krankheit; BAG, DB 1992, 2196)
- Kündigung wegen dauernder Leistungsunfähigkeit

Eine Kündigung wegen Krankheit ist nur sozial gerechtfertigt, wenn dem Arbeitgeber nicht mehr zugemutet werden kann, die von der Krankheit ausgehenden Beeinträchtigungen betrieblicher Interessen noch länger hinzunehmen (BAG, DB 1989, 2075). Eine solche Beeinträchtigung betrieblicher Interessen soll nach BAG auch vorliegen können, wenn die Lohnfortzahlungskosten erheblich über dem für einen Zeitraum von 6 Wochen zu entrichtenden Betrag liegen. Dann könne eine unzumutbare wirtschaftliche Belastung vorliegen (BAG, DB 1989, 2075; BAG, NJW 1990, 2338).

Stets ist ein Arbeitnehmer zur Vermeidung einer Kündigung auf einem **leidensgerechten Arbeitsplatz** im Betrieb oder Unternehmen weiterzubeschäftigen, falls ein solch gleichwertiger oder jedenfalls zumutbarer Arbeitsplatz frei und der Arbeitnehmer für die dort zu leistende Arbeit geeignet ist. Gegebenenfalls hat der Arbeitgeber einen solchen Arbeitsplatz durch Ausübung seines Direktionsrechts frei zu machen und sich auch um die eventuell erforderliche Zustimmung des Betriebsrats zu bemühen. Eine „Freikündigung" ist aber ebenso wenig erforderlich wie eine Beförderung. (BAG, NZA 1997, 709; 2007, 1041)

1. Die lang andauernde Krankheit

1. Fehlende Eignung und negative Zukunftsprognose

- Arbeitsunfähigkeit dauert im Zeitpunkt des Zugangs der Kündigung noch an,
- Zeitpunkt der Wiederherstellung der Arbeitsfähigkeit ist objektiv nicht absehbar

2. Konkrete betriebliche Beeinträchtigungen und fehlende Weiterbeschäftigungsmöglichkeit

3. Interessenabwägung

a) Die negative Zukunftsprognose

Nur, wenn bei Zugang der Kündigung die Krankheit noch andauert. Eine nachträgliche Kündigung aufgrund einer bereits ausgeheilten Krankheit würde maßregelnde Wirkung haben.

Die Ungewissheit der Wiederherstellung der Arbeitsfähigkeit kann nur dann einer krankheitsbedingten dauernden Leistungsunfähigkeit gleichgestellt werden, wenn in absehbarer Zeit mit einer anderen als der negativen Prognose nicht gerechnet werden kann. Als absehbare Zeit sieht das BAG im Anschluss an § 1 BeschFG a.F. (= § 14 II TzBfG) einen Zeitraum von 24 Monaten an (BAG, EzA Nr. 46 zu § 1 KSchG Krankheit). Ein solcher Zeitraum kann gegebenenfalls durch Einstellung einer Ersatzkraft mit einem zeitbefristeten Arbeitsverhältnis überbrückt werden.

Wie lange der Arbeitnehmer in der Vergangenheit bereits arbeitsunfähig erkrankt war, ist ohne Bedeutung. Die Kündigung wegen lang andauernder Krankheit ist auf die in Zukunft zu erwartenden betrieblichen und wirtschaftlichen Belastungen des Arbeitgebers gestützt, nicht jedoch auf die in der Vergangenheit aufgetretenen Belastungen (v. Hoyningen-Huene/Linck-Krause, KSchG, § 1 Rn 419; MK-Hergenröder, BGB, § 1 KSchG Rn 171).

b) Zur Interessenabwägung

Bei der Interessenabwägung sind folgende Gesichtspunkte relevant: Lebensalter, Dauer der Betriebszugehörigkeit, (betriebliche) Ursache der Erkrankung, Unterhaltspflichten, (zentrale) Stellung im Betrieb, Störungen im Arbeitsablauf, Produktionsausfall, Verlust von Kundenaufträgen usw. (BAG, AP Nr. 6 zu § 1 KSchG - Krankheit). Nicht kommen Belastungen mit Entgeltfortzahlungskosten in Betracht, da die Entgeltfortzahlung bei Dauererkrankung nur sechs Wochen gewährt wird (§ 3 I 1 EFZG). Es kommt aber zu einer elementaren Störung des Synallagmas des Arbeitsverhältnisses, was im Wesentlichen mit subjektiver Unmöglichkeit der Leistung des Arbeitnehmers gleichzusetzen ist (vgl. **Grüneberg**/Grüneberg, § 275 BGB Rn 23 ff.). Der Arbeitgeber geht faktisch seines Direktionsrechts verlustig.

Das gesamte Kündigungsrecht steht unter dem Grundsatz der Verhältnismäßigkeit. (BAG, DB 1978, 1790). Deshalb verlangt das BAG von dem Arbeitgeber vor der Kündigung die Durchführung von Überbrückungsmaßnahmen, soweit diese möglich oder zumutbar sind

(vgl. § 167 II SGB IX – Eingliederungsmanagement). Als solche kommen z.B. in Frage die Einstellung von Aushilfskräften selbst auf unbestimmte Zeit, die Einführung von Über- oder Mehrarbeit, personelle Umorganisation (BAG, DB 1983, 1047).
Als Folge von **EuGH, 18.01.2018, C-270/16, RA 2018, 253**, wird man abwarten müssen, ob künftig vor allem chronisch kranke Arbeitnehmer einen stärkeren Schutz erfahren, weil man sie im Sinne der Richtlinie als „behindert" einstuft und folglich der Benachteiligungsschutz des AGG eingreift.

Fazit: Es muss unterschieden werden zwischen der

- „normalen" Langzeiterkrankung, die eine konkret feststellbare erhebliche Beeinträchtigung der betrieblichen Interessen verlangt und der
- dauernden Leistungsunfähigkeit, die eine erhebliche Beeinträchtigung betrieblicher Interessen indiziert.

2. **Häufige Kurzzeiterkrankungen**

Bei einer Kündigung wegen häufiger Kurzzeiterkrankungen entspricht das Prüfungsschema dem Grundschema zur personenbedingten Kündigung.

- Negative Gesundheitsprognose,
- erhebliche Beeinträchtigung der betrieblichen Interessen des Arbeitgebers aufgrund der negativen Gesundheitsprognose und
- einzelfallbezogene Interessenabwägung mit der Frage, ob die dem Arbeitgeber entstehenden Beeinträchtigungen noch als zumutbar und damit hinnehmbar anzusehen sind.

Das BAG verlangt für eine negative Prognose Tatsachen, die die ernste Besorgnis weiterer Erkrankungen rechtfertigen. Dabei können häufige Erkrankungen in der Vergangenheit eine Indizwirkung entfalten. **Maßgeblicher Zeitpunkt für die Prognose ist der Zugang der Kündigung beim Arbeitnehmer** (BAG, NZA 1999, 978, 980; ErfK-Oetker, § 1 KSchG Rn 114). Allerdings kommt u.U. ein **Wiedereinstellungsanspruch** in Betracht, wenn sich nach dem Zugang der Kündigung die Prognose nachträglich verbessert. Die Beeinträchtigung der betrieblichen Interessen kann sich sowohl aus Betriebsablaufstörungen als auch aus wirtschaftlichen Belastungen ergeben. (Gerade hier kann das Problem der Lohnfortzahlungskosten relevant werden.) Bei der Interessenabwägung werden die gleichen Gesichtspunkte relevant, wie bei der Kündigung wegen Langzeiterkrankung.

Die wirtschaftlichen Interessen des Arbeitgebers sind durch **Kosten der Entgeltfortzahlung** gem. § 3 I EFZG in der Regel dann erheblich beeinträchtigt, wenn er in drei aufeinanderfolgenden Jahren jeweils mehr als sechs Wochen wegen häufiger Kurzerkrankungen Entgeltfortzahlung leisten muss.
Voraussetzung ist jedoch auch hier eine negative Zukunftsprognose, was voraussetzt, dass die Krankheiten auf einem einheitlichen Grundleiden oder einer generell schlechten Gesundheit des Arbeitnehmers beruhen.

3. **Krankheitsbedingte Minderung der Leistungsfähigkeit**

Zur **Abgrenzung** zwischen einer personen- und einer verhaltensbedingten Kündigung kann man sich an folgender „**Regel**" orientieren: Wer schlecht leistet, obwohl er zur guten Leistung imstande wäre, verletzt den Arbeitsvertrag, kann abgemahnt und in letzter Konsequenz verhaltensbedingt gekündigt werden. Wer jedoch schlecht leistet, weil er alters- oder krankheitsbedingt nicht mehr anders leisten kann, der ist unverschuldet zur Leistung außerstande und für die geschuldete Tätigkeit nicht mehr (voll) geeignet. Da eine Leistungssteigerung subjektiv unmöglich ist (Unvermögen), ist auch eine Abmahnung zwecklos und daher entbehrlich. Die krankheitsbedingte Leistungsminderung gehört daher in die Kategorie der (verschuldensunabhängigen) personenbedingten Kündigung wegen Eignungsmangels.

Tritt beim Arbeitnehmer eine krankheitsbedingte Minderung der Leistungsfähigkeit ein, ist zu beachten, dass der Arbeitgeber i.d.R. verpflichtet ist, dem Arbeitnehmer leichtere oder seinem Körperzustand sonst angemessenere Arbeit zuzuweisen (BAG, DB 1976, 2307). In Betracht kommt auch Teilzeitarbeit (BAG, BB 1973, 750). Dann ist die Kündigung erst zulässig, wenn der Arbeitnehmer auch zu dieser Arbeit nicht mehr fähig ist.

4. **Krankheitsbedingte dauernde Leistungsunfähigkeit**
Das Arbeitsverhältnis ist in diesen Fällen regelmäßig sinnentleert und besteht nur noch als leere Hülle.
Die auch hier vorzunehmende Interessenabwägung wird dadurch vereinfacht, dass bei dauernder Arbeitsunfähigkeit kein schützenswertes Interesse des Arbeitnehmers am Fortbestand des Arbeitsverhältnisses besteht (BAG, NZA 2010, 1234, 1234; ErfK-Oetker, § 1 KSchG Rn 127).

III. Sonstige personenbedingte Gründe (vgl. **Grüneberg**/Weidenkaff, § 626 Rn 48 f., 51a, 54)

- **Alkoholismus:** Voraussetzung ist jedoch, dass der Arbeitnehmer alkoholkrank ist. Anderenfalls liegt eine verhaltensbedingte Kündigung vor **(BAG, 20.03.2014, 2 AZR 565/12, RA 2014, 357)**.
- **Entzug der Arbeits-/Berufsausübungserlaubnis:** Z.B. Entzug/Nichtverlängerung der Fluglizenz eines Piloten (BAG, AP Nr. 23 zu § 1 KSchG 1969 Personenbedingte Kündigung)
- **Gewissens- und Glaubensfreiheit:** Beruft sich der Arbeitnehmer ggü. einer Arbeitsanweisung des Arbeitgebers auf einen ihr entgegenstehenden, ernsthaften inneren Gewissens- oder Glaubenskonflikt, kann das Beharren des Arbeitgebers auf Vertragserfüllung ermessensfehlerhaft im Sinne von §§ 611a I 2 BGB, 106 S. 1 GewO i. V. mit Art. 4 I GG sein.
In diesem Fall stellt zwar die Weigerung des Arbeitnehmers, der Weisung nachzukommen, keine vorwerfbare Pflichtverletzung dar, kann aber geeignet sein, eine Kündigung des Arbeitsverhältnisses aus Gründen in der Person des Arbeitnehmers zu rechtfertigen, wenn es dem Arbeitgeber nicht ohne größere Schwierigkeiten möglich ist, den Arbeitnehmer anderweit sinnvoll einzusetzen. (**BAG, 24.02.2011, 2 AZR 636/09**, im Fall eines muslimischen Arbeitnehmers in einem Getränkemarkt, der sich geweigert hat, alkoholische Getränke in die Regale zu räumen).
- **Straftaten/-haft:** Außerdienstliche Straftaten können Kündigungsgrund sein, wenn sie die Eignung für die vertraglich geschuldete Tätigkeit entfallen lassen. Gleiches gilt für die Strafhaft (BAG, AP Nr. 25 zu § 1 KSchG 1969). Jedenfalls dann, wenn der Arbeitnehmer eine Freiheitsstrafe von mehr als zwei Jahren zu verbüßen hat und nicht absehbar ist, ob und gegebenenfalls wann er vorzeitig aus der Haft entlassen wird, liegt im Regelfall – unbeschadet einer abschließenden Interessenabwägung – ein personenbedingter Grund zur Kündigung vor. In einem solchen Fall kann dem Arbeitgeber i.d.R. nicht zugemutet werden, lediglich Überbrückungsmaßnahmen zu ergreifen und auf eine dauerhafte Neubesetzung des Arbeitsplatzes zu verzichten. Dabei ist u.a. bedeutsam, dass bei zunehmender Haftdauer die Verwirklichung des Vertragszwecks in Frage gestellt wird. Eine mehrjährige Abwesenheit des Arbeitnehmers geht typischerweise mit einer Lockerung seiner Bindungen an den Betrieb und die Belegschaft sowie dem Verlust von Erfahrungswissen einher, weshalb bei der Rückkehr mit Einarbeitungsaufwand zu rechnen ist (**BAG, 22.10.2015, 2 AZR 381/14**).

B. Die verhaltensbedingte Kündigung

Für eine verhaltensbedingte Kündigung genügen solche im Verhalten des Arbeitnehmers liegenden Umstände, die bei verständiger Würdigung in Abwägung der Interessen der Vertragsparteien und des Betriebs die Kündigung als billigenswert und angemessen erscheinen lassen (objektiver Maßstab).

I. Typologie

Im Wesentlichen werden die folgen Typen von Vertragsverletzungen unterschieden:

- Pflichtverletzungen aus dem Leistungsbereich: z.B. Verletzung der Arbeitspflicht durch Schlecht- oder Minderleistung (Der Arbeitnehmer muss tun, was er soll, und zwar so gut, wie er kann. Maßstab ist also nicht der Durchschnitt der anderen Arbeitnehmer, sondern seine individuelle Leistungsfähigkeit.)
- Verletzungen der betrieblichen Ordnung: z.B. Verstöße gegen ein betriebliches Rauch- oder Trinkverbot
- Pflichtwidrigkeiten im Vertrauensbereich: z.B. Verrat von Betriebsgeheimnissen, Annahme von Schmiergeldern, Vermögens- und Eigentumsdelikte gegen den Arbeitgeber oder Kollegen
- Verletzungen von Nebenpflichten sowie vertragswidriges außerdienstliches Verhalten: z.B. Leserbriefe, strafbare Handlungen, Schulden oder „Stalking“ durch hartnäckige nichtdienstliche Kontakte (**BAG, 19.04.2012, 2 AZR 258/11**).

Prüfungsaufbau:

Liegt ein Sachverhalt vor, der an sich (abstrakt) geeignet ist, einen Kündigungsgrund zu bilden, ist anschließend (konkret) zu prüfen, ob eine umfassende Interessenabwägung im Einzelfall bei bestehender Wiederholungsgefahr zu einer sozialen Rechtfertigung führt.

II. Vertragsverletzung im Leistungsbereich (vgl. Grüneberg/Weidenkaff, § 626 Rn 44 f.)

Liegt eine Vertragsverletzung im Leistungsbereich vor, so ist wie folgt zu prüfen:

- Liegt eine konkrete Beeinträchtigung des Arbeitsverhältnisses vor?
- Besteht das Besorgnis einer künftigen Wiederholung?
- Wird die Kündigung dem Ultima-ratio-Prinzip gerecht? (Vor allem: Abmahnung)
- Umfassende Interessenabwägung

III. Außerbetriebliches Verhalten (vgl. **Grüneberg**/Weidenkaff, § 626 Rn 46)

Als Kündigungsgrund problematisch, weil Arbeits- und Privatsphäre an sich scharf zu trennen sind („Dienst ist Dienst und Schnaps ist Schnaps“). Jedoch gibt es Fälle, in denen starke Rück- und Auswirkungen auf die dienstliche Sphäre des Arbeitgebers festzustellen sind. Deshalb kann auch ein außerbetriebliches Verhalten eine Kündigung rechtfertigen (**BAG, 20.10.2016, 6 AZR 471/15**: „Crystal Meth“-Konsum eines Berufskraftfahrers).

Hier ist wie folgt zu differenzieren:
Stellt das außerdienstliche Verhalten gleichzeitig (mindestens) eine **Nebenpflichtverletzung** dar (z.B. Geheimnisverrat, tätliche Angriffe auf Kollegen, das Posten unternehmensschädlicher Äußerungen z.B. bei Instagram), kommt eine *verhaltensbedingte Kündigung* in Betracht.
Stellt das außerdienstliche Verhalten aber *nicht* zugleich (mindestens) eine **Nebenpflichtverletzung** dar, kann die Kündigung nicht auf ein pflichtwidriges Verhalten des Arbeitnehmers gestützt werden. Jedoch ist zu prüfen, ob sich der Arbeitnehmer durch sein außerdienstliches Verhalten nicht als ungeeignet für die vertraglich geschuldete Arbeitsleistung erwiesen hat, so dass eine **personenbedingte Kündigung** in Betracht kommen kann.

Achtung: In einem derartigen Fall kann es notwendig sein (trotz eigentlich personenbedingter Kündigung), vor der Kündigung eine Abmahnung zu erteilen! (BAG, NJW 1998, 554, 556)

IV. Tendenzbetriebe, § 118 BetrVG (lesen!)

Der Arbeitnehmer, der durch seine vertragliche Arbeitsleitung z.B. Funktionen der Kirche wahrnimmt und an der Erfüllung ihres Auftrages mitwirkt (sog. „**Tendenzträger**"), macht sich für die Wahrnehmung der von ihm arbeitsvertraglich übernommenen Aufgaben ungeeignet, wenn er seine Lebensführung nicht so einrichtet, dass sie z.B. den grundlegenden Gesetzen der Kirche entspricht (LAG Rheinland-Pfalz, MDR 1997, 949). Anders z.B. bei einer Putzfrau, da diese keine „Tendenzträgerin" ist. Gleiches würde gelten, wenn eine bei der X-Partei beschäftigte Vorstandssekretärin aus der X-Partei aus- und in die Y- Partei eintritt.

Diese Grundsätze hat der EGMR **(23.09.2010, 1620/03)** beschränkt: Nach dieser Entscheidung darf die katholische Kirche Arbeitnehmer nicht in jedem Fall entlassen, wenn diese Ehebruch begangen haben. Gerichte, die eine solche Kündigung zu überprüfen haben, müssen zwischen den Rechten beider Parteien abwägen und die Art der Tätigkeit berücksichtigen (ebenso **BAG, 08.09.2011, 2 AZR 543/10**). Auf Seiten des Arbeitnehmers sind dabei dessen Recht auf Achtung seines Privat- und Familienlebens und seine Chancen auf dem Arbeitsmarkt zu beachten. Die Kündigung eines Organisten ist hiernach regelmäßig unwirksam.

Beispiel: Einer bei der evangelischen Kirche angestellten Kindergärtnerin kann wegen Mitgliedschaft in einer anderen Religionsgemeinschaft ("Universale Kirche/Bruderschaft der Menschheit") gekündigt werden. Hierin liegt grds. keine Verletzung des Rechts auf Gedanken-, Gewissens- und Religionsfreiheit aus Art. 9 EMRK. Zumindest bei einem aktiven Engagement für eine andere Religionsgemeinschaft kann sich der kirchliche Arbeitgeber regelmäßig nicht darauf verlassen, dass der Arbeitnehmer seine Ideale weiterhin respektiert. **(EGMR, 03.02.2011, 18136/02)**

V. Abmahnung (auch im Vertrauensbereich)

Hierzu bereits oben bei der Abmahnung als milderem Mittel zur Kündigung.

VI. Interessenabwägung

Bei der Abwägung des Interesses des Arbeitnehmers am Erhalt seines Arbeitsplatzes und des Interesses des Arbeitgebers an der Auflösung des Arbeitsverhältnisses sind die folgenden Punkte zu berücksichtigen:

Auf Seiten des Arbeitnehmers:
Sozialdaten (wie bei der betriebsbedingten Kündigung), Grad des Verschuldens, früheres Verhalten, Mitverschulden des Arbeitgebers, Chancen auf dem Arbeitsmarkt, Krankheit sowie Schwere und Häufigkeit der Pflichtverletzung.

Auf Seiten des Arbeitgebers:
Störung des Betriebsablaufs, Wiederholungsgefahr, Vermögensschaden, Schädigung des Ansehens des Arbeitgebers bei Kunden, Schutz der Belegschaft vor weiteren Verstößen sowie Gefahr für Arbeits- oder Betriebsdisziplin.

C. Die betriebsbedingte Kündigung

Der Schutz des Arbeitnehmers gegen eine betriebsbedingte Kündigung reicht nicht besonders weit. Ein absoluter Bestandsschutz verträgt sich nicht mit dem Erfordernis eines wirtschaftlichen Einsatzes des Faktors Arbeit. Die Erhaltung der wirtschaftlichen Substanz soll ja im Übrigen auch dazu dienen, andere Arbeitnehmer im Betrieb vor einem Verlust ihres Arbeitsplatzes zu bewahren. Mit einem Konkurs ist letztendlich niemandem gedient.

Die betriebsbedingte Kündigung wird in vier Stufen auf ihre Rechtsmäßigkeit überprüft:

1. Unternehmerische Entscheidung
2. Dadurch Wegfall eines (oder mehrerer) konkreten Arbeitsplatzes durch dringende betriebliche Erfordernisse. (**Betriebs**bezogene Betrachtung!)
3. Es darf keine andere Weiterbeschäftigungsmöglichkeit geben. (**Unternehmens**bezogene Betrachtung!)
4. Ordnungsgemäße Sozialauswahl **(Betriebs**bezogene Betrachtung!)

I. Unternehmerische Entscheidung

In vollem Umfang nachprüfbar ist das tatsächliche Vorliegen der für die Unternehmensentscheidung maßgeblichen externen und internen Faktoren, der Durchführung der Maßnahme sowie deren Auswirkungen im Betrieb, vor allem ob etwa die Arbeitsplätze der betroffenen Arbeitnehmer durch eine Rationalisierungsmaßnahme weggefallen sind bzw. wegfallen werden.
Dagegen darf die unternehmerische Entscheidung selbst, also die Bestimmung der der Geschäftsführung zu Grunde liegenden Unternehmenspolitik, grundsätzlich vom Gericht nicht auf ihre Erforderlichkeit oder wirtschaftliche Zweckmäßigkeit nachgeprüft werden. Vielmehr unterliegen organisatorische, technische und wirtschaftliche Unternehmensentscheidungen nur einer gerichtlichen Missbrauchskontrolle dahin, ob sie offensichtlich unsachlich, unvernünftig oder willkürlich sind (BAG, DB 1987, 2207). Dies ist der Fall, wenn die Entscheidung gegen Gesetz oder Tarifvertrag verstößt (BAGE 87, 327) oder bestehender Kündigungsschutz umgangen werden soll (BAG, NJW 2003, 2116). Nicht zu prüfen ist, ob die vom Arbeitgeber aufgrund seiner Unternehmerentscheidung erwarteten Vorteile in einem „vernünftigen Verhältnis“ zu den Nachteilen stehen, die der Arbeitnehmer durch die Kündigung erleidet (BAG, NZA 1987, 776, 777).

Klausurhinweis:

Im Fall einer beschlossenen und tatsächlich durchgeführten unternehmerischen Organisationsentscheidung spricht eine Vermutung dafür, dass sie aus sachlichen Gründen erfolgt ist und nicht auf Rechtsmissbrauch beruht **(BAG, 27.01.2011, 2 AZR 9/10)**. Nur in Ausnahmefällen, also wenn der Sachverhalt hierzu explizite Hinweise enthält, haben Sie auf diesen Punkt näher einzugehen.

II. Arbeitsplatzwegfall durch dringende betriebliche Erfordernisse

Dringende betriebliche Erfordernisse können z.B. sein: Rationalisierungsmaßnahmen, Umstellung oder Einschränkung der Produktion wegen Auftragsmangels bzw. Umsatzrückgangs, Anschaffung neuer Maschinen.
Die ‚dringenden betrieblichen Erfordernisse' sind dann dringend, wenn es dem Arbeitgeber nicht möglich ist, der bei Ausspruch der Kündigung bestehenden betrieblichen Lage durch andere Maßnahmen technischer, organisatorischer oder wirtschaftlicher Art als durch eine (Beendigungs-)Kündigung zu entsprechen. Achtung: Wenn der Arbeitgeber z.B. eine neue Maschine anschafft, stellt sich nicht die Frage, ob die Anschaffung an sich ein dringendes betriebliches Erfordernis ist, sondern ob wegen des z.B. hieraus resultierenden Personalüberhangs die Kündigung ein solches dringendes betriebliches Erfordernis darstellt.

Die Umsetzung der Unternehmerentscheidung muss zum **Wegfall des Arbeitsplatzes** der gekündigten Arbeitnehmer **im konkreten Betrieb** geführt haben. Dies ist dann der Fall, wenn mehr besetzte Arbeitsplätze vorhanden sind, als der Arbeitgeber für die anfallende Arbeit benötigt (Servatius, JURA 2006, 811, 812).
Aus dem Ultima-Ratio-Prinzip, welches in § 1 II 1 KSchG durch die Worte „dringend" und „bedingt" zum Ausdruck kommt (Kamanabrou, JURA 2005, 102, 106; Servatius, JURA 2006, 811, 813), folgt, dass der Arbeitgeber vor der Kündigung vorrangig andere wirtschaftlich vertretbare Maßnahmen durchzuführen hat. Hierzu zählt der Abbau von Überstunden (Junker, Rn 373), nicht aber die Einführung von Kurzarbeit, da diese eine nur vorübergehend fehlende Beschäftigungsmöglichkeit voraussetzt (Hromadka/Maschmann, § 10 Rn 201).

Ferner ist zu beachten, dass in den Fällen, in denen die Kündigung auf eine **künftige Entwicklung der betrieblichen Verhältnisse** gestützt wird, die Kündigung bereits dann ausgesprochen werden kann, wenn eine **abschließende Willensbildung** vorliegt und die betreffenden betrieblichen Umstände **greifbare Formen** angenommen haben. Solche greifbaren Formen liegen vor, wenn im Zeitpunkt des Ausspruchs der Kündigung auf Grund einer vernünftigen, betriebswirtschaftlichen Betrachtung davon auszugehen ist, zum Zeitpunkt des Kündigungstermins sei mit einiger Sicherheit der Eintritt eines die Entlassung erforderlich machenden betrieblichen Grundes gegeben. Anderenfalls (Arbeitgeber erwägt noch andere Alternativen und agiert insofern noch „ergebnisoffen") liegt eine unzulässige „Vorratskündigung" vor. (**BAG, 31.07.2014, 2 AZR 422/13; 02.06.2005, 2 AZR 480/04**)

Wird einem Entlassungsverlangen des Betriebsrats im Verfahren nach § 104 S. 4 BetrVG rechtskräftig stattgegeben, begründet dies ein dringendes betriebliches Erfordernis i.S.d. § 1 II 1 KSchG für eine ordentliche arbeitgeberseitige Kündigung (**BAG, 28.03.2017, 2 AZR 551/16**, JuS 2017, 1121).

III. Keine anderweitige Beschäftigungsmöglichkeit

Kann der Arbeitnehmer in dem selben oder einem anderen Betrieb des Unternehmens weiterbeschäftigt werden, ist die Kündigung ausgeschlossen. Dies gilt entgegen § 1 II Nr. 1 letzter HS und Nr. 2 letzter HS KSchG unabhängig vom Widerspruch des Betriebsrates oder des Personalrats. Das Ultima-ratio-Prinzip kann in seiner Geltung nicht von der Frage abhängen, ob im Betrieb ein Betriebsrat besteht und ob dieser seine Arbeit ordnungsgemäß erledigt. Auch die Änderungskündigung genießt insoweit Vorrang vor der Beendigungskündigung (Servatius, JURA 2006, 811, 813). Arbeitsplätze im **Ausland** sind nicht zu berücksichtigen, da das KSchG nur im Bereich der Bundesrepublik gilt (**BAG, 29.08.2013, 2 AZR 808/12**).
Dabei müssen auch in der Hierarchie und der Qualifikation (deutlich) niedriger angesiedelte freie Arbeitsplätze angeboten werden. Die Grenze bilden nur diejenigen Fälle, in denen das Angebot einen **beleidigenden Charakter** hätte. Folglich muss einem gewerblichen Arbeitnehmer auch eine freie Stelle als Pförtner angeboten werden (**ArbG Bonn, 06.04.2016, 5 Ca 2292/15**), dem bisherigen Personalchef demgegenüber nicht (**BAG, 21.04.2005, 2 AZR 244/04**).

IV. Soziale Auswahl

Nach § 1 III KSchG sind bei der Auswahl unter mehreren Arbeitnehmern, bei denen wegen dringender betrieblicher Gründe eine Entlassung möglich gewesen wäre, soziale Gesichtspunkte zu berücksichtigen.

1. Bildung von Vergleichsgruppen

Zunächst ist der Personenkreis zu ermitteln, der für die Auswahl unter sozialen Aspekten in Betracht kommt (Bildung von Vergleichsgruppen). Innerhalb des Betriebes (!) sind sämtliche Arbeitnehmer zu berücksichtigen, die mit dem, dessen Arbeitsplatz weggefallen ist, vergleichbar sind (Junker, Rn 374). Die Vergleichbarkeit richtet sich nach arbeitsplatzbezogenen Merkmalen.

Vergleichbar sind folglich nur diejenigen Arbeitnehmer, die im Hinblick auf die von ihnen ausgeübte Tätigkeit **austauschbar** sind. Dabei ist eine wechselseitige Austauschbarkeit nicht erforderlich. Maßgeblich ist nur, dass der Arbeitnehmer, dessen Arbeitsplatz wegfällt, imstande ist, die gleichwertige Arbeit des anderen Arbeitnehmers auszuüben, selbst wenn es dafür einer kurzen Einarbeitungszeit bedarf (drei Monate sind bereits zu lang, BAG, EzA Nr. 31 zu § 1 KSchG Soziale Auswahl).
Austauschbarkeit (Vergleichbarkeit) in diesem Sinne setzt voraus, dass der Aufgabenbereich miteinander vergleichbar ist **(tatsächliche Einsetzbarkeit)**; ferner muss der Arbeitgeber in der Lage sein, den Arbeitnehmer, dessen Arbeitsplatz wegfällt, nach den arbeitsvertraglichen Vorgaben kraft Direktionsrechts auf den in Betracht kommenden anderen Arbeitsplatz umzusetzen bzw. zu versetzen **(rechtliche Einsetzbarkeit)**. Schließlich können nur Arbeitnehmer auf derselben Ebene der Betriebshierarchie in die Sozialauswahl einbezogen werden, sog. **horizontale Vergleichbarkeit.** (**BAG, 24.05.2005, 8 AZR 398/04**)
Nicht austauschbar sind die Arbeitnehmer der unterschiedlichen Stufen der horizontalen Vergleichbarkeit **(vertikale Vergleichbarkeit)**. Anderenfalls käme es entweder zu einem Anspruch auf Beförderung (vgl. BAG, NJW 1991, 587, 589) oder zu einem „Verdrängungswettbewerb“ nach unten Deshalb ist z.B. der Hilfsarbeiter mit dem Meister nicht vergleichbar.

Bei der Bildung der Vergleichsgruppe ist darüber hinaus zu beachten, ob bestimmte Personen vorrangig zu kündigen sind oder aber ganz aus der Sozialauswahl herausfallen. Hierzu gilt:

- Arbeitnehmer, die die **sechsmonatige Wartefrist** noch nicht zurückgelegt haben, sind stets vor den Arbeitnehmern zu kündigen, die bereits unter den Schutz des KSchG fallen. Eine Ausnahme gilt lediglich für die Fälle des § 1 III 2 KSchG („Leistungsträger-Klausel“) (BAG, NZA 1986, 64, 66).
- Arbeitnehmer, bei denen die **ordentliche Kündigung** durch den Arbeitgeber **gesetzlich ausgeschlossen** ist (§ 15 I KSchG, § 2 I ArbPlSchG und § 22 II BBiG), sind nicht in die Sozialauswahl einzubeziehen.
- Ebenfalls nicht in die Sozialauswahl einzubeziehen sind die **tarifvertraglich ordentlich unkündbaren** Arbeitnehmer (APS-Kiel, § 1 KSchG Rn 703; SPV-Preis, Rn 1065; a.A. Riebele, NZA 2003, 1243, 1244). Eine Ausnahme ist im Fall von Rechtsmissbrauch oder sich ergebender grob unbilliger Auswahlergebnisse anzuerkennen (APS-Kiel, § 1 KSchG Rn 704 ff.).
- Streitig ist vor allem die Frage, ob auch **einzelvertraglich unkündbare Arbeitnehmer** aus der Sozialauswahl herauszunehmen sind. Dagegen wird vorgebracht, dass ein unzulässiger Vertrag zu Lasten Dritter vorliege (LAG Sachsen, NZA 2002, 905, 907 f.). Nach h.M. findet keine Einbeziehung in die Sozialauswahl statt, wenn der Ausschluss der ordentlichen Kündbarkeit auf sachlichen Erwägungen beruht und nicht der bloßen Umgehung der gesetzlichen Sozialauswahl dient (APS/Kiel, § 1 KSchG Rn 708 f.; SPV-Preis, Rn 1066).
- **Befristet beschäftigte Arbeitnehmer** fallen grundsätzlich nicht in die Sozialauswahl, da ihr Arbeitsverhältnis gem. § 15 I TzBfG erst mit dem Ablauf der vereinbarten Befristungszeit endet. Anders aber, wenn der Vertrag die Möglichkeit einer vorzeitigen ordentlichen Kündigung vorsieht (§ 15 III TzBfG).

2. Kriterien der Sozialauswahl und Punktetabellen

Innerhalb des festgelegten Personenkreises hat nun die eigentliche Sozialauswahl zu erfolgen. Dabei sind gemäß § 1 III 1 KSchG zu berücksichtigen: Dauer der Betriebszugehörigkeit, Lebensalter, Unterhaltspflichten und die Schwerbehinderung des Arbeitnehmers. Streitig ist, in welchem Maße der Arbeitgeber über die genannten Kriterien hinaus weitere soziale Belange berücksichtigen darf. Jedenfalls kommen hier nur solche Kriterien in Betracht, die mit dem Arbeitsverhältnis in Verbindung stehen. Z.B.: Berufskrankheiten oder im Betrieb erlittene unverschuldete Arbeitsunfälle. (SPV-Preis, Rn 1091 ff.; noch enger APS-Kiel, § 1 KSchG Rn 732; Servatius, JURA 2006, 811, 813, die einen unmittelbaren und spezifischen Zusammenhang mit den vom Gesetzgeber festgeschriebenen Grunddaten verlangen. Abzulehnen daher das Kriterium „Alleinerziehend", vgl. für einen Sozialplan **BAG, 22.01.2013, 1 ABR 85/11**.) Diese anderen sozialen Belange muss der Arbeitgeber aber nicht berücksichtigen (APS-Kiel, § 1 KSchG Rn 732; PSV-Preis, Rn 1091).

Eine mit den genannten Sozialdaten verbundene **Schlechterstellung jüngerer Arbeitnehmer** ist durch rechtmäßige Ziele aus den Bereichen Beschäftigungspolitik und Arbeitsmarkt gerechtfertigt **(BAG, 15.12.2011, 2 AZR 42/10)**. Jedoch ist ein Arbeitnehmer, der bereits Regelaltersrente beziehen kann, deutlich weniger schutzbedürftig als ein Arbeitnehmer, der noch keine Altersrente zu beanspruchen hat (**BAG, 27.04.2017, 2 AZR 67/17, RA-Telegramm 2017, 54**).

Über die Gewichtung der Kriterien enthält das Gesetz keine Aussage. Man wird die **vier Sozialkriterien** deshalb zunächst als **gleichwertig** anzusehen haben.

<u>Examenstipp:</u>

Relation der Sozialdaten

BAG, 29.01.2015, 2 AZR 164/14, RA2015, 369

Das bedeutet aber nicht (!), dass es nur darauf ankommt, wie viele der vier gesetzlichen Kriterien zu Gunsten des einen und wie viele zu Gunsten des anderen Arbeitnehmers ausschlagen. Vielmehr verlangt gerade die Gleichrangigkeit der Auswahlkriterien danach, die mit ihnen verbundenen konkreten Daten der betroffenen Arbeitnehmer in ein Verhältnis zueinander zu setzen. Ein Kriterium fällt relativ umso stärker ins Gewicht, je größer der durch dieses aufgezeigte Unterschied zu Gunsten des einen Mitarbeiters ausfällt **(BAG, 29.01.2015, 2 AZR 164/14, RA 2015, 369)**.

<u>Beispiel:</u> A ist ein Jahr jünger als B und ein Jahr kürzer im Betrieb, hat aber 3 Unterhaltspflichten, B keine.

Der Arbeitgeber darf im Rahmen der Sozialauswahl **Altersgruppen** bilden. Hierin liegt kein Verstoß gegen das Verbot der Altersdiskriminierung aus §§ 1, 10 AGG, da die Ungleichbehandlung wegen des schützenswerten Interesses des Arbeitgebers an einer ausgewogenen Altersstruktur gerechtfertigt ist (**BAG, 06.11.2008, 2 AZR 701/07**). Allerdings darf der Arbeitgeber durch die Altersgruppen eine ausgewogene Personalstruktur nur „sichern", nicht aber erst herstellen. Folglich muss die Quote der Kündigungen pro Altersgruppe dem Anteil der Arbeitnehmer dieser Gruppe an der Gesamtbelegschaft entsprechen **(BAG, 26.03.2015, 2 AZR 478/13, RA 2015, 428)**.

Bei **Massenentlassungen** greifen Arbeitgeber in der Regel zu **Punktetabellen**. Nach früherer Rspr. konnte sich u.U. eine Vielzahl von Arbeitnehmern darauf berufen, dass einer der ungekündigten Arbeitnehmer sozial weniger schutzwürdig ist als sie („Dominoeffekt"; BAG, EzA Nr. 34 zu § 1 KSchG Betriebsbedingte Kündigung). Diese Rspr. hat das BAG aufgegeben. Kann der Arbeitgeber im Kündigungsschutzprozess aufzeigen, dass der gekündigte Arbeitnehmer auch bei richtiger Erstellung der Rangliste anhand des Punktesystems zur Kündigung angestanden hätte, so ist die Kündigung nicht wegen fehlerhafter Sozialauswahl unwirksam. Denn der Fehler ist für die Auswahl dieses Arbeitnehmers nicht **ursächlich** geworden. Er wirkt sich vielmehr nur bei dem Arbeitnehmer aus, der bislang auf dem letzten Platz der Rangliste gestanden hat und deshalb bei Vermeidung des Fehlers ungekündigt geblieben wäre (BAG, NZA 2007, 549, 550 f.).
Beachten Sie den reduzierten Prüfungsmaßstab: Das Gericht prüft nur, ob soziale Gesichtspunkte „nicht oder nicht ausreichend" berücksichtigt wurden. Damit kommt ihm ein gewisser Beurteilungsspielraum zu (**BAG, 07.07.2011, 2 AZR 476/10**). Es wird nicht geprüft, ob das Gericht selbst, eine andere Entscheidung getroffen hätte. Mithin **können nur deutlich schutzwürdigere Arbeitnehmer mit Erfolg die Fehlerhaftigkeit der sozialen Auswahl rügen.**

Beachte: Im Sonderfall des § 1 IV KSchG (lesen!) kann die soziale Auswahl der Arbeitnehmer nur auf „grobe Fehlerhaftigkeit" überprüft werden. Eine solche ist dann gegeben, wenn die Gewichtung der im Gesetz genannten Sozialkriterien jede Ausgewogenheit vermissen lässt (BAG, NJW 1999, 3797).

3. **Berechtigtes betriebliches Interesse an bestimmten Arbeitnehmern**
Von der Sozialauswahl können diejenigen Arbeitnehmer ausgenommen werden, deren Weiterbeschäftigung wegen ihrer Kenntnisse und Leistungen („Leistungsträger") oder zur Erhaltung einer ausgewogenen Personalstruktur im berechtigten betrieblichen Interesse liegt (§ 1 III 2 KSchG). Allerdings darf der Arbeitgeber nur einzelne Arbeitnehmer aus der Sozialauswahl herausnehmen. Eine Obergrenze dürfte bei 25 - 30 % der Belegschaft liegen (BAG, NZA 2003, 849, 853).

V. Abfindungsanspruch gem. § 1a KSchG

Die Nicht-Erhebung der Klage durch den Arbeitnehmer ist ein reiner Realakt. Folglich kann er den Anspruch gem. § 1a KSchG nach einem entsprechenden Angebot des Arbeitgebers auch geltend machen, wenn er das „Angebot" in einem ersten Wutanfall „abgelehnt" hat.
Der Anspruch besteht auch, wenn die Kündigung sich bei ihrer gerichtlichen Überprüfung als unwirksam erwiesen hätte.
Die Voraussetzung einer Kündigung „wegen dringender betrieblicher Erfordernisse" i.S.v. § 1a I 1 KSchG läuft faktisch leer. Denn selbst wenn man verlangt, dass die Kündigung tatsächlich auf betriebsbedingte Gründe gestützt wird, ist es dem Arbeitgeber aufgrund der ausdrücklichen Erklärung im Kündigungsschreiben gem. § 242 BGB (venire contra factum proprium) verwehrt, sich auf das Nichtvorliegen von betriebsbedingten Gründen zu berufen (PSV-Preis, Rn 1178).
§ 1a KSchG regelt mit den 0,5 Monatsgehältern eine Mindestgrenze nach unten, die aber auch überschritten werden kann.
Neben § 1a KSchG bleibt es den Vertragsparteien unbenommen, einen Aufhebungsvertrag mit einer Abfindungsvereinbarung abzuschließen.

D. Die Druckkündigung

(**Grüneberg**/Weidenkaff, § 626 Rn 52) Auch eine Drucksituation des Arbeitgebers kann einen wichtigen Grund für eine (fristlose) Kündigung darstellen, wenn diese von den Mitarbeitern, dem Betriebsrat, einer Aufsichtsbehörde oder von Kunden unter Androhung von Nachteilen eingefordert wird. Nicht nur praktisch, sondern auch rechtlich relevant ist dies insbesondere bei einem **objektiv ungerechtfertigten Abberufungsverlangen** seitens eines Dritten, da dem Arbeitgeber bei einem durch das Verhalten oder die Person begründeten Kündigungsanlass ohnehin ein Kündigungsrecht zur Seite steht. Die Rechtmäßigkeit der Kündigung richtet sich dann nach den allgemeinen Grundsätzen der **personen- oder verhaltensbedingten** Kündigung, die Drucksituation ist lediglich im Rahmen der Interessenabwägung zu berücksichtigen.

Fehlt es an einer objektiven Rechtfertigung der Drohung, kommt daneben eine Kündigung aus **betriebsbedingten** Gründen in Betracht. Ob die Drucksituation eine außerordentliche oder ordentliche Kündigung rechtfertigt, lässt sich abstrakt nicht beurteilen. Entscheidend ist die konkrete Drucksituation. Als außerordentliche Kündigung kommt die Druckkündigung nur in seltenen Ausnahmekonstellationen in Betracht.
Verlangt die Belegschaft oder ein Teil der Belegschaft die Entlassung eines Arbeitnehmers, so darf der Arbeitgeber dieser Forderung nicht ohne weiteres nachgeben. Er hat sich vielmehr auf Grund seiner arbeitsvertraglichen Fürsorgepflicht schützend vor den betroffenen Arbeitnehmer zu stellen und alles Zumutbare zu versuchen, um die Belegschaft von ihrer Drohung abzubringen. Unterlässt er dies, so ist eine Druckkündigung unwirksam. Nur dann, wenn die Versuche des Arbeitgebers keinen Erfolg haben, die Belegschaft also beispielsweise ernsthaft die Zusammenarbeit mit dem betroffenen Arbeitnehmer verweigert, ist die Kündigung gerechtfertigt.

Wirksamkeitsvoraussetzung einer betriebsbedingten Druckkündigung ist ferner, dass ein Verhalten in Aussicht gestellt wird, durch das schwerste wirtschaftliche Schäden für den Arbeitgeber drohen und dass die Kündigung das einzige Mittel der Schadensabwendung ist. Potentielle Druckmittel sind Auftrags- und Liefersperren sowie Streikdrohungen. Ferner kann der Druck durch die Androhung von Eigenkündigungen oder sonstigen Nachteilen ausgelöst werden.

Die vorherige Anhörung des Arbeitnehmers ist keine Wirksamkeitsvoraussetzung der Druckkündigung.

E. Außerordentliche Kündigung, § 626 BGB

Prüfungsablauf bei der Begründetheit einer außerordentlichen Kündigung

I. Ursprüngliches Bestehen eines wirksamen Arbeitsvertrages

II. Wirksamkeit der Kündigungserklärung (§ 623 BGB)

III. Einheitliche dreiwöchige Präklusionsfrist (§§ 4 S. 1, 7, 13 I 2 KSchG)

IV. Gesetzliche Kündigungsverbote (§ 17 MuSchG, 168 f. SGB IX, § 18 BEEG)

V. Verstoß gegen das Maßregelungsverbot, § 612a BGB

VI. Kündigung wegen Betriebsübergangs, § 613a BGB

VII. Mitwirkungsrechte des Betriebsrats, §§ 102, 103 BetrVG

VIII. Voraussetzungen des § 626 BGB
   1. Kündigungserklärungsfrist des § 626 II BGB
   2. „Wichtiger Grund" nach § 626 I BGB

IX. Generalklauseln des BGB, §§ 134, 138, 142 BGB

X. Wenn Unwirksam: Umdeutung in eine wirksame (!) ordentliche Kündigung, § 140 BGB analog

I. Ursprüngliches Bestehen eines wirksamen Arbeitsverhältnisses

Bei einer außerordentlichen Kündigung muss sehr genau darauf geachtet werden, ob ein sic-non-Fall gegeben ist.
Stützt der Kläger die Unwirksamkeit auf Arbeitnehmer-Schutzrechte, z.B. § 102 BetrVG, liegt ein sic-non-Fall vor.
Stützt sich der Kläger nur darauf, dass ein wichtiger Grund i.S.d. § 626 I BGB nicht vorliegt, hängt es von der **Antragsformulierung** ab, ob ein sic-non-Fall gegeben ist (**LAG Mecklenburg-Vorpommern, 3 Ta 29/16, RA 2017, 81, 83 f.**; **LAG Hamm, 26.03.2008, 2 Ta 830/07**).
Vor allem im **2. Examen bei Anwaltsklausuren** besteht hier Grund zur Vorsicht: Soll z.B. einem Geschäftsführer wegen eines wichtigen Grundes gekündigt werden, der nichts mit arbeitsrechtlichen Normen zu tun hat, muss gut überlegt werden, welcher Antrag zu stellen ist. Soll die Frage, ob der Gekündigte als Arbeitnehmer anzusehen ist, nicht thematisiert werden, z.B., weil es diesbezüglich derzeit keine Differenzen gibt, sollte nur der folgende Antrag gestellt werden: „Es wird festgestellt, dass das zwischen den Parteien bestehende Dienstverhältnis über den (Beendigungsdatum) hinaus fortbesteht." Soll parallel auch die Stellung als Arbeitnehmer „festgezurrt" werden, lautet der Antrag: „Es wird festgestellt, dass das zwischen den Parteien bestehende Arbeitsverhältnis durch die außerordentliche Kündigung der Beklagten vom (Datum) nicht aufgelöst worden ist." Im letzteren Fall verliert der Kläger den Prozess schon, wenn er kein Arbeitnehmer ist. Die Hürden für den Gewinn des Prozesses liegen also höher.

II. Wirksamkeit der Kündigungserklärung (Zugang, Vertretung, Form)

III. Einheitliche dreiwöchige Präklusionsfrist (§§ 13 I 2, 4 S. 1, 7 KSchG)

[Es wird für I. – III. auf die Ausführungen bei der ordentlichen Kündigung verwiesen.]

IV. Gesetzliche Kündigungsverbote

§ 15 I KSchG verbietet nur die ordentliche Kündigung eines Betriebsratsmitglieds, nicht hingegen die außerordentliche.

V. Verstoß gegen das Maßregelungsverbot, § 612a BGB

VI. Kündigung wegen Betriebsübergangs, § 613a BGB

[Es wird für V. und VI. auf die Ausführungen bei der ordentlichen Kündigung verwiesen.]

VII. Mitwirkungsrechte des Betriebsrats, §§ 102, 103 BetrVG (Grüneberg/Weidenkaff, § 626 Rn 11 ff.)

Für die Anhörung des Betriebsrats gelten für „normale" Arbeitnehmer die Ausführungen zur ordentlichen Kündigung.

Die Wahrung der Kündigungserklärungsfrist des **§ 626 II BGB** und bestehender **Sonderkündigungsschutz**, der die ordentliche Kündigung ausschließt, gehört **nicht** zu den „Gründen für die Kündigung" i.S.v. § 102 I 2 BetrVG, über die der Arbeitgeber den Betriebsrat unterrichten muss.

Betriebsverfassungsrechtliche Funktionsträger können nur außerordentlich gekündigt werden, **§ 15 KSchG.** Hierzu muss der Betriebsrat aber gem. **§ 103 BetrVG** seine Zustimmung erteilen. Verweigert der Betriebsrat seine Zustimmung, kann der Arbeitgeber vor dem Arbeitsgericht einen Antrag auf Ersetzung der vom Betriebsrat verweigerten Zustimmung stellen.

Im Unterschied zu § 15 KSchG gibt es bei § 103 BetrVG keine Nachwirkungsfrist. Das bedeutet, dass bei Kündigung eines ehemaligen Betriebsratsmitglieds der Betriebsrat nur gem. § 102 BetrVG angehört werden muss.

In Betracht kommt als Unwirksamkeitsgrund weiterhin die fehlende Zustimmung nach §§ 47, 108 BPersVG. Weiter die fehlende bzw. fehlerhafte Anhörung des Betriebs- bzw. Personalrats nach § 102 I BetrVG bzw. §§ 79, 108 BPersVG.

VIII. Voraussetzungen des § 626 BGB

1. Kündigungserklärungsfrist des § 626 II BGB (Grüneberg/Weidenkaff, § 626 Rn 20/21 ff.)

Mit dem Zeitpunkt, in dem der Kündigungsberechtigte Kenntnis von den für die Kündigung maßgebenden Tatsachen erhält, läuft die zweiwöchige Ausschlussfrist des § 626 II BGB. Mit Ablauf dieser Frist kann eine außerordentliche Kündigung auf diese Tatsachen nicht mehr gestützt werden. Die Kündigungserklärung muss dem Erklärungsempfänger innerhalb der Frist zugehen - die bloße Absendung reicht nicht aus. Auch wird die Frist nicht durch die Anhörung des Betriebsrats gehemmt, der nach § 102 II 3 BetrVG seine Bedenken gegen die außerordentliche Kündigung innerhalb von drei Tagen mitteilen muss. Jedoch wird die Frist gehemmt, solange der Arbeitgeber Maßnahmen durchführt, die zur Aufklärung des Kündigungssachverhalts notwendig sind. Dazu gehört die Anhörung des Arbeitnehmers. Selbst **grob fahrlässige Unkenntnis** setzt die Frist demgegenüber nicht in Gang (**BAG, 02.02.2006, 2 AZR 57/05**; KR-Fischermeier, § 626 BGB Rn 319).

Vorsicht ist bei **Dauerzuständen** (z.B. eigenmächtiges Fernbleiben von der Arbeit, Selbstbeurlaubung) geboten. In diesen Fällen beginnt die Frist nicht vor der Beendigung dieses Zustands, weil der Arbeitgeber erst mit Ende des Zustands das Ausmaß der Pflichtverletzung beurteilen kann. Zur Fristwahrung genügt also, dass der Zustand bis zwei Wochen vor der Kündigung angehalten hat (**BGH, 20.06.2005, II ZR 18/03**; **Grüneberg**/Weidenkaff, § 626 Rn 27).

§ 626 II BGB bezieht sich nach dem eindeutigen Wortlaut allein auf die Ausübung des Kündigungsrechts, nicht auf die zugrundeliegenden Kündigungsgründe. Ist also bereits eine Kündigung ausgesprochen, so schränkt § 626 II 1 BGB unmittelbar ein **Nachschieben** nachträglich bekannt gewordener und zeitlich vor Ausspruch der Kündigung liegender Gründe nicht ein (BAG, NZA 1997, 1158, 1159).

Schwerbehinderte: Nach § 174 II 1 SGB IX kann die Zustimmung des Integrationsamts nur binnen zwei Wochen, nachdem der Arbeitgeber von den für die Kündigung maßgeblichen Tatsachen Kenntnis erlangt, beantragt werden. Nur wenn die Frist des § 626 II 1 BGB nach Erteilung der Zustimmung durch das Integrationsamt bereits abgelaufen ist, will die Sonderregelung des § 174 V SGB IX dem Umstand Rechnung tragen, dass es dem Arbeitgeber regelmäßig nicht möglich ist, die Zustimmung bis zum Ablauf der Zwei-Wochen-Frist des § 626 II 1 BGB einzuholen. Hieraus folgt, dass beide Fristen im Grundsatz selbstständig nebeneinander stehen. Die Einhaltung der Frist des § 174 II 1 SGB IX unterliegt allein der Prüfungskompetenz des Integrationsamts. Dessen Entscheidung bindet wegen der so genannten Tatbestandswirkung insoweit alle Behörden und Gerichte. Eine darüber hinausgehende Feststellungswirkung entfaltet der Zustimmungsbescheid nicht. Ob die Frist § 626 II 1 BGB eingehalten worden ist, fällt demgegenüber in die Prüfungskompetenz der Arbeitsgerichte. Dies ist zulässig, da insoweit nicht die Wirksamkeit des zustimmenden Verwaltungsakts selbst zur Kontrolle ansteht. (**BAG, 02.03.2006, 2 AZR 46/05**)

2. **„Wichtiger Grund" nach § 626 I BGB (Grüneberg**/Weidenkaff, § 626 Rn 37 ff.)
   § 314 BGB regelt nun allgemein das Recht zur außerordentlichen Kündigung für Dauerschuldverhältnisse. Die Bedeutung dieser Norm für das Arbeitsrecht ist allerdings begrenzt, weil § 626 BGB insoweit verdrängende lex specialis ist.

Ein wichtiger Grund ist gegeben, wenn Tatsachen vorliegen, die unter Berücksichtigung aller Umstände und unter Abwägung der Interessen beider Vertragsteile dem Kündigenden die Fortsetzung des Vertragsverhältnisses (bis zum Ablauf der ordentlichen Kündigungsfrist) unmöglich machen und alle in Betracht kommenden milderen Mittel unzumutbar sind (BAG, BB 1998, 109; **Grüneberg**/Grüneberg, § 314 Rn 7).

Das Vorliegen eines wichtigen Grundes ist nach **objektiven Kriterien** zu beurteilen. Das Motiv des Kündigenden ist demgegenüber grundsätzlich unerheblich (BAG, AP Nr. 42 zu § 626 BGB). Ebenso ist für das Vorliegen eines Kündigungsgrundes ein **Verschulden** weder erforderlich noch ausreichend. Jedoch ist die Frage nach dem Verschulden ein wichtiges Bewertungsprinzip im Rahmen der vorzunehmenden Interessenabwägung (BAG, NZA 1999, 863, 864 f.; Stahlhacke/Preis/Vossen, Rn 615; Erman/Belling, § 626 Rn 30).

Maßgebender Zeitpunkt für die Beurteilung der Rechtmäßigkeit der Kündigung ist auch bei der außerordentlichen Kündigung der **Zugang** der Kündigungserklärung.

<u>Hinweis zum Prüfungsaufbau:</u>

Auch die außerordentliche Kündigung gibt es verhaltens-, personen- und betriebsbedingte (**BAG, 27.06.2019, 2 AZR 50/19, RA-Telegramm 2019, 107**) Kündigung. In der Regel ist der außerordentliche Kündigungsgrund ein solcher, der im Verhalten des Arbeitnehmers wurzelt. Deshalb wird auch **in der Regel** bei § 626 I BGB das **Schema der verhaltensbedingten Kündigung** anzuwenden sein. In diesem Fall empfiehlt es sich, die Prüfung des wichtigen Grundes aufzuspalten: Zunächst ist zu prüfen, ob ein bestimmtes Verhalten überhaupt **(abstrakt) geeignet** ist, einen wichtigen Grund darzustellen. Ist dies zu bejahen, ist zu prüfen, ob dieses Verhalten auch im gegebenen Fall **(konkret) geeignet** ist, zur außerordentlichen Kündigung zu führen.

ABER: Wenn es sich ausnahmsweise um eine **betriebs- oder personenbedingte außerordentliche Kündigung** handeln sollte, muss auch im Rahmen des § 626 I BGB das Schema dieser Kündigungsgründe herangezogen werden. Dies kommt vor allem in Betracht, wenn die ordentliche Kündigung ausgeschlossen ist.

a) Abstrakte Eignung (bei verhaltensbedingter außerordentlicher Kündigung)

Die „an sich" geeigneten außerordentlichen Kündigungsgründe unterscheiden sich nicht von den ordentlichen Kündigungsgründen. Der Unterschied ist vielmehr **quantitativer Art** (Motto: „Es kommt knüppeldick."). Als abstrakt geeignete wichtige Kündigungsgründe sind (u.a.) anerkannt:

- **Anstellungsbetrug:** Der Arbeitnehmer zeigt z.B. falsche oder verfälschte Zeugnisse vor. (Was aber auch gem. § 123 BGB zur Anfechtung berechtigen kann.)
- **Arbeitspflichtverletzungen:** Hierunter fällt insbesondere die beharrliche Arbeitsverweigerung. Dies setzt voraus, dass eine intensive Weigerung des Arbeitnehmers vorliegt, weshalb in der Regel eine Abmahnung erforderlich ist (BAG, NJW 1997, 274, 275). Weiterhin setzt die beharrliche Arbeitsverweigerung voraus, dass für den Arbeitnehmer überhaupt eine Arbeitspflicht besteht.
- **Arbeitszeitbetrug:** Der Arbeitnehmer stempelt z.B. nicht für die „Zigarettenpause" aus, obwohl dies vom Arbeitgeber vorgegeben ist oder der Arbeitnehmer rechnet die Zeit der Parkplatzsuche als Arbeitszeit ab **(BAG, 09.06.2011, 2 AZR 381/10)**.
- **Drohung mit Krankmeldung:** Der Arbeitnehmer der, seine Forderungen auf diesem Wege durchzusetzen versucht, verletzt seine arbeitsvertragliche Rücksichtnahme- und Treuepflicht **(LAG Rheinland-Pfalz, 21.07.2020, 8 Sa 430/19, RA 2020, 585)**.
- **Krankfeiern:** Der Arbeitnehmer macht krank, obwohl gar keine krankheitsbedingte Arbeitsunfähigkeit vorliegt. Gleichgestellt ist die Ankündigung von Krankheiten, wenn der Arbeitgeber z.B. den beantragten Urlaub nicht gewährt. Anders kann dies sein, wenn der Arbeitnehmer objektiv an einer nicht ausgeheilten Grunderkrankung leidet und befürchtet, dass sich sein Gesundheitszustand verschlechtert, wenn der Arbeitgeber auf der Zuweisung einer bestimmten Arbeit besteht **(LAG Köln, 29.01.2014, 5 Sa 631/13)**.
- **Nach-Tat-Verhalten:** Bei fristlosen Kündigungen kann im Rahmen der Interessenabwägung auch das Verhalten des Arbeitnehmers nach Begehung der Pflichtwidrigkeit, aber vor Ausspruch der Kündigung ("Nach-Tat-Verhalten") zu seinen Lasten berücksichtigt werden. Das kommt etwa in Betracht, wenn der Arbeitnehmer die Pflichtwidrigkeit beharrlich leugnet und lügt **(LAG Berlin-Brandenburg, 01.12.2011, 2 Sa 2015/11)**. Dem steht die **„Emmely"**- Entscheidung des BAG (**10.6.2010, 2 AZR 541/09**) nicht entgegen, da es dort darum ging, dass das prozessuale Verteidigungsvorbringen im Kündigungsschutzprozess nicht auf den Kündigungsgrund zurückwirken könne.
- **Selbstbeurlaubung** oder die vorsätzliche erhebliche Überschreitung des gewährten Urlaubs
- **Treuepflichtverletzungen**: Z.B.: Vollmachtsmissbrauch, Verrat von Betriebsgeheimnissen, Ankündigung der Vorlage einer Arbeitsunfähigkeitsbescheinigung für den Fall, dass der beantragte Urlaub nicht gewährt wird.
- **Schmiergeld-Annahme**
- **Strafbare Handlungen:** Ihre Begehung muss unstreitig oder bewiesen sein, jedoch ist eine Verurteilung im Strafverfahren zwar i.d.R. hinreichend **(BAG, 23.10.2014, 2 AZR 865/13)** aber keine zwingende Voraussetzung (BAG, NJW 1985, 3094). Sittlichkeits-, Körperverletzungs-, Vermögens- und Eigentumsdelikte sind stets ein wichtiger Grund, wenn sie gegen den Arbeitgeber, Kollegen oder Kunden gerichtet sind (BAG, FA 4/2005 Nr. 5 für den Fall der Pfandkehr, § 289 StGB).

Examenstipp:

Die Verdachtskündigung ist ein besonders gerne und häufig geprüftes Thema!

- **Verdachtskündigung** (**Grüneberg**/Weidenkaff, § 626 Rn 49): Der Verdacht einer strafbaren Handlung oder einer sonstigen schweren arbeitsvertraglichen Verfehlung kann ein wichtiger Grund zur außerordentlichen Kündigung sein, wenn der Verdacht das zur Fortsetzung des Arbeitsverhältnisses notwendige Vertrauen in die Rechtschaffenheit des Arbeitnehmers zerstört oder in anderer Hinsicht eine unerträgliche Belastung des Arbeitsverhältnisses darstellt (vgl. BAG, NJW 1996, 540; NZA 1997, 1340 ff.). Die Verdachtskündigung stellt sich mithin als **personen**- und nicht als verhaltens**bedingte Kündigung** dar (Hromadka/Maschmann, ArbR I, § 10 Rn 120; Junker, ArbR, Rn 412).

  Eine Verdachtskündigung ist unter folgenden Voraussetzungen möglich:

  - Begründung der Kündigung gerade mit dem (bloßen) Verdacht.
  - Der Verdacht muss durch objektive Umstände belegt sein.
  - Der Verdacht muss dringend sein (überwiegende Wahrscheinlichkeit spricht für die Tat).
  - Erforderlich ist eine Straftat oder eine sonstige schwerwiegende Verfehlung des Arbeitnehmers, welche – wenn sie bewiesen wäre – die außerordentliche verhaltensbedingte Kündigung rechtfertigen würde.
  - Die Verdachtsmomente müssen geeignet sein, das für die Fortsetzung des Arbeitsverhältnisses erforderliche Vertrauen zu zerstören.
  - Der Arbeitgeber muss alle zumutbaren Anstrengungen unternommen haben, um den Sachverhalt aufzuklären.
  - Unverzichtbar ist eine vorherige Anhörung des Arbeitnehmers. Diese ist formelle Wirksamkeitsvoraussetzung einer Verdachtskündigung. Unterbleibt sie schuldhaft, ist die Kündigung schon aus diesem Grund unwirksam.

  Sofern nach der ersten Verdachtskündigung weitere, den **Verdacht verstärkende Umstände** auftreten (z.B. Erhebung der Anklage), kann der Arbeitgeber erneut kündigen. Obwohl der gleiche Sachverhalt (z.B. Diebstahlsverdacht) zugrunde liegt, liegt keine unzulässige Wiederholungskündigung vor. (Für den Strafrechtler: Der hinreichende Tatverdacht ist ein anderer Verdacht als der ursprüngliche Anfangsverdacht.) Mit jedem „verstärkten“ Verdacht beginnt auch die Frist des **§ 626 II BGB** neu zu laufen. **(BAG, 27.01.2011, 2 AZR 825/09; Grüneberg**/Weidenkaff, § 626 Rn 26).

  Dem wegen Verdachts Gekündigten ist wohl i.d.R. ein Anspruch auf Wiedereinstellung zuzuerkennen, wenn sich der Verdacht als unbegründet herausstellt (BAGE 16, 72). Das ist nicht der Fall, wenn das Verfahren lediglich nach § 170 II 1 StPO eingestellt wird (BAG, NZA 1997, 1340 ff.).

b) Konkrete Eignung (bei verhaltensbedingter außerordentlicher Kündigung)
Ist festgestellt, dass ein abstrakt geeigneter Kündigungsgrund vorliegt, ist am Einzelfall die konkrete Geeignetheit zu prüfen.

aa) Interessenabwägung und ultima ratio
Dabei sind die **Interessen** des Arbeitgebers an der sofortigen Beendigung des Arbeitsverhältnisses gegen die Interessen des Arbeitnehmers an dessen Fortführung gegeneinander abzuwägen. Aus dem Grundsatz der Verhältnismäßigkeit folgt, dass eine außerordentliche Kündigung erst dann zulässig ist, wenn mildere Mittel (z.B. Änderungskündigung, Weiterbeschäftigung zu veränderten, auch schlechteren Bedingungen, Versetzung, Abmahnung, ordentliche Kündigung) nicht zur Verfügung stehen oder nicht zumutbar sind (BAGE 30, 310). Die außerordentliche Kündigung muss also ultima ratio sein.

Die Interessenabwägung ist normativ auf arbeitsvertraglich relevante Umstände zu konkretisieren. Zu beachten sind stets die

- Art und Schwere der Vertragsstörung sowie
- die Folgen, insbesondere, ob das in Rede stehende Verhalten des Arbeitnehmers konkrete betriebliche oder wirtschaftliche Auswirkungen nach sich zieht (BAG, AP Nr. 99 zu § 626 BGB).
- Das Verschulden ist zwar keine notwendige Voraussetzung des Kündigungsgrundes, aber ein wichtiges Bewertungsprinzip im Rahmen der Abwägung.
- Zu beachten ist die Dauer der Betriebszugehörigkeit, insbesondere die Dauer des störungsfreien Verlaufs des Arbeitsverhältnisses (BAG, AP Nr. 101 zu § 626 BGB).

Beispiel: Die systematische Manipulation von Zeiterfassungsdaten stellt zwar eine schwerwiegende Pflichtverletzung dar, die grds. geeignet ist, eine fristlose Kündigung zu rechtfertigen. Eine verhältnismäßig geringfügige Verletzung kann aber regelmäßig nicht mit einer Kündigung geahndet werden. Eine solche Bagatelle liegt etwa vor, wenn ein Arbeitnehmer einen Auszubildenden anweist, sich für eine einminütige Mitarbeit nicht in das Zeiterfassungssystem einzustempeln. **(LAG Schleswig-Holstein, 29.03.2011, 2 Sa 533/10)**

Beispiel: Muss ein Arbeitnehmer eine Freiheitsstrafe von mehr als zwei Jahren verbüßen, so kann der Arbeitgeber den Arbeitsplatz regelmäßig dauerhaft neu besetzen und dem inhaftierten Arbeitnehmer (ordentlich) personenbedingt kündigen. Da der Arbeitnehmer in einem solchen Fall seine Leistungsunmöglichkeit selbst zu vertreten hat, sind dem Arbeitgeber geringere Anstrengungen zur Überbrückung der Fehlzeit zuzumuten als z.B. bei krankheitsbedingter Arbeitsunfähigkeit eines Arbeitnehmers. **(BAG, 24.03.2011, 2 AZR 790/09)**

Beispiel: Besteht der dringende Verdacht, dass ein Polizeiangestellter in nicht geringer Menge "liquid ecstasy" hergestellt und dadurch gegen das Betäubungsmittelgesetz (BtMG) verstoßen hat, so rechtfertigt dies regelmäßig eine Kündigung des Arbeitsverhältnisses. Ein solcher Verdacht ist selbst dann mit der Tätigkeit eines Polizeiangestellten nicht zu vereinbaren, wenn er sich auf eine außerdienstlich begangene Tat bezieht. **(ArbG Berlin, 29.03.2011, 50 Ca 13388/10)**

Beispiel: Muslimische Arbeitnehmer können berechtigt sein, das Arbeiten mit alkoholischen Getränken zu verweigern. Dafür darf ihnen nur dann gekündigt werden, wenn ihnen im Rahmen der betrieblichen Organisation keine andere Tätigkeit zugewiesen werden kann, die sie ohne Religionskonflikt verrichten können. Arbeitnehmer müssen in einem solchen Fall allerdings konkret aufzeigen, an welchen Tätigkeiten sie sich aus religiösen Gründen gehindert sehen, damit der Arbeitgeber das Vorliegen freier Arbeitsplätze prüfen kann. **(BAG, 24.02.2011, 2 AZR 636/09)**

Klausurhinweis:

Beruht die Vertragspflichtverletzung auf **steuerbarem Verhalten** des Arbeitnehmers, ist grundsätzlich davon auszugehen, dass sein künftiges Verhalten schon dadurch positiv beeinflusst werden kann, dass ihm für den Wiederholungsfall Folgen für den Bestand des Arbeitsverhältnisses angedroht werden. Ordentliche und außerordentliche Kündigung wegen einer Vertragspflichtverletzung setzen deshalb regelmäßig eine Abmahnung voraus. Schöpfen Sie alle Hinweise in Sachverhalt aus und argumentieren Sie gerade hier besonders sorgfältig und fallbezogen. Das Problem in einer Klausur ist selten, ob überhaupt eine Vertragsverletzung vorliegt, sondern vielmehr die Frage, ob diese als Kündigungsgrund ausreichend ist.

IX. Generalklauseln des BGB, §§ 134, 138, 142 BGB

Schließlich kann die Kündigung auch **sittenwidrig (§ 138 BGB) oder rechtsmissbräuchlich (§ 242 BGB)** sein. Bei § 134 BGB kommen vor allem **diskriminierende Kündigungen nach AGG** in Betracht.

[Es wird ansonsten auf die Ausführungen bei der ordentlichen Kündigung verwiesen.]

X. Wenn Unwirksam: Umdeutung in eine wirksame (!) ordentliche Kündigung, § 140 BGB analog

Wenn die außerordentliche Kündigung unwirksam ist, kommt eine Umdeutung in eine ordentliche Kündigung in Betracht. (**Grüneberg**/Weidenkaff, § 626 Rn 34 ff.) Hierfür gilt das folgende **Prüfungs-schema**:

1. **Unwirksamkeit der außerordentlichen Kündigung**

2. **Hypothetischer Wille des Arbeitgebers zur ordentlichen Kündigung**
   Dieser wird i.d.R. vorliegen. Typischer Hinweis im Sachverhalt: Arbeitgeber hat den Betriebsrat hilfsweise zur ordentlichen Kündigung angehört.

3. **Erkennbarkeit dieses Willens für den Arbeitnehmer**

4. **Wirksamkeit der ordentlichen Kündigung**
   Inzidentprüfung der ordentlichen Kündigung! Keine Umdeutung einer unwirksamen außerordentlichen in eine unwirksame ordentliche Kündigung!

Klausurhinweis:

Keinesfalls dürfen Sie umdeuten, wenn der Arbeitgeber auch **hilfsweise ordentlich** gekündigt hat. In diesem Fall hat der Arbeitgeber nämlich schon seinerseits (wenn auch nur hilfsweise) ordentlich gekündigt, weshalb es einer Umdeutung nicht bedarf. Gleiches gilt, wenn der Arbeitnehmer sich nach seinem Antrag nur gegen die außerordentliche wehren will, die ordentliche Beendigung aber hinnimmt. In letzterem Fall wäre schon die Prüfung der Umdeutung ein Verstoß gegen § 308 I 1 ZPO!

Betriebsübergang

Grüneberg/Weidenkaff, § 620 Rn 11 ff.

Maßgebend ist, ob nach dem Übergang die **Identität** des bisherigen Betriebs **gewahrt** wird („ins gemachte Nest setzen"). Findet eine wesentliche Umgestaltung oder gar eine Zerschlagung statt, scheidet ein Betriebsübergang aus.

Es muss eine **organisatorisch abgrenzbare wirtschaftliche Einheit in ihrer ursprünglichen Identität** übergehen, so dass der neue Inhaber den Betrieb fortführen kann. An dieser Rechtsprechung des BAG und des EuGH hat sich nach **BAG, 13.10.2011, 8 AZR 455/10**, nichts dadurch geändert, dass der EuGH in der „Klarenberg"-Entscheidung vom 12.02.2009 (C-466/07) an die Wahrung der organisatorischen Selbständigkeit eines übernommenen Betriebsteils beim Erwerber geringere Anforderungen stelle als die bisherige Rechtsprechung.

Das setzt voraus, die

- Übernahme eines nach Zahl und Sachkunde wesentlichen Teils des Personals und/oder
- Übertragung relevanter materieller oder immaterieller Betriebsmittel.

Entscheidend ist, dass der eigentliche Kern des zur Wertschöpfung erforderlichen Funktionszusammenhangs beim Übernehmer als solcher existent bleibt, denn nur dann kann aus der alten Einheit Nutzen gezogen werden.
Nach dem EuGH, **12.02.2009, C-466/07**, reicht es aus, wenn beim Erwerber die funktionale Verknüpfung zwischen den übertragenen Produktionsfaktoren beibehalten bleibt.

Merke: Es muss also strikt unterschieden werden zwischen:

Veräußererbetrieb: Organisatorisch abgrenzbare wirtschaftliche Einheit nötig.

Erwerberbetrieb: Nach dem EuGH reicht es aus, wenn die funktionale Verknüpfung zwischen den übertragenen Produktionsfaktoren beibehalten bleibt.

Bei der Entscheidung, ob es sich um einen die Identität wahrenden Übergang handelt, ist folglich eine **Gesamtabwägung** nötig, bei der folgende Punkte einfließen (vgl. BAG, AP Nr. 172, 196 zu § 613a BGB):

- Um welche Art des Unternehmens/Betriebs handelt es sich?
- Gingen materielle Betriebsmittel über? (Eigentumslage ist egal, BAG, NJW 2006, 2141, LS 4)
- Welchen Wert besaßen die immateriellen Aktiva zum Zeitpunkt des Übergangs?
- Wurde die Hauptbelegschaft übernommen?
- Ging die Kundschaft über?
- Inwieweit sind sich die Tätigkeiten ähnlich, die vor und nach dem Übergang vorgenommen wurden?
- Wie lange wurde die Geschäftsfortführung u.U. unterbrochen (vgl. BAG, NJW 2006, 2138, 2139)?

Die Feststellung eines Betriebsübergangs setzt auch bei **Produktionsbetrieben**, die durch ihre Betriebsmittel geprägt sind, eine Gesamtbewertung aller Umstände voraus. Die bloße Tatsache, dass die (wesentlichen) Betriebsmittel nicht übernommen wurden, macht einen Betriebsübergang zwar sehr unwahrscheinlich, macht die Gesamtabwägung aber nicht entbehrlich (**BAG, 25.08.2016, 8 AZR 53/15**).

Vor allem bei **Dienstleistungsunternehmen**:

- Wurden „Know-How-Träger" übernommen?
- Wurden die Arbeitsorganisation und die Betriebsmethoden übernommen?

Fazit: An einer identitätswahrenden Fortführung und damit an einer Tatbestandsverwirklichung des § 613a BGB fehlt es, wenn die alte Einheit zerstört wird. Dies ist zu bejahen, wenn Betrieb oder Betriebsteil in eine schon vorhandene andere Einheit vollständig integriert, somit aufgelöst wird und den Übergang nicht überlebt. Auch eine sofortige Stilllegung steht der Verwirklichung des Tatbestands entgegen, wie im Übrigen auch jede andere, inhaltlich wesentliche Umstrukturierung. Der Neuaufbau einer Arbeitsorganisation ist etwas anderes als die Weiternutzung einer schon beim Veräußerer bestehenden Einheit und vermeidet § 613a BGB tatbestandlich.

Beispiel: Ein neuer Pächter erwirbt eine Betriebskantine und stellt das Konzept von der Zubereitung frischer Speisen auf die Anlieferung fertiger Gerichte aus einer Großküche um. Den Köchen wird gekündigt.
Trotz erfolgter Übernahme der Betriebsmittel (hier Einrichtung des Speisesaals, der Kücheneinrichtung etc.) kann ein Betriebsübergang dennoch ausgeschlossen sein, wenn der Erwerber aufgrund eines veränderten Betriebskonzepts diese nur noch teilweise benötigt und nutzt. Das gilt jedenfalls dann, wenn der Erwerber erhebliche Änderungen in der Organisation und der Personalstruktur des Betriebs eingeführt hat, so dass in der Gesamtschau keine Fortführung des früheren Betriebs anzunehmen ist.
Nach diesen Grundsätzen hat im Beispiel kein Betriebsübergang stattgefunden. Es liegt eine erhebliche Änderung des bisherigen Betriebskonzepts und damit auch der Betriebs- und Arbeitsorganisation vor. Mit den Köchen sind frühere Arbeitsplätze mit prägender Funktion weggefallen. **(BAG, 17.12.2009, 8 AZR 1019/08)**

Merke: Der bloße Gesellschafterwechsel stellt keinen Betriebsübergang dar.

Problem: Wann liegt bei „Querschnittsfunktionen" (z.B. übergeordnete Verwaltungen) ein (Teil-) Betriebsübergang vor?
In diesem Fall setzt ein Betriebsübergang voraus, dass die erworbenen Elemente schon beim Betriebsveräußerer eine Einheit dargestellt haben und diese vom Erwerber identitätswahrend fortgeführt wird. **(BAG, 07.04.2011, 8 AZR 730/09)**

Sofern ein sog. **Betriebsübergang i.S.d. § 613a BGB** vorliegt, hat dies weit reichende **Konsequenzen**:

- **Der Arbeitsvertrag geht „so wie er ist" auf den neuen Betriebsinhaber über (gesetzliche Vertragsübernahme).**
  Vor allem bleiben erworbene „Senioritäten" und Betriebszugehörigkeitszeiten erhalten, was für gesetzliche Wartefristen (z.B. § 1 KSchG) und Kündigungsfristen, § 622 II BGB, relevant ist. Änderungen können sich ergeben, wenn im Betrieb des Erwerbers ein eigener Tarifvertrag besteht, § 613a I 2-4 BGB.

- **Der Arbeitnehmer kann wegen des Betriebsübergangs gem. § 613a IV BGB nicht gekündigt werden.**
  Die Kündigung aus anderen Gründen ist jedoch gem. § 613a IV 2 BGB nicht ausgeschlossen. In der Klausur bedeutet dies, dass eine Kündigung „wegen" Betriebsübergangs durch das Vorliegen eines anderen Kündigungsgrundes widerlegt wird.

- **Der Arbeitnehmer, der von einem Betriebsübergang betroffen ist, kann diesem gem. § 613a VI BGB widersprechen.**
  In diesem Fall bleibt er Arbeitnehmer in einem bisherigen Betrieb.

Bei **mehreren aufeinanderfolgenden Betriebsübergängen** kann der Arbeitnehmer nur dem letzten Übergang widersprechen und sich dabei nur an den letzten Erwerber und den letzten Veräußerer wenden **(BAG, 13.11.2014, 8 AZR 919/13)**.
Die Widerspruchsfrist von einem Monat läuft erst ab der Unterrichtung i.S.d. § 613a V BGB. Achtung: Auch eine rechtlich **falsche Unterrichtung** (was in der Klausur bei Mitteilung ihres Inhalts überprüft werden muss!) setzt die Widerspruchsfrist **nicht** in Kraft **(BAG, 10.11.2011, 8 AZR 277/10)**. Falsch ist z.B. eine Unterrichtung, die dem Arbeitnehmer fälschlicherweise den Eindruck einer langfristigen Beschäftigungsmöglichkeit beim neuen Betreiber vermittelt **(LAG Düsseldorf, 14.10.2015, 1 Sa 733/15, RA 2015, 649)**.

Sofern zur widerspruchslosen Weiterarbeit beim Erwerber eine zumindest „grundlegende Information" nach § 613a V BGB hinzukommt und sich die Weiterarbeit beim Erwerber über einen Zeitraum von mindestens **sieben Jahren** erstreckt, liegen nach BAG Umstands- und Zeitmoment vor, die das Widerspruchsrecht gem. **§ 242 BGB verwirken** lassen. Eine grundlegende Information muss enthalten: Den Übergang des Arbeitsverhältnisses, den Zeitpunkt oder den geplanten Zeitpunkt des Übergangs, den Gegenstand des Betriebsübergangs, den Betriebserwerb und das Widerspruchsrecht der Arbeitnehmer (**BAG, 24.08.2017, 8 AZR 265/16, RA-Telegramm 2018, 59**). **Verwirkung** tritt auch ein, wenn der Arbeitnehmer im Kündigungsschutzprozess gegen den Betriebserwerber sich dahingehend **vergleicht**, dass kein Betriebsübergang und demzufolge kein Arbeitsverhältnis besteht. Der Vorbehalt gleichwohl das Widerspruchsrecht gegenüber dem Betriebsveräußerer ausüben zu wollen, ist als Verstoß gegen das Verbot widersprüchlichen Verhaltens unbeachtlich (**BAG, 17.10.2013, 8 AZR 974/12**).

Durch den Widerspruch kann es im „Restbetrieb" des bisherigen Inhabers zu Personalüberhang kommen. In diesem Fall kann es im Rahmen der neuen Gesamtbelegschaft zu betriebsbedingten Kündigungen kommen. Im Rahmen der Sozialauswahl darf es (nach neuerer BAG-Rspr.) keine Rolle spielen, ob der Widerspruch von einem sachlichen Grund getragen wird. Erstens steht das Widerspruchsrecht des § 613a VI BGB nicht unter einem entsprechenden Vorbehalt und zweitens sind die Umstände, die bei der Sozialauswahl berücksichtigt werden dürfen, in § 1 III 1 KSchG abschließend aufgezählt. **(BAG, 31.05.2007, 2 AZR 276/06)**

Problem: Abgrenzung zur Betriebsstilllegung und zur Verschmelzung

Unter Betriebsstilllegung ist die Auflösung der zwischen Arbeitgeber und Arbeitnehmer bestehenden Betriebs- und Produktionsgemeinschaft zu verstehen, die ihre Veranlassung und zugleich ihren unmittelbaren Ausdruck darin findet, dass der Unternehmer die bisherige wirtschaftliche Betätigung in der ernstlichen Absicht einstellt, die Verfolgung des bisherigen Betriebszwecks dauernd oder für eine ihrer Dauer nach unbestimmte, wirtschaftlich nicht unerhebliche Zeitspanne nicht weiter zu verfolgen (vgl. etwa **BAG 16.02. 2012, 8 AZR 693/10**).
Der Stilllegungsbegriff hängt nicht davon ab, ob der fragliche Betriebsteil von dem gleichen oder von einem anderen Rechtsträger weitergeführt wird. Wird eine Betriebsstätte in eine andere eingegliedert und mit dieser **verschmolzen**, liegt keine Betriebsstilllegung vor, sondern es entsteht eine - neue - Betriebsstätte (**BAG 18.10.2006, 2 AZR 676/05**).
Sofern (und weil) sich bei einer Verschmelzung der Rechtsträger nicht ändert, liegt in diesem Fall **kein Betriebsübergang** vor (**LAG Frankfurt, 30.08.2012, 14 Sa 683/11**).
Nur wenn die Verschmelzung zweier Betriebsstätten zu einem Arbeitskräfteüberhang führt und dies die Beschäftigungsmöglichkeit für einen Arbeitnehmer der Beschäftigungsgruppe entfallen lässt, der der gekündigte Arbeitnehmer angehört, kann die Kündigung aufgrund der Verschmelzungsentscheidung sozial gerechtfertigt sein (**BAG 18.10.2006, 2 AZR 676/05; LAG Frankfurt, 30.08.2012, 14 Sa 683/11**).

Problem: Prozessvergleich mit altem Arbeitgeber

Fall: Während eines laufenden Kündigungsschutzprozesses findet ein Betriebsübergang statt. Arbeitnehmer und alter Arbeitgeber schließen einen Prozessvergleich. In diesem wird der Arbeitsvertrag gegen Zahlung einer Abfindung aufgehoben. Danach macht der Arbeitnehmer beim neuen Arbeitgeber Weiterbeschäftigung geltend, da der Prozessvergleich ja nur „inter partes“ wirken würde.

BAG, 24.08.2006, 8 AZR 574/05: Der ehemalige Arbeitgeber bleibt prozessführungsbefugt und darf den Prozess im eigenen Namen in gesetzlicher Prozessstandschaft weiterführen (§ 265 II 1 ZPO analog). Nach einer Meinung kann er somit materiell-rechtlich bindende Prozessvergleiche abschließen (**Thomas/Putzo**, § 265 Rn 12; BGH, NJW-RR 1987, 307). Jedenfalls kann aber der neue Betriebsinhaber den im Vergleich enthaltenen Vertrag (→ „Doppelnatur des Prozessvergleichs“) gem. §§ 177 I, 182 II BGB (konkludent) genehmigen. Folglich wirkt der Vergleich auch für und gegen ihn und das Arbeitsverhältnis gilt als rückwirkend beendet.

Die Anfechtung des Arbeitsvertrages

A. Wirkung der Anfechtung

Die Anfechtung eines bereits in Vollzug gesetzten (aktualisierten) Arbeitsverhältnisses wirkt nur ex nunc, da die bereicherungsrechtliche Abwicklung den erforderlichen Sozialschutz nicht gewährleistet und der Abgeltung der bereits geleisteten Arbeit nicht gerecht wird (Ausnahme von § 142 BGB). Für die Zeit bis zur Anfechtung gilt der Arbeitsvertrag als voll wirksam.

Ist es zu einer Arbeitsaufnahme noch gar nicht gekommen, wirkt die Anfechtung entsprechend § 142 BGB ex tunc, also rückwirkend. Das gleiche gilt, wenn der Arbeitsvertrag zwar zunächst aktualisiert, zu einem späteren Zeitpunkt aber wieder außer Funktion gesetzt wurde und der Arbeitnehmer von da an keine Arbeitsleistung mehr erbringt, z.B. bei einer Erkrankung des Arbeitnehmers (BAG, DB 1999, 852). In diesem Fall wirkt die Anfechtung auf den Zeitpunkt der Außerfunktionssetzung zurück (BAG, NJW 1984, 446).

Merke: Zwischen Anfechtung und Kündigung besteht ein wichtiger Unterschied: Der Grund für eine **Anfechtung** liegt in einem **Willensmangel im Zeitpunkt des Vertragsschlusses**. Demgegenüber soll bei einer Kündigung ein Rechtsverhältnis, welches fehlerfrei zustandegekommen ist, für die Zukunft beseitigt werden, weil sich nach Abschluss des Vertrages die Voraussetzungen geändert haben oder eine Fortsetzung des Vertragsverhältnisses nicht mehr gewollt ist.

I. Zulässigkeit der Anfechtung

II. Anfechtungserklärung

III. Anfechtungsgrund

IV. Kausalität des Irrtums für die abgegebene Willenserklärung

V. Anfechtungsfrist

VI. Anfechtungsgegner

VII. Kein Ausschluss der Anfechtung

VIII. Rechtsfolge

B. Anfechtungsfristen

Anfechtung nach **§§ 119, 120 BGB**: Zur zeitlichen Konkretisierung des in § 121 I BGB verwandten unbestimmten Rechtsbegriffs "unverzüglich" ist die in § 626 II BGB enthaltene **zweiwöchige** Ausschlussfrist heranzuziehen (BAG, BB 1980, 834).

Anfechtung nach **§ 123 BGB**: Im Gegensatz zu § 121 I BGB enthält § 124 BGB für die zeitliche Begrenzung keinen unbestimmten Rechtsbegriff, sondern eine fest fixierte starre Ausschlussfrist von einem Jahr, so dass für § 626 II BGB (auch unter dem Gesichtspunkt der Verwirkung) kein Raum ist (BAG, AP Nr. 25 zu § 123 BGB).

C. Anfechtungsgründe

I. Der Erklärungsirrtum (§ 119 I BGB)

Zulässig ist die Anfechtung wegen Irrtums in der Erklärungshandlung (z.B. Versprechen oder Verschreiben) oder wegen Irrtums über den Erklärungsinhalt (z.B. wenn der Arbeitgeber eine Stenotypistin einstellen will, aber von „Sekretärin" spricht, weil er sich über die Bedeutung der Begriffe irrt).

II. Der Eigenschaftsirrtum (§ 119 II BGB)

Der Grad der Leistungsfähigkeit eines Arbeitnehmers oder eine vorübergehende Leistungsminderung sind zwar regelmäßig noch keine verkehrswesentlichen Eigenschaften. Anders verhält es sich jedoch, wenn die objektive Tauglichkeit des Arbeitnehmers durch seinen Gesundheitszustand erheblich herabgesetzt wird (z.B. Epilepsie, BAG, AP Nr. 3 zu § 119 BGB; **Grüneberg**/Ellenberger, § 119 BGB Rn 26 a.E.).

Schwangerschaft ist keine verkehrswesentliche Eigenschaft, da sie kein Dauerzustand ist (BAGE 11, 270) und dem Sinn des MuSchG widersprechen würde.

Die Vertrauenswürdigkeit des Arbeitnehmers kann nur in besonderen Vertrauenspositionen eine verkehrswesentliche Eigenschaft begründen (BAG, AP Nr. 17 zu § 123 BGB). Die Vertrauenswürdigkeit kann durch eine Vorstrafe erschüttert sein. Sie muss einschlägig sein und zur Annahme der Nichteignung des Bewerbers für den Arbeitsplatz führen. Irrelevant ist sie gemäß § 51 BZRG, wenn sie aus dem Strafregister getilgt ist.

III. Die Täuschungsanfechtung (§ 123 BGB)

Die Täuschung kann im Vorspiegeln falscher Tatsachen bestehen. Die falsche Antwort in einem Vorstellungsgespräch oder einem Einstellungsfragebogen ist aber nur dann eine arglistige Täuschung, wenn die Frage zulässig war, also kein Recht zur Lüge bestand.
Das bewusste Verschweigen von Tatsachen stellt nur dann eine arglistige Täuschung dar, wenn eine Pflicht zur Aufklärung bestand.

Die Ausübung des Anfechtungsrechts kann allerdings auch nach § 242 BGB ausgeschlossen sein. Dies ist dann der Fall, wenn die Rechtslage des Getäuschten im Zeitpunkt der Anfechtung durch die arglistige Täuschung nicht mehr beeinträchtigt ist (BAGE, 22, 278, 281; 75, 77, 86; **Grüneberg**/Ellenberger, § 123 BGB Rn 25). Bei der vorzunehmenden Abwägung ist auf die vertraglich geschuldete Leistung (die Art der Tätigkeit des Arbeitnehmers) und den mit der Fragestellung verfolgten Zweck (vor allem bezogen auf den Aufgaben- und Tätigkeitsbereich des Arbeitgebers) abzustellen.

Beispiel: Im Fall eines ehemaligen Stasi-Spitzels, der fünf Jahre lang bei einer Körperschaft des öffentlichen Rechts öffentliche Überwachungs- und Beratungsaufgaben wahrgenommen hat (technischer Aufsichtsbeamter) hat das BAG entschieden, dass eine glaubwürdige rechtsstaatliche Verwaltung nicht auf der Annahme aufgebaut werden könne, die Belastung eines Mitarbeiters werde schon nicht bekannt werden. Vielmehr drohe im Falle des Bekanntwerdens ein irreparabler Vertrauensverlust nicht nur bei den von der Körperschaft zu betreuenden Betrieben (BAG, NZA 1998, 1052).

Weiterhin setzt die Anfechtung des Arbeitsvertrags wegen arglistiger Täuschung voraus, dass

- der Anfechtungsgegner wissen oder erkennen musste, dass die von ihm verschwiegene (oder behauptete) Tatsache für die Entscheidung zur **Begründung des Arbeitsvertrages wesentlich** sein kann [So z.B. bei der Behauptung besonders guter Geschäftskontakte, **LAG Schleswig-Holstein, 19.11.2013, 1 Sa 50/13**.] und
- die verschwiegene (oder behauptete) Tatsache für die Begründung des Arbeitsvertrages **ursächlich** war. Dies ist nicht der Fall, wenn der Arbeitgeber in der Klageerwiderung erklärt, er hätte den Arbeitnehmer unabhängig von der Antwort auf die Frage (z.B. nach einer etwaigen Schwerbehinderung) eingestellt. **(BAG, 07.07.2011, 2 AZR 396/10)**

Das Fragerecht des Arbeitgebers (vgl. **Grüneberg**/Weidenkaff, § 611 Rn 6 und § 8 AGG Rn 3)

1. Zulässige und unzulässige Fragen

Die Prüfung erfolgt zweistufig:

- Abwägung des Aufklärungsinteresses des Arbeitgebers mit dem Geheimhaltungsinteresse des Arbeitnehmers
- Entgegenstehende gesetzliche Wertung (z.B. aus dem AGG)

Vereinzelt kommen sogar **Offenbarungspflichten** gem. § 242 BGB in Frage, wenn die verschwiegenen Umstände dem Arbeitnehmer die Erfüllung der arbeitsvertraglichen Leistungspflicht unmöglich machen oder sonst für den Arbeitsplatz von ausschlaggebender Bedeutung sind. (BAG, AP Nr. 35 zu § 123 BGB)
Hier ist allerdings Zurückhaltung geboten, da der Arbeitgeber, der eine zulässige Frage nicht stellt und damit eigene Interessen nicht wahrgenommen hat, nur reduziert schutzwürdig ist.

Im Einzelnen gilt folgendes:

- Behinderungen/Schwerbehinderteneigenschaft: Die Frage nach der Schwerbehinderung ist im Grundsatz unzulässig, § 164 II 1 SGB IX, § 7 I, 2 I Nr. 1 AGG. Da § 164 II 2 SGB IX hinsichtlich der Einzelheiten auf das AGG verweist, kann die Frage jedoch im Einzelfall gem. § 8 I AGG als berufliche Anforderung zulässig sein (Grüneberg/Weidenkaff, § 611 Rn 6 und § 8 AGG Rn 3).
  Im bestehenden Arbeitsverhältnis ist jedenfalls nach sechs Monaten, also nach dem Erwerb des Sonderkündigungsschutzes für behinderte Menschen, die Frage des Arbeitgebers nach der Schwerbehinderung zulässig. Das gilt insbesondere zur Vorbereitung von beabsichtigten betriebsbedingten Kündigungen, da die Schwerbehinderung ein Kriterium im Rahmen der Sozialauswahl darstellt (**BAG, 16.02.2012, 6 AZR 553/10**).

Beachte: Ein Grundsatzurteil des BAG zu dieser Frage steht noch aus.

- **Berufliche Fähigkeiten:** Fragen sind selbstverständlich uneingeschränkt zulässig (BAG, AP Nr. 17 zu § 123 BGB; **Grüneberg**/Weidenkaff, § 611 Rn 6).
- **Eheschließung:** Die Frage nach bevorstehender Eheschließung (Mutterschutz!) ist unzulässig (Schaub, AHB, § 26 III 3).
- **Gesundheitszustand:** Es darf nur nach ansteckenden Krankheiten gefragt werden, die die künftigen Kollegen gefährden. Weiterhin nach Krankheiten, die die Eignung für die vorgesehene Tätigkeit einschränken oder gar ausschließen. Ein solcher Fall liegt etwa vor, wenn ausdrücklich Beschäftigte für die Nacht- und Wechselschicht gesucht werden und der Arbeitnehmer im Einstellungsverfahren verschweigt, dass er aus gesundheitlichen Gründen nachts nicht arbeiten darf **(Hessisches LAG, 21.09.2011, 8 Sa 109/11)**.

Schließlich darf auch nach einer absehbaren **Arbeitsunfähigkeit** z.B. durch eine geplante Operation oder Kur oder durch eine zur Zeit bestehende Erkrankung gefragt werden. Nach einer bestehenden **Alkoholkrankheit** darf den genannten Grundsätzen entsprechend gefragt werden.

- **Gewerkschaftszugehörigkeit:** Eine solche Frage ist wegen Art. 9 III 2 GG und § 75 I 1 BetrVG unzulässig.
  Ausnahme: Tendenzbetriebe (§ 118 I 1 Nr. 1 BetrVG), also Anstellung bei einer Gewerkschaft oder einem Arbeitgeberverband.

- **Höhe des bisherigen Verdienstes:** Die Frage ist unzulässig, wenn der bisherige Verdienst für den zu besetzenden Arbeitsplatz nicht aufschlussreich hinsichtlich der Qualifikation ist (BAG, DB 1984, 298; a.A. Schaub, AHB, § 26 III 3). Das ist beispielsweise bei Akkordlohn oder bei Provisionszahlungen der Fall.

- **Religions- oder Parteizugehörigkeit:** Fragen danach sind unzulässig, wie sich für die Religionszugehörigkeit schon aus Art. 140 GG i.V.m. Art. 136 III 1 WRV und für die Parteizugehörigkeit aus Art. 2 I, 5 I und 21 GG ergibt. Die Frage nach der Religionszugehörigkeit kann gemäß § 7 I, 2 I Nr. 1 AGG eine unzulässige Benachteiligung sein
  Ausnahme: Tendenzbetriebe, also z.B. Anstellung bei kirchlichen Einrichtungen (berufliche Anforderung gemäß § 8 I AGG) oder z.B. bei Parteizeitungen (Schaub, AHB, § 26 III 3).

- **Schwangerschaft:** Die Frage nach der Schwangerschaft ist **generell unzulässig** (BAG, NZA 2003, 848; Junker, Rn 157), ohne Rücksicht darauf, ob sich überhaupt Männer auf die zu besetzende Stelle beworben hatten (EuGH, NZA 1991, 171, 172). Nach dem **AGG** ergibt sich die Unzulässigkeit der Frage aus **§§ 7 I, 3 I 2, 2 I Nr. 1 AGG**.

- **Vorstrafen:** Soweit ein Bezug zur künftigen Tätigkeit des Bewerbers besteht, ist die Frage zulässig. Entscheidend ist ein objektiver Maßstab, nicht die subjektive Einstellung des Arbeitgebers (BAG, DB 1958, 282; NZA 1999, 975). So darf bei einem Kassierer oder Buchhalter nach Vorstrafen wegen Eigentumsdelikten ebenso gefragt werden, wie bei Kraftfahrern nach Vorstrafen wegen Verkehrsdelikten.
  Unabhängig davon darf sich der Bewerber als nicht vorbestraft bezeichnen, wenn die Verurteilung nicht in das Führungszeugnis aufzunehmen oder zu tilgen ist, §§ 51, 53 BZRG (BAG, AP Nr. 7 zu § 1 KSchG Verhaltensbedingte Kündigung; BAG, DB 1958, 282).

  Ähnliches gilt für **Ermittlungsverfahren**. Ein berechtigtes Interesse des Arbeitgebers ist zu bejahen, wenn auch ein Ermittlungsverfahren Zweifel an der persönlichen Eignung des Mitarbeiters begründen kann (z.B. Ermittlungsverfahren wegen sexuellen Missbrauchs von Kindern bei einem Erzieher). Dem steht die Unschuldsvermutung (Art. 6 II MRK) nicht entgegen, denn diese bindet unmittelbar nur den Strafrichter und nicht die gesamte Rechtsordnung (BAG, NZA 1999, 975). Arbeitsrechtlich relevant ist zudem, ob die Verfügbarkeit des Bewerbers durch das Verfahren eingeschränkt ist, wenn mit umfangreichen Ermittlungen oder gar Untersuchungshaft zu rechnen ist (Raab, RdA 1995, 36, 42). Nach einem bereits **eingestellten Ermittlungsverfahren** darf hingegen nicht gefragt werden, da derart unspezifizierte Fragen gegen das Datenschutzrecht und die Wertentscheidungen des § 53 BZRG verstoßen **(BAG, 15.11.2012, 6 AZR 339/11)**.

- **Wettbewerbsverbote:** Die Frage nach Wettbewerbsverboten ist zulässig, wenn sie sich auf das einzugehende Arbeitsverhältnis bezieht. Wird die angestrebte Tätigkeit durch ein bestehendes Wettbewerbsverbot beeinträchtigt, ist eine Offenbarungspflicht (bezogen auf Zeit, Ort und Gegenstand) anzunehmen (Schaub, AHB, § 26 III 3).

2. Das "Recht zur Lüge" bei unzulässigen Fragen

Als Reaktion auf eine unzulässige Frage hat der jeweilige Arbeitnehmer ein **„Recht zur Lüge“**, welches sowohl die Anfechtung als auch die Kündigung ausschließt.

Denkbar ist auch ein **Schadensersatzanspruch** des Bewerbers wegen einer Verletzung des Persönlichkeitsrechts aus §§ 823 I, 253 II BGB oder nach den Grundsätzen des Verschuldens bei Vertragsschluss (§§ 280 I, 311 II BGB).

Rechtsfolgen bei Lüge auf zulässige Fragen

Der Arbeitgeber kann den Arbeitsvertrag bei einer Lüge auf eine zulässige Frage (bei Vorliegen der sonstigen Voraussetzungen) wegen arglistiger Täuschung anfechten (§ 123 I BGB). Dabei ist er nicht zur Anhörung des Betriebsrates gemäß § 102 I BetrVG verpflichtet, da sich diese Norm nur auf Kündigungen bezieht (BAG, DB 1994, 939; 1996, 580).

Möglich ist auch eine Kündigung (§ 626 BGB, § 1 KSchG), wobei der Anfechtungsgrund als solcher keinen Kündigungsgrund darstellt (Buchner in: MünchHdBuch-ArbR, § 38 Rn 174 f.).

Schließlich können dem Arbeitgeber auch Ansprüche aus § 280 I BGB zustehen. Diese Schadensersatzpflicht umfasst auch einen Anspruch auf Aufhebung des Vertrags, da der Arbeitgeber so zu stellen ist, wie er bei richtiger Beantwortung seiner (zulässigen) Frage stünde. In diesem Fall hätte er vom Vertragsschluss abgesehen (vgl. Buchner in: MünchHdBuch-ArbR, § 38 Rn 179).

Der befristete Arbeitsvertrag

A. Spannungsverhältnis zwischen § 620 BGB und KSchG

Da der befristete Arbeitsvertrag dem Arbeitnehmer den Schutz der zwingenden Kündigungsschutzbestimmungen nimmt, ist die Gefahr einer Gesetzesumgehung gegeben. **§ 620 III BGB** stellt deshalb klar, dass für Arbeitsverträge allein das Teilzeit- und Befristungsgesetz (TzBfG) maßgeblich ist.
Die §§ 14 ff. TzBfG setzen – anders als das KSchG – weder eine bestimmte Betriebsgröße noch eine Wartezeit voraus (**Grüneberg**/Weidenkaff, § 620 Rn 11).

B. Regelungssystem des TzBfG

Das TzBfG unterscheidet **zwei Arten der Befristung**:
Eine **Zeitbefristung** liegt vor, wenn die Dauer des Arbeitsverhältnisses kalendermäßig bestimmt ist (§ 3 I 2 1. Alt. TzBfG). Der kalendermäßig befristete Arbeitsvertrag endet mit dem Ablauf der vereinbarten Zeit (§ 15 I TzBfG).
Eine **Zweckbefristung** liegt vor, wenn sich die Dauer des Arbeitsverhältnisses aus Art, Zweck oder Beschaffenheit der Arbeitsleistung ergibt (§ 3 I 2 2. Alt. TzBfG). Ein zweckbefristeter Arbeitsvertrag endet mit dem Erreichen des Zwecks, frühestens jedoch zwei Wochen nach Zugang der schriftlichen Unterrichtung des Arbeitnehmers durch den Arbeitgeber über den Zeitpunkt der Zweckerreichung (§ 15 II TzBfG).

Die Befristung eines Arbeitsvertrages ist gemäß **§ 14 I TzBfG** generell nur zulässig, wenn sie durch einen **sachlichen Grund** gerechtfertigt ist. Das gilt unabhängig von der Anwendbarkeit des KSchG (**Grüneberg**/Weidenkaff, § 620 Rn 11).

Die Befristung mit sachlichem Grund ist sowohl als Zeit- als auch als Zweckbefristung möglich. Zulässige Zweckbefristungen sind z.B. Einstellungen für eine Saison, einmaliger Arbeitsanfall (z.B. Schlussverkauf) oder die Aushilfe für einen verhinderten Mitarbeiter (Rolfs, StudKomm-ArbR, § 16 TzBfG, Rn 20).

Daneben gibt es nach **§ 14 II TzBfG** noch die Möglichkeit der **sachgrundlosen Befristung** auf Zeit.

Keine Anwendung findet das TzBfG auf die **Befristung einzelner Vertragsbedingungen**. Insoweit findet eine AGB-Kontrolle statt. Ein Beispiel wäre insoweit die befristete Erhöhung der Arbeitszeit (**BAG, 23.03.2016, 7 AZR 828/13**).

C. Der sachliche Grund für die Befristung (Grüneberg/Weidenkaff, § 620 Rn 17 ff.)

I. Grundsätzliches

Ein sachlicher Grund für eine Befristung liegt vor, wenn auch ein verständiger Arbeitgeber im konkreten Fall ein befristetes Arbeitsverhältnis anstelle eines unbefristeten geschlossen hätte.

Das TzBfG führt insoweit in **§ 14 I 2** Beispielsfälle („insbesondere“) eines sachlichen Grundes auf. Im Einzelnen sind dies:

- **Der betriebliche Bedarf an der Arbeitsleistung besteht nur vorübergehend (Nr. 1).**
  Gemeint ist zusätzlicher Bedarf oder vorausberechneter Minderbedarf (**Grüneberg**/Weidenkaff, § 620 Rn 18). Z.B. Arbeitsverträge im Saisongewerbe (Landwirtschaft, Fremdenverkehr), befristete Arbeitsverträge im Baugewerbe oder mit Künstlern, Musikern und Schauspielern. Allerdings darf der Arbeitgeber in Ausnutzung dieses Tatbestands nicht die gewöhnliche, durch allgemeine Bedarfsschwankungen begründete Unsicherheit über den zukünftigen Bedarf an Arbeitskräften, die zum unternehmerischen Risiko gehört, auf den Arbeitnehmer abwälzen (BAG, AP Nr. 221 zu § 620 BGB Befristeter Arbeitsvertrag; **Grüneberg**/Weidenkaff, § 620 Rn 18). Für einen vorübergehenden Beschäftigungsbedarf genügt es also nicht, dass eine Aufgabe beim Arbeitgeber möglicherweise in der Zukunft wieder entfällt **(BAG, 11.09.2013, 7 AZR 107/12)**.

- **Die Befristung erfolgt im Anschluss an eine Ausbildung oder ein Studium, um den Übergang des Arbeitnehmers in eine Anschlussbeschäftigung zu erleichtern (Nr. 2).** Strenge Prüfung nötig, da dieses Motiv leicht vorgeschoben werden kann (Preis/Temming, Ind. ArbR, Rn 3243). Das Gesetz verlangt jedoch nicht, dass die Ausbildung beim selben Arbeitgeber stattgefunden hat (**Grüneberg**/Weidenkaff, § 620 Rn 19)

- **Der Arbeitnehmer wird zur Vertretung eines anderen Arbeitnehmers beschäftigt (Nr. 3).** Für Schwangerschaftsvertretungen ist die Sonderregelung des § 21 BEEG zu beachten. Es genügt, dass durch den zeitweiligen Ausfall eines Mitarbeiters ein vorübergehender Beschäftigungsbedarf entstanden ist und die befristete Einstellung wegen dieses Bedarfs erfolgt. Ob und wie der Arbeitgeber anlässlich dieser Einstellung die Arbeitsaufgaben im Rahmen seines Direktionsrechts umverteilt (mittelbare Vertretung), ist unerheblich (**BAG, 15.02.2006, 7 AZR 232/05**; **Grüneberg**/Weidenkaff, § 620 Rn 20). Eine Vertretungsbefristung ist schließlich auch dann zulässig, wenn der Vertreter andere Aufgaben wahrnimmt, solange diese vom Direktionsrecht des Arbeitsgebers gegenüber dem Vertretenen umfasst sind und er die Vertretung bei Vertragsschluss offenkundig einem oder mehreren abwesenden Mitarbeitern zuordnet **(BAG, 11.02.2015, 7 AZR 113/13)**. Problematisch ist, ob § 14 I 2 Nr. 3 TzBfG auch bei einem wiederkehrenden oder **dauernden Vertretungsbedarf** eingreift. Der EuGH (26.01.2012, C-586/10) hat dies bejaht. Automatisch den Abschluss unbefristeter Verträge zu verlangen, wenn die Größe des betroffenen Unternehmens und die Zusammensetzung des Personals darauf schließen lassen, dass der Arbeitgeber mit einem wiederholten oder ständigen Bedarf an Vertretungskräften konfrontiert ist, gehe über mit der Richtlinie 1999/70/EG verfolgten Ziele hinaus. Das schließt aber nicht aus, dass der Einzelfall einer Missbrauchskontrolle unterzogen wird (hierzu näher unter „D. Der sachliche Grund bei Kettenarbeitsverträgen").

- **Die Eigenart der Arbeitsleistung rechtfertigt die Befristung (Nr. 4).** Als Beispiele kommen in Betracht: Programmgestaltende Mitarbeiter bei Presse, Rundfunk und Fernsehen (**BAG, 30.08.2017, 7 AZR 440/16, RA 2017, 529** [ZDF-Krimi-Kommissare]) wegen der durch Art. 5 I GG geschützten Vielfalt der Berichterstattung bzw. des Programms (BVerfGE 59, 231), Bühnenengagements oder die Betreuung von Spitzensportlern durch Trainer. Nicht dagegen bei bloßer Nebentätigkeit (**Grüneberg**/Weidenkaff, § 620 Rn 21). Zulässig ist auch die Befristung bei **Fußballprofis** (**BAG, 16.01.2018, 7 AZR 312/16, RA-Telegramm 2018, 14** = JuS 2019, 73; hierzu auch als Klausur Eufinger, JA 2017, 343 ff.).

- **Die Befristung erfolgt zur Erprobung (Nr. 5).** Die Erprobungsdauer muss in einem angemessenen Verhältnis zum Erprobungszweck stehen. In der Regel wird man eine Probezeit von bis zu sechs Monaten als rechtlich zulässig ansehen können. Auch wenn die Befristungskontrolle nicht mehr auf der Umgehung des Kündigungsschutzes fußt, wird man dies aus der Wertung des § 1 KSchG aber auch aus der des § 622 III BGB entnehmen können. Eine längere Probezeit kann zulässig sein, wenn die Art der zu leistenden Arbeit (etwa bei wissenschaftlichen oder künstlerischen Tätigkeiten) oder die Person des Arbeitnehmers (etwa Wiederaufnahme des erlernten Berufs nach langer Pause) dies rechtfertigt.

- **In der Person des Arbeitnehmers liegende Gründe rechtfertigen die Befristung (Nr. 6).** Bei Studenten kommt es entscheidend darauf an, ob deren Bedürfnis an flexibler Ausgestaltung des Arbeitsverhältnisses nicht schon durch die sonstigen Vertragsbedingungen Rechnung getragen wird. In diesem Fall ist eine Befristung nicht sachlich gerechtfertigt (BAG, NZA 1995, 30). Unter die Nr. 6 fallen auch ein entsprechender Wunsch des Arbeitnehmers und die voraussehbare Dauer einer Aufenthaltserlaubnis (**Grüneberg**/Weidenkaff, § 620 Rn 23). Der personenbedingte Befristungstatbestand erfasst auch die Altersgrenze. Eine auf das Erreichen des 65. Lebensjahres abstellende Befristung ist grundsätzlich unbedenklich.

- **Der Arbeitnehmer wird aus Haushaltsmitteln vergütet, die haushaltsrechtlich für eine befristete Beschäftigung bestimmt sind und er wird entsprechend beschäftigt (Nr. 7).**
  Diese sog. „Haushaltsbefristung" setzt eine zweckgebundene Zuweisung der Haushaltsmittel für die Erledigung von zeitlich begrenzten Tätigkeiten voraus. Außerdem muss der Arbeitnehmer entsprechend dieser Zweckbestimmung beschäftigt werden (**BAG, 18.10.2006, 7 AZR 419/05**).

- **Die Befristung beruht auf einem gerichtlichen Vergleich (Nr. 8).**
  Ein gerichtlicher Vergleich taugt dann nicht als Sachgrund für eine Befristung, wenn er ohne aktive inhaltliche Mitwirkung des Gerichts zustande gekommen ist. Es reicht nicht aus, dass die streitenden Parteien dem Gericht einen Vergleichsvorschlag unterbreiten (**BAG, 15.02.2012, 7 AZR 734/10**; explizit a.A. **LAG Niedersachsen, 05.11.2013, 1 Sa 489/13**). Allerdings kann eine ausreichende Mitwirkung des Gerichts auch dann vorliegen, wenn sich das Gericht einen von den Parteien vorgelegten Einigungsentwurf als seinen Vorschlag zu eigen macht und diesen den Parteien nach § 278 VI 1 Alt. 2 ZPO unterbreitet (**BAG, 14.01.2015, 7 AZR 2/14**).

Maßgebender Zeitpunkt für das Vorliegen oder Nichtvorliegen des sachlichen Grundes ist allein der **Zeitpunkt des Vertragsabschlusses**. Spätere Umstände berühren ihn nicht mehr (BAG, AP Nr. 97 zu § 620 BGB Befristeter Arbeitsvertrag). Das gilt auch für solche nach Vertragsabschluss eintretenden Umstände, die einen Sonderkündigungsschutz begründen würden.

II. Angabe der Befristungsgrundlage im Vertrag?

Grundsätzlich ist die Angabe der Befristungsgrundlage oder des Sachgrunds nicht geboten. Es existiert grundsätzlich kein Zitiergebot. Anders ist dies nur bei **Zweckbefristungen** (vgl. § 15 II TzBfG) und auflösenden Bedingungen. Hier ist das vertragsbeendende Ereignis als Wirksamkeitsvoraussetzung in der Abrede schriftlich zu fixieren (Rolfs, StudKomm-ArbR, § 3 TzBfG Rn 6).

III. Verhältnis zur Änderungskündigung

Auch die nachträgliche Befristung eines unbefristeten Arbeitsverhältnisses bedarf eines sachlichen Grundes. Der Schutz des § 2 KSchG (Änderungskündigung) ist weder ausreichend noch vorrangig (BAG, NZA 1996, 1089; NZA 1999, 81).
Der Arbeitnehmer verliert sein Recht, die sachliche Rechtfertigung der Befristung überprüfen zu lassen auch nicht dadurch, dass er die Änderungskündigung, die zur Befristung des Arbeitsvertrages geführt hat, nicht angegriffen, sondern das darin liegende Änderungsangebot vorbehaltlos angenommen hat. Regelmäßig verliert ein Arbeitnehmer, dem mehrere Möglichkeiten der Inanspruchnahme gerichtlichen Rechtsschutzes zur Verfügung stehen, nicht die eine Möglichkeit, wenn er die andere nicht wahrnimmt. Das gilt auch im Verhältnis von § 2 KSchG und Befristungskontrolle.

IV. Rechtsfolgen bei fehlendem Sachgrund

Bei Fortsetzung eines zeit- oder zweckbefristeten Arbeitsvertrages über das vereinbarte Ende hinaus in beiderseitiger Kenntnis entsteht ein unbefristeter Arbeitsvertrag. Ist ein befristeter Arbeitsvertrag ohne sachlichen Grund abgeschlossen worden und liegt auch kein Fall des § 14 II TzBfG vor (dazu unten), so gilt der Arbeitsvertrag als unbefristet abgeschlossen.

V. Kein Wiedereinstellungsanspruch

Stellt sich nach Ablauf eines wirksam befristeten Arbeitsvertrages heraus, dass sich entgegen der ursprünglich richtigen Prognose aufgrund neuer Umstände eine Möglichkeit zur Weiterbeschäftigung ergibt, so hat der befristet beschäftigte Arbeitnehmer grundsätzlich keinen Anspruch auf Wiedereinstellung (BAG, AP Nr. 11 zu § 1 KSchG 1969 Wiedereinstellung; LAG Düsseldorf, LAGE Nr. 60 zu § 620 BGB). Bei einer falsch prognostizierten Befristung erhielte der Arbeitnehmer nämlich ein Mehr, nämlich einen unbefristeten Vertrag statt eines befristeten. Es handelte sich damit nicht nur um eine Korrektur der Prognoseentscheidung des Arbeitgebers. Ein genereller Wiedereinstellungsanspruch bei falsch prognostizierter Befristung rückte damit zumindest in die Nähe eines Abschlusszwangs, welchen unsere Rechtsordnung nicht vorsieht (LAG Düsseldorf, LAGE Nr. 60 zu § 620 BGB).

D. Der sachliche Grund bei Kettenarbeitsverträgen

Bei mehrfacher aufeinanderfolgender Befristung (sog. Kettenbefristung) überprüft das BAG nur für die **letzte Befristung** das Vorliegen eines sachlichen Grundes (**BAG, 20.04.2005, 7 AZR 293/04**; **Grüneberg**/ Weidenkaff, § 620 BGB Rn 11). Das gilt sogar dann, wenn die neue Befristung noch während des Laufs einer alten vereinbart wurde und dabei Tätigkeit und Gehalt völlig neu festgelegt wurden.
Dieses Ergebnis folgt aus der Präklusionsregel des § 17 TzBfG.

Ein bei dem Arbeitgeber vorhandener ständiger Vertretungsbedarf schließt den Sachgrund der Vertretung nicht aus (EuGH, NZA 2012, 135). Allerdings darf die Befristung eines Arbeitsverhältnisses nicht der Deckung eines dauerhaften Personalbedarfs dienen (**EuGH, 14.09.2016, C-16/15**).
Eine Mehrzahl hintereinander geschlossener befristeter Arbeitsverträge (Kettenverträge) ist jedoch ein Indiz für den Mangel der sachlichen Rechtfertigung (BAG, AP Nr. 149 zu § 620 BGB Befristeter Arbeitsvertrag), weil sich immer häufiger zeigt, dass der Arbeitgeber doch einen über die Befristung hinausgehenden Beschäftigungsbedarf hat. Insofern kommt ein Rechtsmissbrauch durch den Arbeitgeber in Betracht.
Endlich hat das **BAG, 26.10.2016, 7 AZR 135/15, RA-Telegramm 6/2017 S. 39**, erstmals **konkrete Richtwerte zur Rechtsmissbrauchskontrolle bei Kettenbefristungen** entwickelt. Die folgenden **Fallgruppen** sollten Sie sich merken:

Fallgruppe 1: **Keine Missbrauchskontrolle sachgrundbezogener (Ketten-)Befristung**, wenn **maximal** das **Vierfache einer** der in § 14 II 1 TzBfG genannten Werte (d.h. 8 Jahre bzw. 12 Verlängerungen) oder das **Dreifache beider Werte** (d.h. 6 Jahre **und** 9 Verlängerungen) erreicht wird.

Fallgruppe 2: **Anders**, wenn **einer** der in § 14 II 1 TzBfG genannten Werte um **mehr als das Vierfache** (d.h. mehr als 8 Jahre bzw. mehr als 12 Verlängerungen) oder **beide Werte** um **mehr als das Dreifache** (d.h. mehr als 6 Jahre und mehr als 9 Verlängerungen) überschritten wird. In einem solchen Fall hat der **Arbeitnehmer** jedoch weitere Umstände für den Missbrauch darzulegen und im Streitfall **zu beweisen**.

Fallgruppe 3: Wird **einer** der in § 14 II 1 TzBfG genannten Werte **um mehr als das Fünffache** (d.h. mehr als 10 Jahre bzw. mehr als 15 Verlängerungen) **oder beide Werte um mehr als das Vierfache** (d.h. mehr als 8 Jahre und mehr als 12 Verlängerungen) überschritten, wird ein **Rechtsmissbrauch indiziert**. In einem solchen Fall muss dann der **Arbeitgeber** zur Überzeugung des Gerichts solche Umstände darlegen und **beweisen**, die gegen einen Rechtsmissbrauch sprechen.

E. Die Zeitbefristung ohne Sachgrund (Grüneberg/Weidenkaff, § 620 Rn 30 ff.)

Um die Schaffung von (befristeten) Arbeitsplätzen zu fördern und um die Eingliederung von Arbeitslosen in das Arbeitsleben zu erleichtern, hat der Gesetzgeber in § 14 II TzBfG Möglichkeiten zur Begründung befristeter Arbeitsverhältnisse ohne Rücksicht auf die Frage nach dem sachlichen Grund geschaffen.

Dabei beträgt die zulässige Höchstdauer für die Befristung zwei Jahre (§ 14 II 1 1. HS TzBfG), wobei innerhalb dieser Zeitspanne bis zu drei Verlängerungen einer Befristung zulässig sind (§ 14 II 1 2. HS TzBfG). Eine Befristung nach § 14 II 1 TzBfG ist jedoch unzulässig, wenn mit demselben Arbeitgeber bereits zuvor ein befristetes oder unbefristetes Arbeitsverhältnis bestanden hat (§ 14 II 2 TzBfG - **Anschlussverbot**).

I. Das (Vor-)Arbeitsverhältnis

Für die Geltung des **Anschlussverbots** des **§ 14 II 2 TzBfG** kommt es nach dem Wortlaut des Gesetzes auf den zeitlichen Abstand zwischen dem früheren Arbeitsverhältnis und dem nunmehr ohne Sachgrund befristeten Arbeitsverhältnis nicht an.

Diese Regelung hat das BAG einer **teleologischen Reduktion** unterworfen. Das Anschlussverbot greift nach dieser Rechtsprechung nicht, wenn die „Zuvor-Beschäftigung" mehr als **3 Jahre** zurückliegt **(BAG, 06.04.2011, 7 AZR 716/09)**. Die Gefahr missbräuchlicher Befristungsketten bestehe regelmäßig nicht mehr, wenn zwischen dem Ende des früheren Arbeitsverhältnisses und dem sachgrundlos befristeten neuen Arbeitsvertrag mehr als drei Jahre liegen würden.

Diese richterliche Einführung einer Karenzfrist – gegen den klaren Willen des Gesetzgebers – hat das BVerfG als verfassungswidrig (Verletzung des Art. 2 I i.V.m. Art. 20 III GG) eingestuft (**BVerfG, 06.06.2018, 1 BvL 7/14, RA 2018, 421** = JA 2018, 787 = JuS 2019, 397**)**. Jedoch ist ein Verbot der sachgrundlosen Befristung bei nochmaliger Einstellung bei demselben Arbeitgeber **unzumutbar**, soweit eine Gefahr der Kettenbefristung in Ausnutzung der strukturellen Unterlegenheit der Beschäftigten nicht besteht und das Verbot der sachgrundlosen Befristung nicht erforderlich ist, um das unbefristete Arbeitsverhältnis als Regelbeschäftigungsform zu erhalten.

Das sich grundsätzlich aus § 14 II 2 TzBfG ergebende Verbot der sachgrundlosen Befristung des Arbeitsvertrages kann **im Wege verfassungskonformer Auslegung** insbesondere unzumutbar sein, **wenn eine Vorbeschäftigung sehr lang zurückliegt, ganz anders geartet war oder von sehr kurzer Dauer gewesen** ist (**BVerfG, 06.06.2018, 1 BvL 7/14, RA 2018, 421** = JA 2018, 787). 8 Jahre liegen bei einer vergleichbaren Arbeitsaufgabe nicht sehr lange zurück (**BAG, 23.01.2019, 7 AZR 733/16**), **22 Jahre** hingegen schon (**BAG, 21.08.2019, 7 AZR 452/17, RA-Telegramm 2019, 81** = JA 2020, 309).

Nicht erfasst werden von dem Anschlussverbot berufsvorbereitende Beschäftigungen i.S.d. § 26 BBiG, wie Praktika oder Volontariate, wenn sie nicht im Rahmen eines Arbeitsverhältnisses durchgeführt wurden (**BAG, 21.09.2011, 7 AZR 375/10**).

Merke: Nach dem so genannten „Anschlussverbot" des § 14 II 2 (und IIa 4) TzBfG kann eine sachgrundlose Befristung nicht auf ein (mit oder ohne Sachgrund) befristetes Arbeitsverhältnis folgen, sofern der zeitliche Abstand 3 Jahre oder kürzer ist; umgekehrt (zunächst sachgrundlose Befristung, dann Befristung mit Sachgrund) ist dies hingegen möglich (Lembke, NJW 2006, 325, 326).

Beachte: Dem Arbeitgeber wird ein Fragerecht hinsichtlich einer eventuellen Vorbeschäftigung des Arbeitnehmers im Betrieb des Arbeitgebers gewährt (Lembke, NJW 2006, 325, 326; vgl. auch BT-Dr 14/4374, S. 19).

II. Mit demselben Arbeitgeber

Das Anschlussverbot knüpft nicht an eine vorangegangene Beschäftigung im selben Betrieb an, sondern allein daran, dass der Vertragsarbeitgeber in beiden Arbeitsverhältnissen identisch ist (Lembke, NJW 2006, 325, 327). Vertragsarbeitgeber ist die natürliche oder juristische Person, die mit dem Arbeitnehmer den Arbeitsvertrag geschlossen hat (**BAG, 10.11.2004, 7 AZR 101/04**).

III. Verlängerung

Die Verlängerung eines sachgrundlos befristeten Arbeitsvertrags nach § 14 II 1 TzBfG setzt voraus, dass die Verlängerungsvereinbarung noch während der Laufzeit des zu verlängernden Vertrags getroffen wird. Andernfalls handelt es sich um den Neuabschluss eines befristeten Arbeitsvertrags. Dessen Befristung ist wegen des vorangegangenen Arbeitsverhältnisses mit demselben Arbeitgeber ohne Sachgrund nach § 14 II 2 TzBfG unwirksam (**BAG, 16.03.2005, 7 AZR 289/04**).

F. Formerfordernis (Grüneberg/Weidenkaff, § 620 Rn 14)

Die Befristung eines Arbeitsvertrages bedarf zu ihrer Wirksamkeit der Schriftform, § 14 IV TzBfG. Nach der Rechtsprechung des BAG gilt das Schriftformerfordernis des § 14 IV TzBfG nur für die Befristungsvereinbarung, nicht für den ihr zu Grunde liegenden sachlichen Grund oder den übrigen Inhalt des Arbeitsvertrags (**BAG, 13.10.2004, 7 AZR 218/04**). Daher hängt die Wirksamkeit einer Befristung nicht von der schriftlichen Vereinbarung des Sachgrunds im Arbeitsvertrag ab. **Es kann also einen mündlichen Arbeitsvertrag mit schriftlicher Befristungsabrede geben. Wird die Schriftform nicht eingehalten, entsteht ein unbefristeter Arbeitsvertrag.**

Examenstipp:

Wird die **Befristungsvereinbarung zunächst** nur **mündlich** getroffen und die getroffene Vereinbarung erst **später schriftlich** niedergelegt, ist die zunächst nur mündlich vereinbarte Befristung wegen der fehlenden Schriftform nach § 14 IV TzBfG, § 125 S. 1 BGB nichtig. Die spätere schriftliche Fixierung des Vertrags führt nicht dazu, dass die Befristung rückwirkend wirksam wird. Eine derartige Rechtsfolge ergibt sich auch nicht aus § 141 II BGB, da der (mündliche) Arbeitsvertrag ja an sich wirksam ist (**BAG, 16.03.2005, 7 AZR 289/04**).
Wird hingegen ein zunächst **unbefristeter Vertrag nachträglich schriftlich befristet**, scheidet gem. § 14 II 2 TzBfG eine Befristung ohne Sachgrund aus. Eine Befristung mit Sachgrund ist aber möglich.

Beachte: Und schließlich: Hat der Arbeitgeber den Abschluss eines befristeten Arbeitsvertrags von dessen Unterzeichnung **abhängig gemacht**, kann ein Arbeitsverhältnis durch tatsächliche Arbeitsaufnahme nicht konkludent zu Stande kommen **(BAG, 16.04.2008, 7 AZR 1048/06)**. Dadurch wird verhindert, dass sich der Arbeitnehmer einen unbefristeten Vertrag z.B. dadurch „erschleicht", dass er zunächst die Arbeit aufnimmt und die Befristungsabrede erst ein paar Tage oder gar Stunden später unterschreibt. In diesem Fall entsteht mit der Arbeitsaufnahme zunächst nur ein faktisches Arbeitsverhältnis.

G. Materielle Präklusion, § 17 TzBfG (Grüneberg/Weidenkaff, § 620 Rn 28)

Will der Arbeitnehmer die Unwirksamkeit der Befristung geltend machen, muss er entsprechend der in §§ 5 - 7 KSchG getroffenen Regelung innerhalb von drei Wochen nach dem vereinbarten Ende des befristeten Arbeitsvertrages Klage auf Feststellung erheben, dass das Arbeitsverhältnis auf Grund der Befristung nicht beendet ist (§ 17 S.1 TzBfG). Dies gilt angesichts des klaren Wortlauts des § 17 S. 1 TzBfG („Befristung ... rechtsunwirksam ist") **auch für die Nichtbeachtung des Schriftformgebots (BAG, 04.05.2011, 7 AZR 252/10)**. Versäumt der Arbeitnehmer diese Frist, ist seine Klage insoweit unbegründet **(materielle Präklusion)**.

Merke: Die Präklusionsfrist kann auch dadurch gewahrt sein, dass der Arbeitnehmer bis zum Schluss der mündlichen Verhandlung erster Instanz einen punktuellen Befristungskontrollantrag stellt, wenn er innerhalb der Dreiwochenfrist auf anderem Weg gerichtlich geltend gemacht hat, dass die Befristung rechtsunwirksam ist. Hierfür genügt z.B. die Erhebung der allgemeinen Feststellungsklage gem. § 256 ZPO oder die Erhebung einer Leistungsklage, deren Anspruch zwingend die Unwurksamkeit der ausgesprochenen Kündigung voraussetzt (**BGH, 24.06.2015, 7 AZR 541/13**). Dies ergibt sich über § 17 S. 2 TzBfG aus einer analogen Anwendung von § 6 KSchG.

Beachte: Für den Aufbau des Gutachtens bedeutet dies, dass die materielle Präklusionsfrist des § 17 S. 1 TzBfG zu prüfen ist, bevor Sie auf die Frage nach dem sachlichen Grund eingehen.

Der Aufhebungsvertrag

Die Beendigung des Arbeitsverhältnisses durch Aufhebungsvertrag ist prinzipiell zulässig. Der Vertrag ist bei Arbeitsverhältnissen jedoch gem. § 623 BGB schriftformbedürftig (**Grüneberg**/Weidenkaff, Vorb v § 620 Rn 5). Nach § 126 I 1 BGB muss bei einem Vertrag die Unterzeichnung der Parteien auf derselben Urkunde erfolgen und die Unterschrift hat den Urkundentext räumlich abzuschließen (BAG, NJW-Spezial 2007, 515).

Auch **Klageverzichtsvereinbarungen werden i.d.R. als Aufhebungsverträge ausgelegt**, bedürfen also der Schriftform des § 623 BGB, was gem. § 126 II BGB die Unterschrift beider Parteien verlangt. Hat also nur der Arbeitnehmer unterzeichnet, liegt ohnehin eine Formnichtigkeit gem. § 125 BGB vor. Sofern dem Arbeitnehmer bei einer **Klageverzichtsvereinbarung** keine Gegenleistung (etwa in Bezug auf den Beendigungszeitpunkt, die Beendigungsart, Zahlung einer Entlassungsentschädigung, Verzicht auf eigene Ersatzansprüche) versprochen wird, ist der Klageverzicht gem. **§ 307 I 1 BGB** unwirksam, da ihm einseitig das Recht zur gerichtlichen Überprüfung der Kündigung entzogen wird. Im Gegensatz dazu erhält der Arbeitgeber bereits mit Unterzeichnung des Klageverzichts Rechtssicherheit im Hinblick auf die Beendigung des Arbeitsverhältnisses, ohne dass er die Drei-Wochen-Frist abwarten muss BAG, NJW-Spezial 2008, 115).

Examenstipp:

Klageverzicht zur Vermeidung außerordentlicher Kündigung
BAG, 12.03.2015, 6 AZR 82/14
Wird ein formularmäßiger Klageverzicht in einem Aufhebungsvertrag erklärt, der zur Vermeidung einer vom Arbeitgeber angedrohten außerordentlichen Kündigung geschlossen wird, benachteiligt dieser Verzicht den Arbeitnehmer unangemessen i.S.v. § 307 I, II 2 Nr. 1 BGB, wenn ein verständiger Arbeitgeber die angedrohte Kündigung nicht ernsthaft in Erwägung ziehen durfte. Im Ergebnis teilt damit die Klageverzichtsklausel das rechtliche Schicksal des Aufhebungsvertrags.

Kündigungsbeschränkungen sind grundsätzlich bedeutungslos. Jedoch unterliegt ein „Aufhebungsvertrag", der auf die **befristete Fortsetzung** des Arbeitsverhältnisses gerichtet ist, der Befristungskontrolle (BAG, NJW 2000, 2042; **Grüneberg**/Weidenkaff, Vorb v § 620 Rn 5).

A. Zulässigkeit eines Feststellungsantrags

Im Fall einer Klage auf Feststellung des Fortbestands des Arbeitsverhältnisses wegen Unwirksamkeit eines Aufhebungsvertrags liegt das Feststellungsinteresse gem. § 256 ZPO vor, weil die Unsicherheit über den Bestand des Arbeitsverhältnisses eine Vielzahl von gegenwärtigen und zukünftigen Einzelbeziehungen betrifft, die sich einerseits durch Leistungsklage (noch) nicht klären lassen, während andererseits das Feststellungsurteil eine sinnvolle und sachgemäße Erledigung der Streitpunkte verspricht (BAG, NZA 1994, 209).

Eine **Klageverzichtsvereinbarung** kann zur Unzulässigkeit der Klage führen, sollte diese Vereinbarung wirksam sein.

B. Begründetheit

I. AGB-Kontrolle

Der Aufhebungsvertrag als solcher unterliegt keiner AGB-Kontrolle gem. § 307 I 1 BGB. Es liegt keine Abweichung von Rechtsvorschriften i.S.d. § 307 III BGB vor. Formularmäßige Abreden, die Art und Umfang der vertraglichen Hauptleistung und der hierfür zu zahlenden Vergütung unmittelbar bestimmen, sind aus Gründen der Vertragsfreiheit gemäß § 307 III 1 BGB regelmäßig von der gesetzlichen Inhaltskontrolle nach § 307 I 1 BGB ausgenommen (**BAG, 07.02.2019, 6 AZR 75/18, RA 2019, 471**; **Grüneberg**/Weidenkaff, Vor § 620 Rn 6).
Gleiches gilt für eine als Gegenleistung für die Zustimmung des Arbeitnehmers zur Auflösung des Arbeitsverhältnisses etwaig gezahlte **Abfindung**. Anders ist dies, wenn der Arbeitnehmer z.B. gleichzeitig eine **Klageverzichtserklärung** abgibt. Diese muss ihm i.d.R. angemessen „vergütet“ werden. Für die Größenordnung bietet sich eine Orientierung an § 1a KSchG an.

II. Sittenwidrigkeit gem. § 138 BGB

Relativ neu ist die „Idee“, dass ein Aufhebungsvertrag nach den Regeln zur Umstandssittenwidrigkeit gem. § 138 BGB nichtig sein könnte. Vor allem Fischinger, NZA 2019, 729, 730, hat dies als Reaktion auf **BAG, 07.02.2019, 6 AZR 75/18, RA 2019, 471** (dazu unten unter V.), in die Diskussion eingebracht.

III. Erlöschen des Aufhebungsvertrags gem. § 355 I 1 BGB wegen Widerrufs gem. §§ 355, 312, 312b, 312g I BGB

Problematisch sind zum einen die Fälle, in denen der Arbeitgeber den Arbeitnehmer plötzlich zum Gespräch bittet und ihm (z.B. wegen ungenügender Leistungen) einen Aufhebungsvertrag zur Unterschrift vorlegt, der vom Arbeitnehmer unterschrieben wird.

In Betracht käme ein Recht zum Widerruf nach den §§ 355, 312, 312b, 312g I BGB. Das würde dem Wortlaut des § 312b I Nr. 1 BGB nach einen Vertrag erfordern, der bei gleichzeitiger körperlicher Anwesenheit eines Verbrauchers und einem Unternehmer an einem Ort geschlossen wird, der kein Geschäftsraum des Unternehmers ist. In diesem Sinn wird jedoch der Arbeitsplatz als Geschäftsraum anzusehen sein, da der Unternehmer gerade dort seiner geschäftlichen Tätigkeit nachgeht, so dass Verträge über Arbeitstätigkeiten nicht von § 312b I Nr.1 BGB erfasst sind.
Auch eine analoge Anwendung scheidet aus, da der Arbeitsplatz ein geradezu „typischer“ Ort ist, an dem der Arbeitnehmer damit rechnen muss, von seinem Arbeitgeber auf sein Arbeitsverhältnis angesprochen zu werden, er sich also nicht „überrumpelt“ fühlen kann.
Selbst bei einem Abschluss in der **Privatwohnung** kommt ein Widerruf nicht in Betracht. Die §§ 312 ff. BGB dienen der Umsetzung der Richtlinie 85/577/EWG, die keine Anwendung auf arbeitsrechtliche Verträge findet (**BAG, 07.02.2019, 6 AZR 75/18, RA 2019, 471**).

IV. Drohung mit Kündigung

Hauptsächlich examensrelevant sind zum anderen die Fälle in denen der Arbeitgeber dem Arbeitnehmer mit der Kündigung droht, falls der Arbeitnehmer sich nicht bereit findet, einen Aufhebungsvertrag zu unterschreiben.

In diesen Fällen kommt eine Anfechtung des Aufhebungsvertrags durch den Arbeitnehmer nach § 123 I BGB in Frage. Die Ankündigung einer ordentlichen (erst recht einer außerordentlichen) Kündigung ist regelmäßig ein empfindliches Übel. In ihr liegt eine Drohung im Sinne des § 123 I BGB, durch die der Arbeitnehmer zum Abschluss eines Aufhebungsvertrags bestimmt werden soll.

Fraglich ist die Widerrechtlichkeit. Sie ist nach Auffassung des BAG gegeben, wenn der Arbeitgeber nach verständiger Würdigung davon ausgehen muss, dass die Kündigung einer arbeitsgerichtlichen Prüfung mit hoher Wahrscheinlichkeit nicht standhalten wird, er sie also auch nicht ernsthaft in Erwägung ziehen durfte (BAG, NZA 2003, 1055, 1055; **Grüneberg**/Heinrichs, § 123 Rn 22).

Beachte: Für die Klausur bedeutet dies, dass Sie prüfen müssen, ob das Inaussichtstellen des empfindlichen Übels (Kündigung) widerrechtlich war. Das ist dann der Fall, wenn o.g. Voraussetzung vorliegt. Diese Konstellation führt also zu einer Inzidentprüfung: Innerhalb des Prüfungspunktes der Widerrechtlichkeit der Drohung bei § 123 I BGB haben Sie die Voraussetzungen einer Kündigung zu prüfen; allerdings mit reduzierten Anforderungen, da ja nur die „hohe Wahrscheinlichkeit" zu prüfen ist. In einem Gutachten müsste dies etwa zu folgendem Obersatz führen: „Ein verständiger Arbeitgeber hätte jedenfalls nicht gekündigt, wenn die Kündigung offensichtlich unwirksam gewesen wäre."

Die Widerrechtlichkeit der Drohung wird durch eine dem Arbeitnehmer **eingeräumte Bedenkzeit** nicht ohne weiteres beseitigt. Die angedrohte Kündigung wird durch die Bedenkzeit nicht „wirksamer" und beseitigt insbesondere nicht die Inadäquanz zwischen dem Mittel (Androhung der Kündigung) und dem Zweck (Abschluss des Aufhebungsvertrags).
Eine Bedenkzeit kann allerdings die Kausalität der Drohung für den späteren Abschluss des Aufhebungsvertrags beseitigen. Das kommt in Betracht, wenn der Arbeitnehmer die Bedenkzeit genutzt hat, um die Konditionen des Aufhebungsvertrags durch aktives Verhandeln erheblich zu seinem Gunsten zu verbessern, insbesondere wenn er selbst rechtskundig ist oder zuvor Rechtsrat eingeholt hat beziehungsweise aufgrund der Dauer der Bedenkzeit hätte einholen können (BAG, NZA 2008, 348 [354 f.]).

Das BAG hat diese Grundsätze auf die **Anfechtbarkeit von Eigenkündigungen** übertragen, die der unter Druck gesetzte Arbeitnehmer in einer solchen Situation ausspricht (BAG, NZA 1996, 875).

V. Anspruch auf Schadensersatz gem. §§ 280 I, 311 II Nr. 1, 241 II Var. 3 i.V.m. § 249 I BGB

Nach neuer Rspr. des BAG soll eine Verletzung des **Gebots fairen Verhandelns** vor Abschluss des Aufhebungsvertrags in Betracht kommen können. Dieses Gebot sei eine arbeitsvertragliche Nebenpflicht. Sie werde verletzt (§ 280 I BGB), wenn eine Seite eine psychische Drucksituation schaffe, die eine freie und überlegte Entscheidung des Vertragspartners deutlich erschwere (z.B. bewusste Ausnutzung krankheitsbedingter Schwäche). Der Arbeitgeber hätte dann Schadensersatz zu leisten. Er müsste den Zustand herstellen, der ohne die Pflichtverletzung bestünde (sog. Naturalrestitution, § 249 I BGB). Der Arbeitnehmer wäre dann so zu stellen, als hätte er den Aufhebungsvertrag nicht geschlossen. Dies würde zum Fortbestand des Arbeitsverhältnisses führen (**BAG, 07.02.2019, 6 AZR 75/18, RA 2019, 471**).
Diese Rpsr. ist heftigster Kritik ausgesetzt! Einerseits droht, dass das „Gebot fairen Verhandelns" in der Praxis als „Reuerecht" instrumentalisiert werden wird. Zweitens widerspricht es jeglicher Dogmatik, § 249 I BGB die Rechtsfolge einer automatischen Unwirksamkeit des Vertrags zuzuschreiben.
Lesen Sie unbedingt (!) die Darstellung in der RA 2019, 471! (Ergänzend u.U. Fischinger, NZA 2019, 729 ff.)

*[**Anm.:** In Klausuren wird häufig vom Arbeitnehmer die Ansicht vertreten, dass der Aufhebungsvertrag unwirksam sei, da der Arbeitgeber seine Aufklärungspflicht hinsichtlich der Folgen für den Bezug von Arbeitslosengeld verletzt habe. Hierbei geht es insbesondere um die 12-wöchige Sperrzeit nach § 144 SGB III und die Verkürzung der Bezugsdauer um die Dauer der Sperrfrist, mindestens jedoch ¼ der Anspruchsdauer. Hieraus kann jedoch nicht die Nichtigkeit des Aufhebungsvertrags gefolgert werden. Allenfalls kann hieraus ein Schadensersatzanspruch des Arbeitnehmers nach § 280 I BGB folgern.]*

Wiedereinstellungsanspruch

Korrektur des Prognoseprinzips
Da das Kündigungsschutzrecht auf dem Prognoseprinzip basiert und da der maßgebliche Beurteilungszeitpunkt derjenige des Zugangs der Kündigung ist, kann sich das Problem ergeben, dass sich die Prognose nachträglich zum Vorteil des Arbeitnehmers ändert. Dies ändert jedoch nichts an der Wirksamkeit der Kündigung, sondern kann nur zu einem Anspruch auf Wiedereinstellung führen.

Klausurhinweis:

Auch wenn das Problem meist vor dem Hintergrund einer Kündigung behandelt wird, so können sich grundsätzlich auch bei den anderen Beendigungstatbeständen nachträgliche Änderungen ergeben, die zu einem Wiedereinstellungsanspruch führen können.

Der Wiedereinstellungsanspruch wird über § 611a I i.V.m. **§ 242 BGB** hergeleitet aus einer vertraglichen, den Vorgaben des Kündigungsschutzgesetzes und der staatlichen Schutzpflicht aus Art. 12 I GG Rechnung tragenden Nebenpflicht des Arbeitgebers (**BAG, 15.12.2011, 8 AZR 197/11**). Diese methodische Begründung bedeutet, dass der Arbeitnehmer eine Wiedereinstellung grundsätzlich nicht verlangen kann, wenn eine Änderung der maßgeblichen Umstände erst nach Beendigung des Arbeitsverhältnisses, also nach Ablauf der ordentlichen Kündigungsfrist, eintritt (BAG, NZA 2000, 1097; BAG, MDR 2001, 1414 [für den Fall der krankheitsbedingten Kündigung], Rolfs, StudKomm ArbR, § 1 KSchG Rn 78; Servatius, JURA 2006, 811, 816).
Dies darf allerdings nicht dazu führen, dass dem Arbeitnehmer ein Wiedereinstellungsanspruch im Fall der außerordentlichen Kündigung generell verwehrt wird. Jedoch wird sich eine zeitliche Grenze aus der „hypothetischen Kündigungsfrist" herleiten lassen, die im Fall einer ordentlichen Kündigung zu beachten gewesen wäre.

Beispiele: Bei einer krankheitsbedingten Kündigung kann sich nachträglich herausstellen, dass die bei Ausspruch der Kündigung begründete Besorgnis lang anhaltender oder dauerhafter Arbeitsunfähigkeit nicht mehr gerechtfertigt ist und der Wiedereinstellung berechtigte Interessen des Arbeitgebers, insbesondere wegen zwischenzeitlicher anderweitiger Dispositionen nicht entgegenstehen (BAG, MDR 2001, 1414).

Gleiches kann bei einer betriebsbedingten Kündigung gelten, wenn sich zwischen dem Ausspruch der Kündigung und dem Ablauf der Kündigungsfrist unvorhergesehen eine Weiterbeschäftigungsmöglichkeit ergibt.

Ein Wiedereinstellungsanspruch kann grundsätzlich nur Arbeitnehmern zustehen, die Kündigungsschutz genießen, weil nur in diesem Fall das Prognoseprinzip gilt. Möglicherweise kann sich in **Kleinbetrieben** ein Wiedereinstellungsanspruch im Einzelfall ausnahmsweise aus § 242 BGB ergeben (**BAG, 19.10.2017, 8 AZR 845/15, RA 2017, 641**).

Weiterbeschäftigungsanspruch im laufenden (Kündigungsschutz-)Prozess

In drei Fällen kann der Arbeitnehmer vom Arbeitgeber die Weiterbeschäftigung im laufenden Prozess verlangen:

- **§ 102 V BetrVG** (lesen!)
  Mit dem Weiterbeschäftigungsverlangen übt der Arbeitnehmer bei Vorliegen der Voraussetzungen ein Gestaltungsrecht aus, mit dem er die Rechtswirkungen der arbeitgeberseitigen Kündigung vorläufig suspendiert (BAG, NZA 2003, 1191, 1192). Das ursprüngliche, durch Arbeitsvertrag begründete Arbeitsverhältnis besteht kraft Gesetzes mit unverändertem Inhalt fort, auflösend bedingt durch die Beendigung des Kündigungsschutzverfahrens.

  Außerdem wurde ein „allgemeiner Weiterbeschäftigungsanspruch“ (§§ 611a I, 613, 241 II BGB i.V.m. Art. 1 und 2 GG) **vom BAG in zwei weiteren Fällen anerkannt:**

- Der Anspruch ist zum einen gegeben, wenn die **Kündigung offensichtlich unwirksam** ist. Das ist z.B. der Fall, wenn sich die Nichtigkeit unmittelbar aus dem Gesetz ergibt (z.B. §§ 102, 103 BetrVG, § 17 MuSchG).
- Auch existiert der Anspruch, solange ein der Klage **stattgebendes Urteil noch Bestand** hat. In diesem Fall ist durch das Urteil eine vorläufige Klärung der Rechtslage eingetreten, die das Beschäftigungsinteresse des Arbeitnehmers gegenüber dem Interesse des Arbeitgebers, den Arbeitnehmer nicht zu beschäftigen, als vorrangig erscheinen lässt.

Für Arbeitnehmer weist der Anspruch aus § 102 V BetrVG folgende Vorteile gegenüber dem allgemeinen Weiterbeschäftigungsanspruch (WBA) auf:

- Er greift bereits nach Ablauf der Kündigungsfrist, auch wenn noch keine klagestattgebende erstinstanzliche Entscheidung vorliegt.
- Spätere klageabweisende instanzgerichtliche Entscheidungen beenden den betriebsverfassungsrechtlichen Weiterbeschäftigungsanspruch nicht.
- Er endet erst mit Eintritt der Rechtskraft.
- In finanzieller Hinsicht steht dem Arbeitnehmer die vertragsgemäße Vergütung (einschließlich Entgeltfortzahlung im Krankheitsfall und Urlaub) unabhängig vom Erfolg der Kündigungsschutzklage für die Dauer des betriebsverfassungsrechtlichen Anspruchs zu. Anders ist dies, wenn der Arbeitnehmer nach einer bloßen „**Prozessbeschäftigung**“ auf Grundlage des WBA den Bestandsschutzprozess verliert (**BAG, 27.05.2020, 5 AZR 247/19, RA 2020, 641**).
- Eine Rückabwicklung der Beschäftigung nach bereicherungsrechtlichen Grundsätzen findet nicht statt.

Examenstipp:

Weiterbeschäftigung als konkludenter Vertragsschluss
BAG, 08.04.2014, 9 AZR 856/11, RA 2015, 81, 83 und BAG, 22.07.2014, 9 AZR 1066/12, RA 2015, 81, 83
Vorsicht ist aus Sicht des Arbeitgebers geboten, wenn er im Rahmen der Weiterbeschäftigung nicht hinreichend deutlich macht, dass diese nur wegen des vom BAG anerkannten Weiterbeschäftigungsanspruchs erfolgt. In diesem Fall kann es zur **Annahme des konkludenten Abschlusses eines neuen Arbeitsvertrags** kommen.

Wird das die Weiterbeschäftigungspflicht aussprechende Urteil des Arbeitsgerichts durch das LAG aufgehoben und setzen die Parteien (z.B. während der Revision) dennoch die Beschäftigung fort, schließen sie regelmäßig konkludent einen Arbeitsvertrag, da das faktische Beschäftigungsverhältnis als Grundlage für die Beschäftigung entfällt. Dieser Arbeitsvertrag ist unbefristet, wenn die Voraussetzungen des TzBfG nicht eingehalten werden **(BAG, 08.04.2014, 9 AZR 856/11, RA 2015, 81, 83)**.
Kein konkludenter Arbeitsvertrag ist hingegen anzunehmen, wenn der Arbeitgeber dem Arbeitnehmer die Weiterbeschäftigung nach dem Obsiegen des Arbeitnehmers in der 1. Instanz anbietet, obwohl der Arbeitnehmer die Weiterbeschäftigung klageweise gar nicht geltend gemacht hatte. Die Verpflichtung des Arbeitgebers zur Weiterbeschäftigung besteht in diesem Fall nämlich unabhängig von der gerichtlichen Geltendmachung durch den Arbeitnehmer **(BAG, 22.07.2014, 9 AZR 1066/12, RA 2015, 81, 83)**.

Gleichbehandlung/Gratifikation

A. Allgemeine Grundsätze

Sofern der Arbeitgeber individuell herausragende Leistungen durch eine freiwillige Sonderzahlung (Gratifikation) belohnen möchte, haben andere Arbeitnehmer aus dem arbeitsrechtlichen Gleichbehandlungsgrundsatz heraus keinen Anspruch auf Gleichbehandlung. Diesen Anspruch kann es nur geben, wenn der Arbeitgeber die Zahlungen nach einem generalisierenden Prinzip verteilt. Dann kann jeder, der nach diesem Prinzip die Anspruchsvoraussetzungen erfüllt, die ihm zustehende Leistung auch einfordern.

Anders ist dies jedoch, wenn es für die Ungleichbehandlung einen sachlichen Grund gibt.

So darf ein Arbeitgeber auf einer Weihnachtsfeier Geschenke nur an die Anwesenden verteilen, um sich auf diese Weise für Ihre Teilnahme an der Betriebsfeier in der Freizeit zu bedanken **(ArbG Köln, 3 Ca 1819/13, 18.10.2013)**.
Auch darf ein Arbeitgeber eine Lohnerhöhung auf diejenigen Arbeitnehmer beschränken, die zuvor freiwillig Lohneinbußen akzeptiert hatten, um das Unternehmen vor dem Konkurs zu retten **(BAG, 15.07.2009, 5 AZR 486/08)**.

Auf diesen **allgemeinen arbeitsrechtlichen Gleichbehandlungsgrundsatz** darf jedoch nicht zurückgegriffen werden, wenn es **spezielle Regelungen** gibt, z.B. die **§§ 4 und 5 TzBfG**. So können teilzeitbeschäftigte Arbeitnehmer tarifliche **Überstundenzuschläge** im Grundsatz bereits dann verlangen, wenn ihre Arbeitszeit über die individuelle Arbeitszeit hinausgeht, die einer Vollzeittätigkeit jedoch nicht überschreitet, wenn die Auslegung ergibt, dass der Zuschlag für den „Eingriff" in die Freizeit entschädigen soll (**BAG, 19.12.2018, 10 AZR 231/18, RA 2019, 305** = JuS 2019, 911).

I. Rechtsgrundlage der Gratifikation

II. Vorliegen der Voraussetzungen der Rechtsgrundlage

III. Liegen die Voraussetzungen der Rechtsgrundlage nicht vor,
u.U. Anspruch auf Gleichbehandlung

B. Betriebliche Übung

Weiterhin kann ein Anspruch auch durch eine sog. **„betriebliche Übung"** entstehen. Dies ist u.U. dann der Fall, wenn der Arbeitgeber in drei aufeinanderfolgenden Jahren ohne den Vorbehalt der Freiwilligkeit der Leistung gleichartig hohe Gratifikationen gezahlt hat. Die gleiche Höhe kann sich aus einem absoluten Wert (z.B. 300 €) oder aus einem relativen Wert (z.B. 10 % des Monatsbruttoeinkommens) ergeben. Das BAG erblickt hierin ein konkludentes Vertragsangebot, welches der Arbeitnehmer gem. § 151 BGB annimmt. Neuerdings will das BAG aber auch eine betriebliche Übung anerkennen, wenn die **Leistungshöhe unterschiedlich** war (z.B. 10.000 €, 12.500 €, 12.500 €). In diesem Fall könne ein Anspruch „dem Grunde nach" entstehen. Die konkrete Leistungshöhe habe der Arbeitgeber dann nach billigem Ermessen zu bestimmen **(BAG, 13.05.2015, 10 AZR 266/14, RA 2015, 593)**. Das Urteil bezieht sich auf eine vom Betriebsergebnis abhängige Sonderzahlung mit Entgeltcharakter. Für derartige Zahlungen sei es typisch, dass deren Höhe schwanken könne. Ob das Urteil generell auf alle Gratifikationstypen übertragen wird, bleibt letztlich abzuwarten.
Die bloße dreimalige Zahlung an sich reicht jedoch nicht aus, um eine Bindung auch für künftige Fälle zu begründen. Es bedarf vielmehr zusätzlicher Anhaltspunkte, um eine betriebliche Übung annehmen zu können. **(BAG, 09.02.2005, 5 AZR 284/04; ArbG Offenbach, 27.10.2010, 5 Ca 362/09)**.

Jedoch geht es hier nicht nur solche Zahlungsansprüche. Selbst eine betriebliche Übung bzgl. der kostenlosen Nutzung eines Betriebsparkplatzes kommt in Betracht (vgl. LAG Baden-Württemberg, 13.01.2014, 1 Sa 17/13, wobei dies im konkreten Fall abgelehnt wurde, weil der Arbeitgeber die Möglichkeit haben müsse, Parkflächen in Produktionsgebäude umzuwandeln).

In anderen Kontexten als Weihnachtsgeld kann die 3-Jahres-Regel naturgemäß nicht angewendet werden. Es kommt insoweit stets auf den Einzelfall an (vgl. **BAG, 27.02.2019, 5 AZR 354/18, RA-Telegramm 2020, 12**, für Gehaltserhöhungen von AT-Angestellten).

Die Entstehung der betrieblichen Übung kann verhindert werden, wenn der Arbeitgeber durch eine „**Freiwilligkeitsklausel**" deutlich macht, dass er die Leistung nicht auch für die Zukunft gewähren möchte. Insofern muss eine Passage die z.B. folgenden Wortlaut hat, aufgenommen werden: „Die Leistung erfolgt freiwillig und begründet keinen Anspruch **für die Zukunft**."
Hiervon zu unterscheiden ist ein **Widerrufsvorbehalt**. Durch diesen wird die Entstehung der betrieblichen Übung nicht verhindert, aber der Arbeitgeber behält sich vor, die Leistung in der Zukunft zu widerrufen.
Sofern die **beiden Klauseln kombiniert** werden, kann dies zu einer Unwirksamkeit gem. § 307 BGB führen, da die Klausel droht, widersprüchlich und unklar zu werden. Dies deshalb, weil der neben dem Freiwilligkeitsvorbehalt, der das Entstehen des Anspruchs verhindern soll, zusätzlich vorbehaltene Widerruf voraussetzt, dass zunächst ein Anspruch entstanden ist. Damit stehen Freiwilligkeits- und Widerrufsvorbehalt in Widerspruch bzw. schließen sich gegenseitig aus. **(BAG, 08.12.2010, 10 AZR 671/09)**

Weiterhin kann der Arbeitgeber versuchen, die Entstehung einer betrieblichen Übung durch **Schriftformklauseln** zu verhindern. Hierbei ist zu unterscheiden: Eine konstitutive Schriftformklausel ist eine Klausel, durch welche die Wirksamkeit einer Abrede von der Einhaltung der vereinbarten Form abhängig gemacht wird. Dient die Einhaltung der Form dagegen nur Beweiszwecken, handelt es sich um eine deklaratorische Schriftformklausel. Die gegen eine solche Klausel verstoßende Abrede ist nicht nichtig. Es ist daher durch Auslegung zu ermitteln, ob ein konstitutives oder nur ein deklaratorisches Schriftformerfordernis vereinbart ist.
Zwar können die Vertragsparteien das für eine Vertragsänderung vereinbarte Schriftformerfordernis grundsätzlich jederzeit schlüssig und formlos aufheben. Das ist sogar dann möglich, wenn sie bei ihrer mündlichen Abrede an die Schriftform überhaupt nicht gedacht haben. **Ein vereinbartes Schriftformerfordernis kann also dem Grunde nach durch eine formfreie betriebliche Übung abbedungen werden.**
Anders stellt sich die Lage aber bei Vorliegen einer sog. **„doppelten Schriftformklausel"** dar. Bei einer Schriftformklausel, die nicht nur für Vertragsänderungen die Schriftform vorschreibt, sondern auch Änderungen der Schriftformklausel selbst der Schriftform unterstellt, wird besonders deutlich, dass die Vertragsparteien auf die Wirksamkeit ihrer Schriftformklausel erhöhten Wert legen. Eine doppelte Schriftformklausel kann daher nicht durch eine die Form nicht wahrende Vereinbarung abbedungen werden.
Die betriebliche Übung ist auch keine Individualabrede i.S.d. § 305b BGB, da sie durch das einseitige Verhalten des Arbeitgebers gegenüber allen Arbeitnehmern entsteht, und ist somit auch nicht vorrangig.
ABER: Eine vom Arbeitgeber im Arbeitsvertrag als Allgemeine Geschäftsbedingung aufgestellte doppelte Schriftformklausel kann beim Arbeitnehmer den Eindruck erwecken, **jede** spätere vom Vertrag abweichende mündliche Abrede sei gem. § 125 Satz 2 BGB nichtig. Das entspricht nicht der wahren Rechtslage. Denn gem. § 305b BGB haben individuelle Vertragsabreden Vorrang vor Allgemeinen Geschäftsbedingungen. Dieses Prinzip des Vorrangs (mündlicher) individueller Vertragsabreden setzt sich auch gegenüber doppelten Schriftformklauseln durch. Eine zu weit gefasste doppelte Schriftformklausel ist irreführend. Sie benachteiligt den Vertragspartner deshalb unangemessen i. S. von **§ 307 I BGB**.
Eine zu weit gefasste Schriftformklausel wird aber nicht auf das richtige Maß zurückgeführt, sondern muss insgesamt als unwirksam angesehen werden. **(BAG, 20.05.2008, 9 AZR 382/07)**

Gutachten / Prüfungsschema (am Beispiel Weihnachtsgeld)

Ein Anspruch aus betrieblicher Übung könnte – dargestellt am Beispiel Weihnachtsgeld – wie folgt geprüft werden:

I. Prüfung mögl. Ansprüche aus Arbeitsvertrag, Gesetz, Tarifvertrag, Betriebsvereinbarung
Der Anspruch aus betrieblicher Übung ist subsidiär (BAG, NZA 1986, 401, 403).

II. AN könnte gegen AG einen Anspruch auf Zahlung (z.B. des Weihnachtsgeldes) in Höhe von X,- € aus § 611a II BGB i.V.m. dem Arbeitsvertrag i.V.m. den Grundsätzen über die betriebliche Übung haben.

1. Ein **wirksamer Arbeitsvertrag** besteht zwischen den Parteien.

2. Ein Anspruch des AN könnte sich aus den Grds. über die betriebliche Übung ergeben.

Unter einer betrieblichen Übung versteht man die regelmäßige Wiederholung bestimmter Verhaltsweisen des Arbeitgebers, aus der die Arbeitnehmer schließen können, dass ihnen die aufgrund dieser Verhaltensweise gewährten Leistungen oder Vergünstigungen auch künftig auf Dauer gewährt werden sollen. Dem tatsächlichen Verhalten des Arbeitgebers wird mit dem Rechtsinstitut der betrieblichen Übung anspruchserzeugende Wirkung beigemessen.

a) Freiwillige Leistung des Arbeitgebers
AG müsste eine bestimmte Leistung freiwillig erbracht haben.
AG ist weder durch Vertrag, Tarifvertrag oder gesetzlich zur Gewährung von …verpflichtet.
Die Leistung erfolgte daher freiwillig.

b) Wiederholte Erbringung der Leistung
Zudem müsste die Leistung wiederholt erbracht worden sein.
Es ist eine mindestens dreimal hintereinander erbrachte Leistung erforderlich.
Eine regelmäßige Wiederholung bewirkt gem. § 151 BGB eine vertragliche Anspruchsentstehung.
(…) Die Leistungserbringung erfolgte daher wiederholt.

c) Kollektivbezug
Der betrieblichen Übung muss ein kollektives Moment innewohnen.
Dies ist zu bejahen bei einer Vielzahl oder doch zumindest abgrenzbaren Gruppe von Arbeitnehmern.

d) Kein Freiwilligkeitsvorbehalt

e) Keine doppelte Schriftformklausel

5. Zwischenergebnis
Eine betriebliche Übung ist also gegeben. Folglich ist der Anspruch des AN zunächst entstanden.

II. Anspruch nicht erlöschen
Der Anspruch könnte durch (Fallbezug herstellen) erloschen sein

(Grundsatz betonen:)
Durch die Entstehung der betrieblichen Übung und durch das wirksame Angebot des AG und der Annahme des AN wird die entsprechende Leistungsgewährung zu einer vertraglichen Grundlage zwischen den beiden Vertragsparteien. Grundsätzlich kann eine betriebliche Übung dem allgemeinen Vertragsrecht entsprechend nicht ohne Weiteres einseitig aufgehoben werden. Es gilt das Prinzip der Vertragstreue.

(Dann – je nach SV – die folgenden Punkte ansprechen:)

1. Änderungsvertrag gem. § 311 I BGB
Gemäß § 311 I BGB ist zur Änderung des Inhalts eines Schuldverhältnisses ein (Änderungs-)Vertrag möglich.

2. Anfechtung
Die Entstehung der betriebl. Übung kann nicht angefochten werden, da bloßer Motivirrtum.

3. Negative / abändernde betriebliche Übung
Siehe hierzu oben.

4. Änderungskündigung
Siehe hierzu oben.

III. Ergebnis
AN hat (k)einen Anspruch auf X,- € gegen AG aus § 611a II i.V.m. dem Arbeitsvertrag i.V.m. den Grundsätzen der betrieblichen Übung.

C. Rückzahlungs- und Stichtagsklauseln

Sofern der Arbeitgeber mit einer freiwilligen Gratifikation (Weihnachtsgeld) einen Anreiz zu zukünftiger Betriebstreue schaffen will, darf er in die Gratifikationsordnung in den folgenden Grenzen eine Rückzahlungsklausel aufnehmen:

- Kleingratifikation bis 100 €: Keine Rückzahlungsklausel zulässig
- Gratifikation unter 1 Monatsgehalt brutto: Arbeitgeber darf bei Weihnachtsgeld die Rückzahlung der Gratifikation verlangen, wenn der Arbeitnehmer das Unternehmen **vor** dem 31. März verlässt.
- Ab einem Monatsgehalt: Rückzahlung, wenn der Arbeitnehmer das Unternehmen **vor** dem 30. Juni verlässt.

Die Rückzahlung darf der Arbeitgeber auch bei einer von ihm ausgesprochenen Kündigung verlangen. Auch im Fall der betriebsbedingten Kündigung liegt kein Fall des § 162 BGB vor, da eine gem. § 1 KSchG sozial gerechtfertigte Kündigung nicht i.S.d. § 162 BGB treuwidrig sein kann.

Eine Bestimmung in allgemeinen Geschäftsbedingungen, wonach der Anspruch auf Weihnachtsgeld ein ungekündigtes Arbeitsverhältnis zum Auszahlungszeitpunkt voraussetzt, hält einer Inhaltskontrolle nach § 307 I 1 BGB grds. stand. Das gilt auch, wenn die Klausel nicht danach differenziert, wer das Arbeitsverhältnis gekündigt hat. Der Eintritt der Bedingung gilt allerdings gem. § 162 II BGB als nicht erfolgt, wenn der Arbeitgeber diese treuwidrig herbeigeführt hat **(BAG, 18.01.2012, 10 AZR 677/10)**.

Das BAG hält **Stichtagsklauseln** bei Sonderzahlungen also nicht in jedem Fall für unangemessen und damit unwirksam. Allerdings ist für die wirksame Vereinbarung einer Stichtagsregelung zwingend erforderlich, dass es sich bei der betreffenden Sonderzahlung um eine reine Gratifikation handelt, die ausschließlich die in der Vergangenheit gezeigte und für die Zukunft erwartete Betriebstreue honoriere. Sobald mit der Zahlung (zumindest auch) die Vergütung von Arbeitsleistung („Entgelt") bezweckt werde, seien Stichtagsregelungen generell unzulässig, da sie den Arbeitnehmer i.S.v. § 307 I 1 BGB unangemessen benachteiligten. Möchte der Arbeitgeber eine Sonderzahlung vom ungekündigten Bestand des Arbeitsverhältnisses zum Auszahlungsstichtag oder einem definierten Termin im Folgejahr abhängig machen, muss er im Rahmen der entsprechenden Zahlung ausdrücklich darauf hinzuweisen, dass diese ausschließlich die

Belohnung von Betriebstreue und nicht (auch) die Abgeltung der Leistung des Arbeitnehmers bezweckt **(BAG, 18.01.2012, 10 AZR 612/10; 13.11.2013, 10 AZR 848/12)**. Dabei versteht das BAG den Begriff des Entgelts weit: Es liegt immer schon vor, wenn die Sonderzuwendung auf das Erreichen quantitativer oder qualitativer Ziele abstellt, gleich, ob diese Ziele an die persönliche Leistung des Arbeitnehmers oder an das Betriebsergebnis anknüpfen. Damit verbleibt nur noch ein enger Anwendungsbereich für Stichtagsklauseln.

D. Spezielle Gleichbehandlungsansprüche, z.B. TzBfG

Das TzBfG enthält in **§§ 4, 5** besondere Diskriminierungs- und Benachteiligungsverbote. Teilzeitbeschäftigte und befristet Beschäftigte dürfen nur schlechter behandelt werden, wenn es hierfür einen sachlichen Grund gibt.

Werden z.B. für Teilzeitbeschäftigte schlechtere Stundenlöhne bezahlt, verstößt die getroffene Vergütungsabrede gegen § 4 I 2 i.V.m. S. 1 TzBfG und ist nach § 134 BGB nichtig. An ihre Stelle tritt hinsichtlich des Stundenentgeltes ein Erfüllungsanspruch auf Gleichbehandlung mit den bevorzugten Vollzeitarbeitnehmern nach **§§ 611a, 612 II BGB i.V.m. § 4 I 2 i.V.m. S. 1 TzBfG**. An die Stelle der nichtigen Vergütungsabrede tritt die übliche Vergütung. Die übliche Vergütung bemisst sich nach § 612 II BGB. Sie ergibt sich aus der den Vollzeitarbeitnehmern gezahlten Stundenvergütung.

Weiterhin kommt in solchen Fällen ein Anspruch auf **Schadensersatz** gem. **§ 823 II BGB i.V.m. § 4 I 2 i.V.m. S. 1 TzBfG** in Betracht. Der Charakter als Schutzgesetz ergibt sich daraus, dass finanzieller Individualschutz bezweckt ist (BAG, NZA 2002, 1211; 1997, 191 [schon zur Vorgänger-Norm]). Der zusätzliche Anspruch aus Delikt kann Bedeutung erlangen, wenn **Ausschlussfristen** gelten, da die meisten Ausschlussfristen keine deliktischen Ansprüche erfassen.